古代歷史文化 研究輯刊

二 編

王 明 蓀 主編

第 19 冊

晚唐暨五代禪宗的發展
——以與會昌法難有關的僧侶和禪門五宗爲重心（下）

賴 建 成 著

國家圖書館出版品預行編目資料

晚唐暨五代禪宗的發展——以與會昌法難有關的僧侶和禪門
五宗為重心（下）／賴建成 著 — 初版 — 台北縣永和市：花
木蘭文化出版社，2009〔民98〕
目 6+202 面；19×26 公分
（古代歷史文化研究輯刊 二編；第 19 冊）
ISBN：978-986-6449-96-3（精裝）
1. 禪宗　2. 佛教宗派　3. 佛教史　4. 隋唐五代史
226.66　　　　　　　　　　　　　　　　　98014199

ISBN - 978-986-6449-96-3

9 789866 449963

古代歷史文化研究輯刊
二 編　第十九冊　　　　　　　ISBN：978-986-6449-96-3

晚唐暨五代禪宗的發展
——以與會昌法難有關的僧侶和禪門五宗爲重心（下）

作　　　者　賴建成
主　　　編　王明蓀
總 編 輯　杜潔祥
出　　　版　花木蘭文化出版社
發 行 所　花木蘭文化出版社
發 行 人　高小娟
聯絡地址　台北縣永和市中正路五九五號七樓之三
　　　　　電話：02-2923-1455／傳眞：02-2923-1452
網　　　址　http://www.huamulan.tw 信箱 sut81518@ms59.hinet.net
印　　　刷　普羅文化出版廣告事業
初　　　版　2009 年 9 月
定　　　價　二編 30 冊（精裝）新台幣 46,000 元

晚唐暨五代禪宗的發展
——以與會昌法難有關的僧侶和禪門五宗為重心（下）

賴建成　著

目

次

第四章　潙仰宗的師資

第一節　禪門的師承宗旨

　　自晉未之際，鳩摩羅什與佛馱跋陀羅在禪法問題上發生嚴重分歧〔註1〕以來，以禪爲宗的僧侶就很重視禪法的傳承。達摩禪法傳到道信、弘忍的東山法門時期，信奉者漸夥，而禪的概念大變，禪僧背經違律的情形愈趨顯著，引起政府的干涉與義學律僧的責難。由東山法門到神會入京定南方宗旨這段時期，禪宗「藉善知識開示眞法」、「藉師示道」，使學人由迷轉悟的聲浪日益增上，到《壇經》的出世完成了理論的根據。〔註2〕《壇經》中除慧能在大梵寺說法部份外，在神會關於「言下便悟即契本心」的基礎上，提出了運用語言而「不失本宗」的實用原則，即使用毘曇學、地論學和法相學盛行的所謂三科（五蘊、十二入、十八界）與般若學與三論學的三對（外境無情對、言語法相對、自信起用對）。慧能且示徒：「說一切法，莫離於性相，若有人問法，出語盡雙，皆取對法，來去相因，究竟二法盡除，更無去處。」〔註3〕又言：「共人言語，出外於相離相，入內於空離空。著空即惟長無明，著相即惟長邪見。」〔註4〕關於《壇經》中慧能示徒爲一方頭說法時運用「對法」與「明暗」交馳而「不失本宗」事，杜繼文、魏道儒《中國禪宗通史》〈壇經的宗體本與道德化傾向〉文中云：

〔註1〕參見《高僧傳初集》卷第二〈晉京師道場寺佛馱跋陀羅傳〉，頁48～49。
〔註2〕杜繼文、魏道儒著《中國禪宗通史》，頁191。
〔註3〕《中國佛教思想資料選編》第四卷，頁24。
〔註4〕前引書，頁25。

《壇經》的這些概括，還沒有反映禪宗在方法論，特別是運用語言藝術上的特殊成就，但卻是一個標誌，表明禪宗内部已經有將義學講說納進禪行的流向，同教門義學僧侶間的距離大大縮小了。〔註5〕慧能之後諸家競起，南陽慧忠傳九十七種圓相給耽源應眞，耽源又傳仰山慧寂；〔註6〕牛頭宗人，禪理中充滿玄虛，且此禪系之人大抵讀經好文。〔註7〕洪州宗人除強調「隨緣運用」之外，大珠慧海爲洪州禪系提供了理論基礎，並爲頓悟門立下以「無念」爲宗、「妄心不起」爲旨、「清淨」爲體、「智」爲用。〔註8〕百丈懷海建立叢林，使禪由行住坐臥進入生產勞動領域，而勞動中隨機而發問，但不離本宗。石頭希遷著《參同契》，其禪系由是重視以語示理，並帶動了禪語錄體的發展。〔註9〕而荷澤禪系則以《壇經》傳宗，後遭慧忠國師與洪州宗的駁斥。洪州宗人對慧能的體認，係依叢林口傳宗旨，而不依敦煌本《壇經》，據裴休〈筠州黃檗山斷際禪師傳心法要〉云：

> 問：「六祖不會經書，何得傳衣爲祖？秀上座是五百人首座，爲教授師，講得三十二本經論，云何不傳衣？」師云：「爲他有心，是有爲法，所修所證，將爲是也，所以五祖付六祖，六祖當時祇是默契得，密授如來甚深意，所以付法與他。汝不見道：『法本法無法，無法法亦法，今付無法時，法法何曾法。』若會此意，方名出家兒，方好修行，若不信，云何明上座走來大庾嶺頭尋六祖。六祖便問：『汝來求何事，爲求衣，爲求法？』明上座云：『不爲衣來，但爲法來。』六祖曰：『汝且暫時斂念，善惡都莫思量，明乃稟語。』六祖云：『不思善，不思惡，正當與麼時，還我明上座父母未生時面目來。』明於言下忽然默契，便禮拜云：『如人飲水，冷暖自知。某甲在五祖會中，枉用三十年功夫，今日方省前非。』六祖云：『如是，到此之時，方知祖師西來，直指人心見性成佛，不在言說。』豈不見阿難問迦葉云：『世尊傳金襴外，別傳何物。』迦葉召阿難，阿難應諾。迦葉

〔註5〕杜繼文、魏道儒著《中國禪宗通史》，頁190。

〔註6〕《古尊宿語錄》卷九〈潙山祐禪師法嗣〉，《中國佛教思想資料選編》第四卷，頁294。

〔註7〕杜繼文、魏道儒著《中國禪宗通史》，頁225～226。

〔註8〕釋慧海《大珠禪師語錄》卷上〈頓悟入道要門論〉，《中國佛教思想資料選編》第四卷，頁177。

〔註9〕杜繼文、魏道儒著《中國禪宗通史》，頁286。

云：『倒卻門前剎竿著。』此便是祖師之標榜也。甚深阿難三十年爲
侍者，祇爲多聞智慧，被佛訶云：『汝千日學慧，不如一日學道，若
不學道，滴水難消。』」〔註10〕

禪門重根器，隨其根器而應機設教，則言下忽然默契，乃知祖師所傳「直指
人心、見性成佛、不在言說」之不虛。仰山慧寂在潙山靈祐會下所體得的亦
如是，體得「從上宗風」後，乃知「學有師承宗旨」。「從上宗風」配合「師
說」、「化門」與接機之「施設」，道法乃能圓融，正法眼藏由之能傳久遠而不
爲學人所輕謗。此乃禪門五家宗派異於他家師說的旨趣。

　　禪門五宗的發展，根據太虛大師的見解，係依隨前期「超佛祖師禪」而
來，超佛後要越祖，越祖後要分燈。〔註11〕禪家普遍依據《寶林傳》，認爲「一
花開五葉、結果自然成」之由來，係達摩所預記。〔註12〕然在史學與佛法立
場，實有必要先深入辯析疑僞說詞，以及依據何種態度與典籍去研究五宗的
形勢。另外對於公案，古來禪家認爲「言語道斷」而「心行處滅」，大珠慧海
認爲：「語言是緣，不是心。」〔註13〕且云：「當觀前人，有誠信心，堪任不
退者，如是之人，乃可爲說，示之令悟。」〔註14〕黃蘗認爲如是個人「一超
直入如來地」，但因迷而著有爲法，乃須向古人建化門廣學知解。〔註15〕諸佛
所說之千經萬論與諸家之化門行錄，只爲眾生迷故作，所以大珠慧海云：

　　　對面迷佛，長劫希求，全體法中，迷而外覓。是以解道者，行住坐
　　　臥，無非是道；悟法者，縱橫自在，無非是法。……執空執有者皆
　　　愚，尋文取証者益滯，苦行求佛者俱迷，離心求佛者外道，執心是
　　　佛者爲魔。〔註16〕

禪宗到慧能，強調「定慧等」，開展出「直指當前一念本來解脫自在」（無住）

〔註10〕　《中國佛教思想資料選編》第四卷，頁219～220。
〔註11〕　《太虛大師全書》〈法藏——佛學總論（三）〉，頁617。
〔註12〕　《寶林傳》卷第八〈達摩行教游漢土章布六葉品第三十九〉，柳田聖山主編《禪
　　　　　學叢書》之五頁134。
〔註13〕　釋慧海《大珠禪師語錄》卷下〈諸方門人參問〉，《中國佛教思想資料選編》
　　　　　第四卷，頁202。
〔註14〕　釋慧海《大珠禪師語錄》卷上〈頓悟入道要門論〉，《中國佛教思想資料選編》
　　　　　第四卷，頁187。
〔註15〕　《中國佛教思想資料選編》第四卷，頁219。
〔註16〕　釋慧海《大珠禪師語錄》卷上〈頓悟入道要門論〉，《中國佛教思想資料選編》
　　　　　第四卷，頁193。

的簡便法門，而得普及。慧能有感世人因緣心迷而不自悟「菩提般若之知本
有」，乃發展達摩的「藉教悟宗」，爲「藉師示道見性」。因此自慧能之後，求
善知識示道與「作用見性」的施設大行，學人競以師說爲尚。另禪門自達摩
入中起，到百丈懷海折衷大小經論，創清規離律院別立禪居，禪門獨行，海
眾法之創建叢林，禪門漸依叢林而得以繁興。會昌法難後，歷經晚唐五代以
迄宋初，由曹溪慧能下出五宗，其後禪宗的演變不離五宗範圍。而宗門禪之
所以繁興，晁公武《郡齋讀書志》〈釋書類〉云：

> 夫禪學自達摩入中原，凡五傳至慧能，慧能傳行思、懷讓，行思、
> 懷讓之後有五宗，學徒遍於海內，迄今數百年，臨濟、雲門、洞下，
> 日愈益盛。嘗考其世，皆出唐末五代兵戈極亂之濟，意者亂世聰明
> 賢豪之士，無所施其能，故憤世疾耶，長往不返。而其名言至行，
> 猶聯珠疊璧，雖山淵之高深，終不能掩覆其光彩，故人得而著之竹
> 帛，周有遺軼焉。〔註17〕

晁氏不似歐陽修謂「五代無完人」，而稱許禪者之功業，但仍以傳統儒者的立
場，來加以抑揚。此外，在晁氏撰此書時（紹興 21 年，1150 年），雪峰下三
世靜、筠所編之《祖堂集》、律宗贊寧之《宋高僧傳》、法眼宗德韶下道原之
《景德傳燈錄》、臨濟宗人李遵勗之《天聖廣燈錄》、王隨之《傳燈玉英集》、
雲門宗契嵩之《傳法正宗記》、雲門中惟白之《建中靖國續燈錄》、臨濟宗惠
洪之《禪林僧寶傳》等已爲世所知，晁氏之後又有臨濟宗悟明《聯燈會要》、
雲門宗正受之《嘉泰普燈錄》、天台宗志磐之《佛祖統紀》與臨濟宗普濟之《五
燈會元》出世，然因以所宗爲尚，所以皆沒按禪門五宗在時代發展中的順序
論述。《五燈會元》卷第九到卷第十六，分述潙仰、法眼、臨濟、曹洞、雲門
等五宗。陳垣庵在《中國佛教史籍概論》卷四論述《五燈會元》時云：

> 最可異者，法眼宗成立最遲，應列雲門之後，今乃列臨濟之前，頗
> 爲世所識。試解釋之：蓋以法眼先絕，止於青原十二世，不溯其始，
> 而計其末，應列在臨濟之前也。〔註18〕

《五燈會元》係以從上涅槃妙心之付囑與公案爲主體，來體現祖師心傳，所
以沒按歷史發生的先後來談論傳主的生平，書中亦因別出心裁而不重事件之

〔註17〕晁公武《郡齋讀書志》卷第四〈釋書類〉（中文出版社，民國 75 年 4 月二版。），
頁 20。
〔註18〕陳垣庵《中國佛教史籍概論》（文史哲出版社，民國 70 年 6 月），頁 102。

發生是否爲史實。以史學立場視之，是書訛落與前後矛盾之處實多，在敘述史實方面不如贊寧聚眾碑碣之文以成《宋高僧傳》，然在公案的整理上猶優於《景德傳燈錄》。而在傳主生平與公案的描述上，不如《祖堂集》樸實。而燈錄所隱晦不談的，在《宋高僧傳》與《佛祖統紀》中得窺一些訊息。由此顯見禪家與史家作傳之意旨有別，禪家之作風誠如中國傳統之思想「重經說之旨歸而輕史傳之事實」。然在考究禪宗的發展及晚唐宋初間五宗的情勢，《續高僧傳》、《宋高僧傳》、《祖堂集》、《景德傳燈錄》、《五燈會元》、《佛祖統紀》及諸師語錄等爲不可或缺的史料，不像契嵩之書重己宗山門旨意而大肆批判前賢。據契嵩《傳法正宗論》卷下第四篇云：

> 初宣律師以達磨預之習禪高僧，而降之已甚，復不列其承法師宗者，蒙嘗患其不公。而吾宗（當爲宋）贊寧僧錄，繼宣爲傳，其評三教乃曰：「心教義加。」故其論習禪科，猶尊乎達磨之宗曰：「如此修證是最上乘禪也。」又曰：「禪之爲物也，其大矣哉。諸佛得之昇等妙，率由速疾之門，無過此也。」及考寧所撰《鷲峰聖賢錄》者，雖論傳法宗祖，蓋旁乎《寶林》、《付法藏》二傳矣，非有異聞也。然所斷浮泛，是非不明，終不能深推大經大論，而驗實佛意，使後世學者益以相疑。是亦二古之短也。〔註19〕

道宣與贊寧爲佛教史家，作傳謹慎，而契嵩則護法心切，好論佛法眞實義及異聞，乃特重《寶林傳》及《付法藏因緣傳》。陳垣庵在《中國佛教史籍概論》卷五論述《傳法正宗論》時云：

> 嵩蓋工於爲文，疏於考史，又往往爲感情所弊，於僞史料既不能割愛，於前輩復肆意譏評。四庫鐔津集提要謂其恃氣求勝，東坡謂其常嗔，未見其笑，蓋天生性格使然，無足怪矣。〔註20〕

太虛大師對佛佛以傳法偈相傳心印的記載問題，就勝義諦而說。其認爲爲避免世人生疑謗法而生種種因果，乃說：「古來禪師亦只好答係出達摩口傳。」「因爲這樣重口傳不依教典，故稱爲達摩宗門禪。」〔註21〕

　　太虛大師對於五宗的認知，亦依據史實的發展而述，揚棄了傳統的譜系。其在《中國佛教》一書中，把越祖分燈禪區分爲溈仰之邃密、臨濟之徒徹、

〔註19〕契嵩《傳法正宗論》卷下第四篇，《大正藏》第五十一卷，頁783。
〔註20〕陳垣庵《中國佛教史籍概論》，頁120。
〔註21〕《太虛大師全書》〈法藏——佛學總論（三）〉，頁566。

洞曹之回互、雲門與法眼來談其發展。〔註22〕這確實符合五宗的發展。關於公案語錄，太虛在談到如來禪與祖師禪的差別時，也依慧能「法本一宗、見有遲疾」立意而謂：「不過這不是口頭上講的，是要自己契悟的。」〔註23〕禪師們以悟入自心爲指歸，而有「肯與不肯是兩頭語」，但學人總要禪家說破，但說破了的東西「不是家珍」而成「知解」。大珠要學人「自修」，莫倚他佛力。〔註24〕到雲門、法眼的祖師德山，則自覺突顯自在，不依佛不依祖，其示學人，但「無事於心」，「無心於事」，則虛而靈，空而妙。〔註25〕且云：

> 我先祖見處即不然，這裏無祖無佛，達摩是老臊胡，釋迦老子是乾
> 屎橛，文殊菩賢是擔屎漢，等覺妙覺是破執凡夫，菩提涅槃是繫驢
> 橛，十二分教是鬼神簿，拭瘡疣紙，四果三賢、初心十地，是守古
> 塚鬼，自救不了。〔註26〕

禪門由重視「禪智」與「師承」的問題，并隨教說的傳習，逐漸走上了偏重本覺、本知，乃至強調無事以言語表理，或主張隨緣任運以勢表義的禪行，師說競起，莫衷一是。在佛教的研究上，印順法師認爲不當「以事論佛」、「以佛學論佛教」，當「以佛論佛」，所以對於禪史的研究其在《中國禪宗史》云：

> 禪史應包含兩大部分：禪者的事跡與傳承，禪法的方便施化與演變。
> 關於前一部分，首先應該承認，禪者是重視的。古代禪者的共同信
> 念，自己的體悟（禪），是從佛傳來的。重視傳承的法脈不絕，所以
> 除中國的遞代相承，從佛到達摩的傳承，也受到重視。達摩禪越發
> 達，傳承法統的敘列也越迫切。……祖統說的逐漸形成，是由於達
> 摩禪的盛行，爲了滿足一般要求，及禪者傳承的確實性而成立
> 的。……弘忍以下，付法是「密付」，受法是「密受」，當時是沒有
> 第三人知道的。優越的禪者，誰也會流露出獨得心法的自信，禪門
> 的不同傳承，由此而傳說開來。到底誰是主流，誰是旁流，要由禪
> 者及其門下的努力（不是專憑宣傳，而是憑禪者的自行化他），眾望

〔註22〕前引書，頁 532～533。
〔註23〕前引書，頁 617。
〔註24〕釋慧海《大珠禪師語錄》卷上〈頓悟入道要門論〉，《中國佛教思想資料選編》第四卷，頁 187。
〔註25〕《古尊宿語錄》卷第七〈龍潭信禪師法嗣〉，《中國佛教思想資料選編》第四卷，頁 292。
〔註26〕《古尊宿語錄》卷第七〈龍潭信禪師法嗣〉，《中國佛教思想資料選編》第四卷，頁 293。

所歸而被公認出來的；這就是歷史事實。」……禪法的方便施設與演變，這應該是禪史的重要部份。佛法（禪）不但不是考據所能考據的，也不是理論所能説明的。説禪理，談禪味，都一樣的不相干。然佛法不止是自心體驗（宗），怎麼説也説不了，還是説了，表示了（教），佛法已成爲現實（時空中）人間的佛法。指雖不是月亮，但確能引人去注意月亮，發見月亮。所以自心體驗的内容，儘管「説似一物即不中」，卻不妨表示出來。語言文字（正説的，反説的，無義味話）也好，默不作聲也好，都是用來引人入勝的敲門磚。體悟是屬於自證的，是「不由它教」，「不立文字」與「心傳」的。從引導的方便來説（「不立宗主，不開户牖」，「一法不立」，也還是接引學人的方便），存在於人間，成爲一時代，一地區，一宗一派的禪風。這是可尋可考，可以看出禪在發展中的歷史事實。……禪宗史的研究，必須弄清楚超時空的自心體驗，現實時空（歷史）中的方便演化，才能恰當處理禪宗的歷史事實。〔註27〕

禪門五宗係會昌沙汰後，才漸次成立。南岳懷讓系下出溈仰、臨濟兩宗，青原行思係下出曹洞、雲門、法眼三宗，通稱禪門五家。下至宋初，溈仰、法眼兩宗才漸趨沒落，終使法脈斷絕，而臨濟、曹洞、雲門三宗則依然傳播。這五宗誠如學者們所云：「這五派的思想，一般來説在本質上沒有多大差別，只是由於門庭設施不同，特別是接引後學的方式各有一套，從而形成不同的門風而已。」〔註28〕這五宗的學人，較前此的禪師更加重視師承宗旨，會下僧人常問家風爲何，承嗣何人，有何佛法因緣。而「禪師語言，多超越常識」，〔註29〕「直指心性，故遣相第一」，〔註30〕雖「因人施教，方式不同，但其目的，則在實證本體。」〔註31〕釋明暘在《佛法概要》〈什麼是五家〉文中説：

五家宗派的主要特點，天隱修祖概括爲下面五句話：臨濟是「怒雷掩耳」。溈仰是「光含秋月」。曹洞是「萬派朝宗」。雲門是「乾坤坐斷」。法眼是「千山獨露」。這樣看來五家在度生方便，隨機接物的

〔註27〕釋印順《中印禪宗史》〈序〉（廣益書局印行，民國60年6月初版），頁4～8。
〔註28〕《中國佛教資料選編》第四卷〈慧能〉，頁4。
〔註29〕周中一《佛學研究》〈行持〉（東大圖書公司印行，民國66年3月初版），頁300。
〔註30〕周中一《佛學研究》〈行持〉，頁301。
〔註31〕周中一《佛學研究》〈行持〉，頁301。

風格上，略有不同，而歸根到底，同出一源，本無差別。這是真「等閒識得春風面，萬紫千紅總是春。」圓瑛大師有一首詩，揭示了曹溪門下的禪風。轟轟烈烈似雷霆，棒喝交馳不暫停，迫得頂門開正眼，相逢原來本來人。此外，臨濟宗的行棒喝。溈仰宗的示圓相。曹洞宗的傳寶鏡。雲門宗的一字觀。法眼宗的明六相等玄妙機鋒，這裏不再一一枚舉，只要我們老老實實驀直參去，自然會有破顏含笑的一天。〔註32〕

禪門中人大底知曉「法即一宗」，因地域、見解而有所區別。然一宗派的盛衰，不在法有強弱，而在相承是否得人。契嵩（1007～1072）在《傳法正宗記》卷第八〈正宗分家略傳下〉評曰：

正宗至大鑒（慧能）傳既廣，而學者遂各務其師之說。天下於是異焉，競各自為家，故有溈仰云者，有曹洞云者，有臨濟云者，有雲門云者，有法眼云者，若此不可悉數。而雲門、臨濟、法眼三家之徒，於今尤盛。溈仰已熄，而曹洞者僅存，綿綿然猶大旱之引孤泉。然其盛衰者，豈法有強弱也，蓋後世相承得與不得人耳。書不云乎，苟非其人道不虛行。〔註33〕

晚唐五代以迄宋初，諸家師說繁盛，如雪峰、巖頭、趙州等皆為時人所仰重，而標舉溈仰、臨濟、曹洞、雲門、法眼五宗，在此五宗門人雖門庭施設與接機有別，但其宗旨、師承是一貫的，這可由師徒間話語與諸師上堂開示語句得以窺見。所以說：「法不孤起，仗境方生；道不虛行，遇緣即應。」〔註34〕百丈「作清規創叢林」意在方便，而「天下禪宗如風偃草」。〔註35〕百丈會下溈山靈祐（771～853）敷揚宗教四十二年，〔註36〕在會昌法難前「其有問者，隨語而答，不強所不能」，「數十年言佛者，天下以為首。」〔註37〕其弟子仰山（814～890）依止溈山十五年，年三十五（大中二年，848年）領眾出世，〔註38〕初住大仰山，後住洪州觀音院，前後三十六年接機利物，為禪宗標準。

〔註32〕釋明暘《佛學概要》（能仁家商印行，82年5月），頁381。
〔註33〕《大正藏》第五十一卷〈史傳部三〉，頁763。
〔註34〕明暘《佛學概要》，頁357。
〔註35〕《高僧傳三集》卷第十〈唐新吳百丈山懷海傳〉贊寧系，頁260。
〔註36〕《祖堂集》卷第十六〈溈山和尚傳〉，頁309。
〔註37〕《全唐文》卷第八二〇〈潭州大溈山同慶寺大圓禪師碑銘并序〉，頁3880。
〔註38〕《祖堂集》卷第十八〈仰山和尚傳〉，頁339。

〔註 39〕潙、仰兩師之時，門戶之見已興，當時學必有所宗，宗必有師，師必有傳，而得從上以來宗風之心傳者稀少。據鄭愚於咸通七年（866）二月所撰〈潭州大潙山同慶寺大圓禪師碑銘序〉云：

> 天下之言道術者多矣，各用其所宗為是。……然至於盪情累，外生死，出於有無之間，超然獨得，言象不可以擬議，勝妙不可以意況，則浮屠之言禪者，庶幾乎盡也。……其徒雖千百，得者無一二。近代言之者，必有宗，宗必有師，師必有傳。然非聰明瑰宏傑達之器，不能得其傳。當其傳，皆是時之鴻龐偉絕之度也。……其為道術，天下之能事畢矣，皆涉語是非之端，辯之益惑，無補於學者，今不論也。……師始聞法於江西百丈懷海禪師，諡曰大智，其傳付宗派，僧牒甚明，此不復出。〔註 40〕

潙仰宗的禪門五家之中，最先興起。潙山由百丈處，得領從上宗風的深密玄旨。晚唐時潙山靈祐、仰山慧寂兩師揚舉此家深密家風於湖南、江西，而使四方禪徒湊泊，互舉各家風範以證心地。潙仰兩師寂後，學徒隨緣宏化。五代時，本宗大抵行化於吳越間，甚得吳越國錢氏所仰重，但至忠懿王在位期間（947～978 年），因錢王特尊法眼宗天台德韶與永明延壽師徒，奉之為國師并常參問，因此氣勢旋被法眼宗所奪。本宗在宋初，雖仍不墜師道，但事跡已多不可考究。南山律虎贊寧（919～1001 年）寫《大宋高僧傳》時（982 撰～988 年書成），仍見人傳仰山法，展示仰山慧寂視為「但用得不可執本」用火燒掉的圓相圖，流行於世。〔註 41〕此宗之盛，初因開山兩師的道法玄妙及其接引學人不遺餘力，且獲王公檀越的護持，然兩師歸寂，門下諸方遊泊，宗風及法緣漸衰。至契嵩（1007～1072）撰《傳法正宗記》時，此宗法脈已斷絕。此宗因得人而盛，後道法乏人承嗣而絕。

　　法子難求，道不虛行。百丈下之上足除潙山外，另有黃檗希運。黃檗由百丈處，聽聞百丈被馬祖道一喝事，不覺吐舌，不承馬祖而嗣百丈，得百丈首肯。〔註 42〕黃檗由百丈處體會從上宗風與機用，太虛大師云：「這就是表示親從百丈得見馬祖大機大用，故應嗣百丈而不嗣馬祖。」〔註 43〕黃檗遇會昌

〔註 39〕《景德傳燈錄》卷第十一〈袁州仰山慧寂禪師傳〉，頁 6～7。
〔註 40〕《全唐文》卷第八二〇〈潭州大潙山同慶寺大圓禪師碑銘并序〉，頁 3880。
〔註 41〕《高僧傳三集》卷第十二〈唐袁州仰山慧寂傳〉，頁 313。
〔註 42〕參見《五燈會元》卷第三〈洪州百丈山懷海禪師傳〉，頁 56。
〔註 43〕《太虛大師全書》〈法藏——佛學總論（三）〉，頁 598。

法難，待大中初年（848）其門風始盛江表，「然施設皆披上機，中下之流莫窺涯涘」，以大中年終於本山。〔註44〕其道法為臨濟義玄所承嗣，下開臨濟宗。

青原系石頭下出曹洞宗。青原下三世雲巖曇晟，初參百丈不契，侍左右二十年，百丈逝世，乃謁藥山。〔註45〕其在百丈時，雖隨侍聞法，「身若中涓，心居散位，續受藥山舉發，全了無疑。」其「化徒孔勤，受益者眾」以太和三年（829年）十月二十六日示寂。〔註46〕雲巖由藥山處，由反覆問答中深體從上宗風，雲巖著有《寶鏡三昧》，洞山付法曹山時，將此密傳，〔註47〕而下開曹洞宗。後曹山的法系，四傳而絕，僅靠雲居一系傳到太陽警玄（948～1027）託臨濟宗人浮山法遠代覓法子，得投子義青（1032～1083），洞上宗風乃得續傳。

雲門、法眼宗後起，源於與臨濟（787～866）、洞山（807～869）同時的德山（782～865）。雪峰先在洞山處未悟洞上玄旨，洞山指其參德山。在德山處發問，遭棒打，德山且曰：「我宗無語句，實無一法與人。」〔註48〕雪峰有省，但悟得不徹底，後與巖頭行方，經巖頭一席「從門入不是家珍」當「從胸襟流出」話下，雪峰大悟從上宗風。門下以玄沙、雲門為上首，唱「唯心之旨」，一舉「直下無事」為化門。雲門行化廣南，廣主劉氏請居雲門山。「其聲遂大聞，四方學者歸之如水趨下，然其風教峭迅，趣道益至」，「天下尚之，號為雲門宗。」〔註49〕雪峰與玄沙的關係，如溈山與大安，玄沙（835～908）在福州三十年演化，禪侶七百許人，得其法者為羅漢（867～928）。〔註50〕羅漢自得玄沙「密付授」，「處眾韜藏」，後住漳州開導，「南北禪徒喪疑而往者，不可殫數。」得上足曹山文益，因不改嗣雪峰，受神晏國師所讒，其道不振。〔註51〕文益初參雪峰下之長慶，已解疑情，遊方遇羅漢，羅漢「銳意接之」，導之由玄沙之路，後得江南國主李氏仰重，以周顯德五年（958）閏七月五日寂，私諡大法眼。〔註52〕法眼宗由玄沙唱大乘初門「三界唯心」以接機，經羅漢至文益，下開法眼宗風，贊寧撰《宋高僧傳》時尚言：「至今浙之左右山

〔註44〕《景德傳燈錄》卷第九〈洪州黃檗希運禪師傳〉，頁153～154。
〔註45〕《景德傳燈錄》卷第十四〈潭州雲巖曇晟禪師傳〉，頁84。
〔註46〕《高僧傳三集》卷第十一〈唐澧州雲巖寺曇晟傳〉，頁279。
〔註47〕《五燈會元》卷第十三〈瑞州洞山良价悟本禪師傳〉，頁293。
〔註48〕《景德傳燈錄》卷第十五〈朗州德山宣鑒禪師傳〉，頁92。
〔註49〕《大正藏》第五十一卷〈史傳部三〉，頁757。
〔註50〕《高僧傳三集》卷第十三〈梁福州玄沙院師備傳〉，頁325。
〔註51〕《高僧傳三集》卷第十三〈後唐漳州羅漢院桂琛傳〉，頁329。
〔註52〕《高僧傳三集》卷第十三〈周金陵清涼文益傳〉，頁335。

門，盛傳此宗，法嗣繁衍矣」〔註53〕契嵩撰《傳法正宗記》時猶言：「而雲門、臨濟、法眼三家之徒，於今尤盛。」〔註54〕可見在宋仁宗皇祐年間（1049～1054），法眼宗人尚在弘化。

　　五家的興起，依宗門禪的「悟由自心」爲基礎，再唱導師門「救一時之弊的方便」，悟得「本性」透澈則化門法要圓滿，建化圓滿則會下學人易於領宗得意。得人相承則道法昌隆如臨濟、曹洞，失人則終歸頹滅如溈仰、法眼、雲門。下文就由禪者事跡與傳承、禪法施設與演變，來探討五宗的師資及其盛衰。

第二節　溈山靈祐與仰山慧寂

　　會昌毀佛之後，首先在江南重振禪宗的，是洪州禪系的黃檗希運和溈山靈祐。希運後爲臨濟宗的祖師，靈祐則是溈仰宗的創始者，兩人重振禪宗皆得裴休的積極鼓動和大力扶持。至於溈山和仰山均爲山名。百丈懷海的法嗣靈祐禪師，在溈山（今湖南省寧鄉縣西）開山，提舉宗要，接引學人。其弟子之上首慧寂，參學諸方，受溈山靈祐禪師之心印後，領眾行化於王莽山，緣法不契，遂至住持仰山（今江西省宜春縣南），學侶奔湊，仰山法要爲時人所稱頌。後世取靈祐、慧寂師徒提舉宗要的山爲名，而謂爲溈仰宗。靈祐、慧寂兩師交情深篤，靈祐自百丈懷海禪師處得法，對頓悟與修持間的問題，可謂領宗旨而有其得意處，接機很著重「體」、「用」，而仰山對其行化甚有助發。靈祐常命慧寂到諸方，去參訪當代聞名的禪將大德，慧寂并將所聞知迴稟靈祐，靈祐苟有所感即命慧寂去傳機語。仰山且常助靈祐勘驗學人，兩師也常互舉話頭勘驗對方，師徒間以此會取「自性」。本文就對溈山靈祐的行化與仰山慧寂的法要，加以探究，來窺探此宗之宗風及其弘化的情勢。

一、溈山靈祐的風範

　　靈祐，趙氏子，唐代宗大曆六年（771 年）生於福州長谿。年十五，依本郡建善寺法常律師出家，〔註55〕後於杭州龍興寺受戒，研究大、小乘經律。乃入天台山，禮智者大師的遺跡，遇寒山子於途中，入國清寺時且得拾得的

〔註53〕《高僧傳三集》卷第十三〈梁福州玄沙院師備傳〉，頁 325。
〔註54〕《大正藏》第五十一卷〈史傳部三〉，頁 763。
〔註55〕《景德傳燈錄》卷十一與《五燈會元》卷九，《宋高僧傳》卷十一則爲法恆。

器重。據《祖堂集》卷十六〈潙山和尙傳〉云：

> 路上遇一逸士，向前執師手大笑，而言：「余生有緣，老而益光。逢
> 潭則止，遇潙則住。」逸士者便是寒山子也。至國清寺拾得唯喜重
> 於師一人，主者呵嘖偏黨，拾得曰：「此是一千五百人善知識，不同
> 常矣。」〔註56〕

師得寒山的授記及拾得的器重，往江西溈潭謁懷海禪師，「一湊玄席更不他遊」。
〔註57〕後懷海受檀信請住大雄山，參玄之賓，由四方群至，靈祐與希運爲參學
之首。〔註58〕一日百丈懷海上堂云：「倂卻咽喉脣吻，速道將來。」靈祐曰：「某
甲不道，請和尙道。」百丈云：「不辭與汝道，久後喪我兒孫。」〔註59〕第一義
諦雖不可言詮，但百丈仍請學人就平生所得以一句來表達，靈祐謹密反請百丈
說一句。靈祐的謹密、「語默而不露」，太虛大師認爲這是百丈下開溈仰宗的根
源。〔註60〕

有一回深夜，參問時，百丈以撥火來引發問題。〔註61〕靈祐將悟解以呈，
百丈認爲僅是暫時岐路，乃又加善誘，且囑付靈祐要善自護持。據《景德傳
燈錄》〈潭州溈山靈祐禪師傳〉云：

> 一日侍立，百丈問：「誰」。師曰：「靈祐」。百丈云：「汝撥鑪中有
> 火否？」師撥云：「無火」。百丈躬起深撥，得少火，舉以示之，
> 云：「此不是火。」師發悟禮謝，陳其所解。百丈曰：「此乃暫時
> 岐路耳。經云：『欲見佛性，當觀時節因緣。』時節既至，如迷忽
> 悟，如忘忽憶，方省己物不從他得。故祖師云：『悟了同未悟，無
> 心亦無法。』只是無虛妄凡聖等心，本來心法元自備足。汝今既
> 爾，善自護持。」〔註62〕

百丈使禪由行住坐臥推展到勞動領域，藉著撥火引發問題，但靈祐漫不經心，
經百丈點撥，妄念頓息而有所省，百丈並向靈祐開示從上宗風，乃心法本來
自足，時節一至，佛性自現，那時方省己物不從他得。由百丈的審密親切中，

〔註56〕《祖堂集》卷十六〈溈山和尚傳〉，頁306。
〔註57〕同前註。
〔註58〕《景德傳燈錄》卷第六〈洪州百丈山懷海禪師傳〉，頁114。另同書卷第九〈潭
　　　　州溈山靈祐禪師傳〉則云：「百丈一見，許之入室，遂居參學之首。」
〔註59〕《景德傳燈錄》卷第六〈洪州百丈山懷海禪師傳〉，頁114。
〔註60〕《太虛大師全書》〈法藏——佛學總論（三）〉，頁598。
〔註61〕《祖堂集》卷第十四〈百丈和尚傳〉，頁271。
〔註62〕《景德傳燈錄》卷第九〈潭州溈山靈祐禪師傳〉，頁149。

靈祐得窺「百丈的深機深用」。〔註63〕由靈祐呈解而百丈開示，可知百丈善於教導後學。此誠如湛愚在《心燈錄》卷四所云：「說法要有出的路，使學者人人都有所望。若祇將無理路言句劈面摔降將去，則無人不起退心。」〔註64〕

　　一回百丈與靈祐作務時，百丈問：「有火也無？」靈祐對云：「有。」百丈云：「在什麼處？」靈祐把一枝木吹兩三下過與百丈，百丈云：「如蟲蝕木。」〔註65〕對於這回撥火公案，百丈對靈祐的對答，認爲有過患在，劃蛇添足。杜繼文、魏道如著《中國禪宗通史》「勞動入禪」文中云：「前撥有火，是批評靈祐不認眞，不深入；後謂如蟲蝕木，是批評靈祐故弄玄虛，有害性心。」〔註66〕百丈雖不表示讚許，但對靈祐而言，其所展現的是「自信」，以「作用」來顯「眞性自在」。此時百丈與靈祐兩人風格顯然已有所別，所以仰山後謂：「百丈好記人行解」。靈祐雖不爲百丈所深肯，待到司馬頭陀來訪百丈，靈祐出世的時節已至。其出住溈山的因緣，據《祖堂集》所云，已先得寒山授記。另據《景德傳燈錄》〈潭州溈山靈祐禪師傳〉云：

> 司馬頭陀自湖南來，百丈謂之曰：「老僧欲往溈山可乎？」對云：「溈山奇絕，可聚千五百眾，然非和尚所住。」百丈云：「何也？」對曰：「和尚是骨人，彼是肉山，設居之，徒不盈千。」百丈云：「吾眾中莫有人住得否？」時師當典座，頭陀謂百丈云：「此正是溈山主也。」百丈是夜召師入室，囑云：「吾化緣在此，溈山勝境，汝當居之，嗣續吾宗，廣度後學。」時華林聞之，曰：「某甲忝居上首，祐公何得住持。」百丈云：「若能對眾下得一語出格，當與住持。」即指淨瓶問云：「不得喚作淨瓶，汝喚作什麼？」華林云：「不可喚作木也。」百丈不肯，乃問師，師踢倒淨瓶。百丈笑云：「第一座輸卻山子也。」遂遣師住溈山。〔註67〕

靈祐先得寒山指示，「逢潭則止，遇溈則住。」一參百丈，則不他往。後司馬頭陀見師舉止後，向百丈推薦靈祐出住溈山，雖經百丈「密付授」，然華林不服氣，乃對眾答話。百丈以「指境勢」，指一淨瓶以辨性，華林不以遣相「見性」而在知見上解會，百丈不許。而靈祐此時已不著相，一句不說過去踢倒

〔註63〕　《太虛大師全書》〈法藏——佛學總論（三）〉，頁612。
〔註64〕　湛愚《心燈錄》卷四，頁236。
〔註65〕　《景德傳燈錄》卷第六〈洪州百丈山懷海禪師傳〉，頁114。
〔註66〕　杜繼文、魏道儒著《中國禪宗通史》，頁257。
〔註67〕　《景德傳燈錄》卷第九〈潭州溈山靈祐禪師傳〉，頁149。

淨瓶。充分把握（百丈）深機（靈祐）妙用，也可說靈祐運用了大珠慧海語錄所謂的「語默勢」與「揚眉動目勢」。師之唱導徒弟能和，百丈此時甚爲歡欣，遣靈祐往潙山。

元和末（820 年），靈祐隨緣長沙，因過大潙山，是山與郡郭十舍而遙，山高且無人煙。〔註68〕靈祐禪師在潙山時，備受艱辛，而道心未損，因其精誠同門大安禪師（793～883 年）由百丈山率眾來助道。據《五燈會元》〈潭州潙山靈祐禪師傳〉云：

> 是山峭絕，敻無人煙，猿猱爲伍，橡栗充食，經五七載，絕無來者。
> 師自念言：「我本住持，爲利益於人，既絕往還，自善何濟？」即捨
> 庵而欲他往。行至山口，見蛇虎狼豹交橫在路，師曰：「汝等諸獸不
> 用攔吾行路，吾若於此山有緣，汝等各自散去。吾若無緣，汝等不
> 用動，吾從路過，一任汝喫。」言訖，蟲虎四散而去，師乃回庵。
> 未及一載，大安上座同數僧從百丈來輔佐於師。安曰：「某甲與和尚
> 作典座，待僧及五百人，不論時節即不造粥，便放某甲下。」〔註69〕

自後，山下居民稍稍知之，群信共營梵宇，連帥李景讓奏請山門號同慶寺，裴休且曾咨問玄要，而相親道和，〔註70〕於是天下禪學之徒輻湊。〔註71〕師上堂示眾云：

> 夫道人之心，質直無僞，無背無面，無詐妄心行。一切時中視聽尋
> 常，更無委曲，亦不閉眼塞耳，但情不附物即得。從上諸聖只是說
> 濁邊過患，若無如許多惡覺情見想習之事，譬如秋水澄淳，清淨無
> 爲，澹泞無礙，喚他作道人，亦名無事之人。〔註72〕

師直示學人，爲道人者當情不附物，一切時中視聽尋常，清淨無爲，淡泊無礙，又名「無事之人」。這如同是洪州禪系的南泉普願，以「平常心」作「無事人」，體用一如。師亦能融會「頓悟」與「漸修」之理，以接引會下學人。據《景德傳燈錄》〈潭州潙山靈祐禪師傳〉云：

> 有僧問：「頓悟之人，更有修否？」師云：「若眞悟得本，他自知時，

〔註68〕《高僧傳三集》卷十一〈唐大潙山靈祐傳〉，頁 288。
〔註69〕《五燈會元》卷第九〈潭州潙山靈祐禪師傳〉，頁 198。
〔註70〕《高僧傳三集》卷第十一〈唐大潙山靈祐傳〉，頁 288。
〔註71〕《景德傳燈錄》卷第九〈潭州潙山靈祐禪師傳〉，頁 149。另見《五燈會元》
　　　　卷第九〈潭州潙山靈祐禪師傳〉，頁 198。
〔註72〕《景德傳燈錄》卷第九〈潭州潙山靈祐禪師傳〉，頁 149～150。

修與不修是兩頭語。如今初心雖從緣得，一念頓悟自理，猶有無始曠幼習氣未能頓淨，須教渠淨除現業流識，即是修也。不道別有法，教渠修行趣向。從聞入理，聞理深妙，心自圓明，不居惑地，縱有百千妙義抑揚當時，此乃得座披衣自解作活計。以要言之，則實際理地不受一塵，萬行門中不捨一法，若也單刀趣入，則凡聖情盡，體露眞常，理事不二，即如如佛。」〔註73〕

師開示學人，苟眞悟得本，對修與不修就不會起分別。而初心悟理，即有習氣未淨，當教其淨除現業流識，而非別有教法。師且說，從聞入理，聞理深妙，心地自然圓明，不爲理事所惑，能識心達性，圓通自在。湛愚在《心燈錄》卷三云：「潙山此言乃保任最得力。」〔註74〕靈祐雖爲洪州禪系僧人，但其禪思想則似石頭禪法，也重視以語示理，重理悟。這可能與其所弘化區域在湖南，而深受石頭禪法的影響所致。靈祐師對來遊僧眾不勉強，任來隨去，并舉爲話頭藉機教化座下學僧。據《祖堂集》〈潙山和尚傳〉云：

隱峰到潙山，於上座頭放下衣缽。師聞師叔來，先具威儀來相看，隱峰見師來，便倒佯睡，師歸法堂，隱峰便發去。師問侍者：「師叔在摩？」對云：「去也。」師云：「師叔去時道什麼？」對云：「無語。」師云：「莫道無語，其聲如雷。」德山行腳時到潙山，具三衣上法堂前，東覷西覷了便發去。侍者報和尚云：「適來新到，不參和尚便發去。」師云：「我早個相見了也。」〔註75〕

師既然開示學人：「苟眞悟得本，他自知時，修與不修是兩頭語。」則對師叔隱峰禪師的來去、語默，以及德山的來去、參與不參，則有何分別可起。德山來到大潙山，東看西看便走，這是他的自在。杜繼文、魏道儒著《中國禪宗通史》〈靈祐、慧寂和潙仰宗〉一文中云：「隱峰看重的是得體。……相也是一種用，體是一，用無量，得體的人，盡可能有種種相狀表現，但自己不著相，也不容他人以相量，這才是理事不二，即如如佛也。」〔註76〕師對來參循循教誨，而直指自心。據《五燈會元》〈潭州潙山靈祐禪師傳〉云：

僧問：「如何是道？」師曰：「無心是道。」曰：「某甲不會。」師曰：

〔註73〕前引書卷第九〈潭州潙山靈祐禪師傳〉，頁150。

〔註74〕湛愚《心燈錄》卷三，頁204～205。

〔註75〕《祖堂集》卷第十六〈潙山和尚傳〉，頁307。另見湛愚《心燈錄》卷三（自由出版社，民國75年10月五版），頁204～205。

〔註76〕杜繼文、魏道儒著《中國禪宗通史》，頁326。

「會取不會底好。」曰：「如何是不會底？」師曰：「祇汝是，不是
別人。」復曰：「今時人但直下體取不會底，正是汝心，正是汝佛。
若向外得一知一解，將爲禪道，且沒交涉，名運糞入，不名運糞出，
汙汝心田。所以道不是道。」〔註77〕

靈祐把馬祖所唱「自心是佛」、石頭所宗的「泯滅無寄」禪觀，加以融通，而
成爲其禪思想。其唱無心是道，要學人莫捨心向外覓求見解，當直下體取「不
會底」（無住之性），此不會底，正是汝心，正是汝佛。靈祐用往裏運糞，來
表示人對概念的執著，其明示學人當下無事，不用解說，才稱爲禪道。對此
則公案，湛愚在《心燈錄》卷三云：「潙山分明說出此我，人還不信，深可憐
憫。」〔註78〕僧眾中，師與仰山慧寂話最投機，許其爲作家，亦苦口婆心的
施與各種教化，師徒間的心情如水乳相融，嗣後仰山光化師之聲教最力，是
有相當的因緣。據《景德傳燈錄》卷第九〈潭州潙山靈祐禪師傳〉云：

一日師謂眾云：「如許多人只得大機，不得大用。」普請摘茶，師謂
仰山：「終日摘茶，只聞子聲，不見子形，請現本形相見。」仰山撼
茶樹。師云：「子只得其用，不得其體。」仰山云：「未審和尚如何？」
師良久。仰山云：「和尚只得其體，不得其用。」師云：「放子二十
棒。」〔註79〕

由潙仰師弟的唱和，可知潙仰宗「明作用論親疏」，〔註80〕以體、現、用來表
達理事。潙山說仰山：「只得其用，不得其體。」仰山不服，要潙山示範，潙
山用語默勢來顯示，仰山不能體會其深密的旨意，落入兩頭語，不爲潙山所
許。杜繼文、魏道儒著《中國禪宗通史》〈靈祐、慧寂和潙仰宗〉一文中云：

繼《祖堂集》，靈祐很重視「體用」這對范疇在禪中的運用，認爲現
下諸人只得大識，不得大用，實際上需要體用兼得，不可偏廢。……
「體」無定相，不可言說；「用」必有相，必須言說，這是矛盾。禪
示的懷疑論和不可知論者，將這一矛盾絕對化，以致把體、用對立起
來，分離開來，牛頭、徑山，以至臨濟，大致可以代表這種趨向；特

〔註77〕《五燈會元》卷第九〈潭州潙山靈祐禪師傳〉，頁199。另見《心燈錄》卷三，
頁205～206。
〔註78〕《心燈錄》卷三，頁205。
〔註79〕《景德傳燈錄》卷第九〈潭州潙山靈祐禪師傳〉，頁150。
〔註80〕正果〈禪宗大意〉，《禪宗的歷史與文化》（新潮社文化事業有限公司，民國80
年4月初版）頁211。

別看重三界唯心、萬法唯識的唯心主義派別，則多半主張體用一致，

前述的石頭希遷是這一主張的大家，靈祐也屬於這個范疇。〔註81〕

師教化仰山，除悟「自性」之外，為人師還得具有「大機」與「大用」。師且對仰山說，學僧來參學，為師者貴在勘驗弟子是否得「正法眼藏」，而不在其「行履處」。據《景德傳燈錄》卷第九云：

> 師問仰山：「《涅槃經》四十卷，多少佛說？多少魔說？」仰山云：「總是魔說。」師云：「已後無人奈子何？」仰山云：「慧寂即一期之事，行履在什麼處。」師云：「只貴子眼正，不說子行履。」〔註82〕

禪門中人強調自心自度，不依經教為悟處，所以仰山說涅槃經為魔說。溈山讚許仰山已卓然而立，後不會受人欺謾。溈山期望仰山能像祖師們因「涅槃妙心」得「正法眼藏」，不談未來行事為何。其後師徒兩人就「貴眼正不說行履」，而論及行解與見解的區別，他們共同認為「記人見解，不記人行解」，也即是「試人見解」而不「試人行解」。記人行解屬人情，不是佛法，而見解透徹者，為人師有餘。〔註83〕師徒間的問答，皆舉日常行事為話頭，「明暗交馳」以「見性」。據《五燈會元》〈潭州溈山靈祐禪師傳〉云：

> 仰山從方丈前過，師曰：「若是百丈先師見子，須喫痛棒始得。」仰曰：「即今事作麼生？」師曰：「合取兩片皮。」仰曰：「此恩難報。」師曰：「非子不才，迺老僧年邁。」仰曰：「今日親見百丈師翁來。」師曰：「子向甚麼處見？」仰曰：「不道見，祇是無別。」師曰：「始終作家。」……師方丈內坐次，仰山入來，師曰：「寂子，近日宗門令嗣作麼生？」仰曰：「大有人疑著此事。」師曰：「寂子作麼生？」仰曰：「慧寂祇管困來合眼，健即坐禪，所以未曾說著在。」師曰：「到這田地也難得。」仰曰：「據慧寂所見，祇如此一句也著不得。」師曰：「汝為一人也不得。」仰曰：「自古聖人盡皆如此。」師曰：「大有人笑汝恁祇對。」仰山云：「解笑者是慧寂同參。」……一日師翹起一足，謂仰山曰：「我每日得他負載，感伊不徹。」仰曰：「當時給孤園中與此無別。」師曰：「更須道始得。」仰曰：「寒時與他襪著也不爲分外。」師曰：「不負當初，子今已徹。」仰曰：「恁麼更

〔註81〕杜繼文、魏道儒著《中國禪宗通史》，頁 326。
〔註82〕《五燈會元》卷九〈潭州溈山靈祐禪師傳〉，頁 199。
〔註83〕《祖堂集》卷第十八〈仰山和尚傳〉，頁 347。

要答話在。」師曰：「道看。」仰曰：「誠如是言。」師曰：「如是如
是」。〔註84〕

師與仰山交談中，深含玄機，師在言語中不斷勘驗仰山的行解，仰山亦不負
師之期望，直示本然，仰山此時已被讚許「深明體用」，能隨緣任運。師徒兩
人堪稱「領宗得意」而相親道合。所以太虛大師有言：

> 百丈傳承之下的大機大用，黃檗、臨濟得之，而深機深用為仰得之。
>
> 溈山、仰山父唱子和深邃之宗風，至是大著，故謂「溈仰之邃密」。
>
> 設非仰山之深邃，則溈山雖奧密，亦無由彰。〔註85〕

溈仰兩師以「託情勢」來交流各自悟解。溈山與仰山如此的對話，已是大中
初年的事，此時兩師經歷法難後再聚，倍感親切。綜計溈山敷揚宗教，凡四
十餘年，達者實不可勝數。青原系的藥山惟儼（751～834 年）下之雲巖曇晟
（794～829 年）、道吾宗智（782～835 年）及石霜慶諸（807～888 年），雪巖
下之洞山良价（807～869 年）及石霜慶諸會下的僧人曾來參學。〔註86〕師遭
逢會昌之厄，據《佛祖歷代通載》卷第二十三云：

> 值武宗毀寺逐僧，逐空其所，師遂裹首為民，惟恐出蚩蚩之輩，有
> 識者益貴重之。後湖南觀察使裴公休，酷好佛事，值宣宗釋武宗之
> 禁，固請迎而出之，乘之以己輿，親為其徒列。又議重銷其鬚髮，
> 師始不欲，戲其徒曰：「爾以鬚髮為佛耶。」其徒愈強之，不得已笑
> 而從之。復到其所居，為同慶寺而歸，諸徒復來，其事如初。師皆
> 幻視無所為意。〔註87〕

師門下常一千餘人，唱說宗要四十餘年間，入室弟子四十一人。以唐宣宗大中
七年（853 年）正月九日圓寂，壽八十三，敕諡大圓禪師，塔號清淨。〔註88〕
釋念常所集《佛祖歷代通載》卷第二十三文中，談到靈祐禪師時，對禪宗的特
質有精譬的述說：

> 浮屠氏之言禪者，庶幾乎近也。有口無所用其辯，巧歷無所用其數。

〔註84〕《五燈會元》卷第九〈潭州溈山靈祐禪師傳〉，頁 199～200。
〔註85〕《太虛大師全書》〈法藏——佛學總論（三）〉，頁 618。
〔註86〕《景德傳燈錄》卷第九〈潭州溈山靈祐禪師傳〉，頁 151～152。另見《五燈會
元》卷九〈潭州溈山靈祐禪師傳〉，頁 200。
〔註87〕《佛祖歷代通載》卷第二十三，前引書頁 153。
〔註88〕《景德傳燈錄》卷第九〈潭州溈山靈祐禪師傳〉，頁 152。另見《大藏經》第
七十五冊，頁 1163。

愈得愈失，愈是愈非。我則我矣，不知我者誰也。知者知矣，不知
者何以。無其無不能盡，空其空不能了。是者無所不是，得者無所
不得。山林不必寂，城郭不必喧。無春夏秋冬四時之行，無得失是
非去來之跡。非盡無也，冥於順也所。遇所即安，故不介於時。當
其處無必，故不局於物。其大旨如此。其徒雖千百，得者無一二。
〔註89〕

禪學盛行之際，聚大德門下的學僧湊泊，雖有千百眾而得者無一二。而靈祐
禪師的風範及其行化，時人視為當時論佛之首。鄭愚在〈潭州大溈山同慶寺
大圓禪師碑銘并序〉云：

近代言之者必有宗，宗必有師，師必有傳。然非聰明瑰宏傑達之器，
不能得其傳，當其傳是皆鴻龐偉絕之度也。師始僧號靈祐，生福唐，
笠首翹足背閩來游。安於醫薈非食不出，棲棲風雨默坐而已。恬然
晝夜物不能害，非夫外死生忘憂患冥順大和者，熟能於是哉。……
師既以茲為事，其徒稍稍從之。則與之結構廬室，與之伐去陰黑，
以至於千有餘人。自為飲食紀綱，而於師言無所是非。其有問諸語
而答，不強所不能也。數十年言佛者，天下以為稱首。〔註90〕

師圓寂後，同參大安禪師自百丈處領旨後，依住溈山，躬耕助道。及靈祐禪師
歸寂，受請為溈山第二世，住溈山三十年，後行化閩城二十餘年，唐僖宗中和
三年（883年）圓寂。〔註91〕靈祐在世時，香嚴志閑與仰山慧寂被許為「見解
過於鶖子。」〔註92〕從靈祐卒（853年）後到洞山良价卒時（869年），十七年
間曾住在潭州大溈山，洞山門下匡仁來參大安不契，便辭志閑，言談間為志閑
所折服，而說：「元來此中有人。」遂囑志閑曰：「向後有住處，某甲卻來相見。」
乃去，志閑後把匡仁的話舉給大安，大安失笑曰：「我將謂此矮子有長處，元來
祇在這裏。」後智閑出世於鄧州香嚴山，匡仁不爽前約造訪。〔註93〕由靈祐圓
寂而大安接踵住持，而非由靈祐的上足繼席，可窺知當時禪門中人已實行「傳
法不傳座」。所以靈祐卒後，門徒有的他處弘化如仰山，有的仍在大溈山如智閑。

〔註89〕《佛祖歷代通載》卷第二十三〈溈山靈祐禪師傳〉，《佛教大藏經》第七十五
　　　　冊，頁1163。
〔註90〕《全唐文》卷第八二〇〈潭州大溈山同慶寺大圓禪師碑銘并序〉，頁3880。
〔註91〕《景德傳燈錄》卷第九〈福州大安禪師傳〉，頁156～157。
〔註92〕前引書卷第九〈潭州溈靈祐禪師傳〉，頁152。
〔註93〕《五燈會元》卷第十三〈撫州疏山匡仁禪師傳〉，頁301。

潙山卒後，門徒慧寂先後在仰山、觀音院接機三十八年之久，爲宗門表率。

二、仰山慧寂的法要

潙山法嗣四十一人，以仰山慧寂爲上首。慧寂，韶州懷化人，生於唐憲宗元和九年（814年），葉氏子，十五歲時欲出家，父母不許。年十七，斷二指，誓求正法，父母遂許之，依南華寺通禪師落髮。年十八（831年）即遊行諸方，尋訪善知識。先參宗禪師，次禮耽六祖教下慧忠法嗣耽源應眞禪師，「在左右數年，學境智明暗一相。」〔註94〕應眞禪師託付其歷代祖師相傳的圓相圖集，師一覽就知其意旨，放一把火燒掉。據《五燈會元》〈潙仰宗袁州仰山慧寂傳〉云：

> 耽源一日謂師曰：「(慧忠)國師當時傳得六代祖師圓相，共九十七個，授與老僧，乃曰：『吾滅後三十年，南方有一沙彌到來，大興此教，次第傳受，無令斷絕。』我今付汝，汝當奉持。」遂將其本過與師，師接得一覽，便將火燒卻。耽源一日問：「前來諸相，甚宜祕惜。」師曰：「當時看了便燒卻也。」源曰：「吾此法門無人能會，唯先師及諸大聖人方可委悉，子何得焚之？」師曰：「慧寂一覽已知其意，但用得不可執本也。」源曰：「然雖如此，於子即得，後人信之不及。」師曰：「和尚若要重錄不難，即重集一本呈上，便無遺失。」源曰：「然。」〔註95〕

師參遊宗門，對無漏慧的空性必有所了解，耽源對師甚爲器重，才「付授」其祖祖相傳的圓相圖，但師以「但用得不可執本」，而將歷代祖師相傳的圓相圖本燒掉。耽源則很慈悲的說：「於子即得，後人信之不及。」意指可以用這些圖相方便接引學人識取「眞性」，仰山乃重錄一本。師在耽源處數年，已知明暗玄旨。後離耽源，而到大潙山參靈祐禪師，師後自謂：「我在耽源處得名，潙山處得地。」據《景德傳燈錄》卷九〈潭州石霜山性空禪師傳〉云：

> 僧問：「如何是西來意？」師（空禪師）曰：「若人在千尺井中，不假寸繩，你若出得此人，即達汝西來意。」僧曰：「近日湖南暢和尚出世，亦爲人東語西話。」師喚沙彌（仰山）拽出死屍著。沙彌後舉問耽源：「如何出得井中人？」耽源曰：「咄！癡漢！誰在井中。」仰山後問潙山：「如何出得井中人？」潙山乃呼慧寂，寂慧諾，潙山

〔註94〕《祖堂集》卷第十八〈仰山和尚傳〉，頁338～339。
〔註95〕《五燈會元》卷第九〈袁州仰山慧寂通智禪師傳〉，頁200～201。

日：「出也。」及住仰山，嘗舉前語謂眾曰：「我在耽源處得名，溈
山處得地。」〔註96〕

師當沙彌時曾參過百丈懷海的法嗣石霜性空禪師，因見聞生疑情，所以後來舉
話頭問耽源，被當頭咄斥，耽源已直指「誰在井中」但慧寂沒能省悟。其在耽
源處學會境智法門，後常靠此方便得些名氣。此「誰在井中」的話頭常盈繞在
慧寂心頭，數年後到溈山再舉問，當下疑情消融。其初見溈山時，即受重視，
溈山乃加垂示。據《景德傳燈錄》卷十一〈袁州仰山慧寂禪師傳〉云：

溈山問寂曰：「汝是有主沙彌、無主沙彌？」師曰：「有主。」祐曰：
「在什麼處。」師從西過東立。祐知是異人，便垂開示。寂問：「如
何是真佛住處？」祐曰：「以思無思之妙，返思靈燄之無窮。思盡還
源，性相常住。事理不二，真佛如如。」師於言下頓悟，自此執侍。
〔註97〕

靈祐到溈山靈祐處，溈山直問而靈祐直答，溈山異之，溈山乃指點慧寂有關
禪門觀行的法門。據杜繼文、魏道儒著《中國禪宗通史》云：「此處的無思，
即無念、無心；觀想至于無思，即回歸到念想之後神妙的靈燄（靈知、靈性），
常住無窮，一切事理不過是它發生思念的產物，以它為本源。由此認識到「理
事不二」、真佛原來如此，自然會恍然大悟」。〔註98〕這是禪宗流行的禪觀。

慧寂緣契溈山，乃為侍者，尋往江陵受戒，深研律藏，後參青原系下德
山宣鑒的弟子巖頭全豁（828～887年）、石頭希遷再傳石室善道。巖頭對慧寂
的行為，表示讚許，而石室對則慧寂甚為呵護，據《景德傳燈錄》〈袁州仰山
慧寂禪師傳〉云：

後參巖頭，頭舉起拂子，師展坐具，頭拈拂子置背後，寂將坐具搭
肩上而出。頭云：「我不肯汝放，只肯汝收。」又問石室：「佛之與
道，相去幾何？」室曰：「道如展手，佛似握拳。」乃辭石室，室門
送，召云：「子莫一向去，已後卻來我邊。」〔註99〕

巖頭全豁因見慧寂自在而許之，且很慈悲的開示為何許之。慧寂參石室善道，
石室以截其心機的話語來開示，臨別又出語開示慧寂，自性自在，莫起妄心。

〔註96〕《景德傳燈錄》卷九〈潭州石霜山性空禪師傳〉，頁155～156。
〔註97〕《景德傳燈錄》卷十一〈袁州仰山慧寂禪師傳〉，頁3。
〔註98〕杜繼文、魏道儒著《中國禪宗通史》，頁327。
〔註99〕《景德傳燈錄》卷十一〈袁州仰山慧寂禪師傳〉，頁3。

這也顯見巖頭與石室皆很慈悲，期望後學有入頭處，所以用本宗道法，以「理」來啓發慧寂契入「眞如習性」。

慧寂在大潙山雖爲侍者，但深得靈祐禪師「提誘哀之」。〔註100〕靈祐且命慧寂去諸方參問，閱歷漸多，不僅增長見聞，且深受讚揚。所以在大潙山，與第一座乃至其師靈祐交峰，得理不讓，深受玄沙師備的讚許。據《景德傳燈錄》〈袁州仰山慧寂禪師傳〉云：

> 潙山上座舉起拂子曰：「若人作得道理，即與之。」師曰：「某甲作
> 得道理，還得否？」上座曰：「但作得道理，便得。」師乃掣拂子將
> 去。一日雨下，上座曰：「好雨，寂闍黎。」師曰：「好在什麼處？」
> 上座無語，師曰：「某甲卻道得。」上座曰：「好在什麼處？」師指
> 雨。潙山與師遊行次，烏銜一紅柿落前，祐將與師，師接得乃以水
> 洗了卻與祐。祐曰：「子什麼處得來？」師曰：「此是和尚道德所感。」
> 祐曰：「汝也不得空然，即分半與師。」玄沙云：「大小潙山被仰山
> 一坐，至今起不得。」〔註101〕

慧寂參學多方，能融會諸方化門，所以與人交鋒顯得自在，如不由解說就掣拂子去。有時不期然臨機直問，如好在什麼處？有時用「指境勢」，如指雨以表性、道之所在。有時用語言以表義理，單刀直入，直讓潙山難以招架。師自參諸方及受潙山提攜，後與人交鋒，雖有「箭鋒相拄」之勢，但在平和中進行，且句下得機，可見其已漸能掌握「體用」并「機用」。正果在「禪宗大意」文中云：「潙仰的家風，審細密切，師資唱和，事理並行，體用語似爭而默契。」〔註102〕慧寂侍奉潙山十五年（834～848年），「凡有語句，學眾無不弭伏。暨受潙山之心印，領眾住王莽山，緣化未契，遷止仰山，學徒臻萃。」〔註103〕師年三十五（848年，時宣宗大中二年）出世，前後諸州府節使相繼十一人執弟子禮，在袁州大潙山、韶州東平山及洪州觀音院三處轉法輪，敕賜澄虛大師并紫衣。〔註104〕師每日上堂，示眾云：

> 汝等諸人各自回光返顧，莫記吾言。汝無始劫來背明投闇，妄想根
> 深，卒難頓拔。所以假設方便，奪汝麤識。如將黃葉止啼，有什麼

〔註100〕《高僧傳三集》卷第十二〈唐袁州仰山慧寂傳〉，頁313。
〔註101〕《景德傳燈錄》卷第十一〈袁州仰山慧寂禪師傳〉，頁4。
〔註102〕《禪宗的歷史與文化》，頁210。
〔註103〕《景德傳燈錄》卷第十一〈袁州仰山慧寂禪師傳〉，頁4。
〔註104〕《祖堂集》卷第十八〈仰山和尚傳〉，頁339。

是處。亦如人將百種貨物與金玉作一鋪貨賣，祇擬輕重來機。所以
道石頭是眞金鋪，我者裏是雜貨鋪。有人來鼠糞，我亦拈與他。來
覓眞金，我亦拈與他。〔註105〕

師示眾要自識本心，一切施設言說，不過假設方便，以奪人麤識，而直趨性
海。且云如實而修，得其本則不愁其末。據《景德傳燈錄》〈袁州仰山慧寂禪
師傳〉云：

有僧問：「鼠糞即不要，請和尚眞金。」師云：「䶥鏃擬開口，驢年
亦不會。」僧無以對。師曰：「索喚則有交易，不索喚則無。我若說
禪宗，身邊要一人相伴亦無，豈況有五百七百眾耶。我若東說西說，
則爭頭向前采拾。如將空拳誑小兒，都無實處。我今分明向汝說聖
邊事，且莫將心湊泊。但向自己性海如實而修。不要三明六通，何
以故？此是聖末邊事。如今且要識心達本。但得其本，莫愁其末。
他時後日自具去在。若未得本，縱饒將情學他亦不得。汝豈不見溈
山和尚云：『凡聖情盡，體露眞常，事理不二，即如如佛。』」〔註106〕

師上堂示眾，仍依溈山靈祐的道法而宣說。要學人不要記其話頭，不要神通
等聖邊末事，但向性海而修，由定生慧，疑情漸消，聖解凡情俱斷時，體露
眞常之心，達事理不二境地。然師之施設，則較靈祐更具方便。師於耽源處
學會諸圓相，曾以圓相示人以悟入「自性」。據《景德傳燈錄》〈袁州仰山慧
寂禪師傳〉云：

韋宙就溈山請一迦陀，溈山曰：「睹面相呈猶是鈍漢，豈況形於紙筆。」
乃就師請，師於紙上畫一圓相，注云：「思而知之，落第二頭。不思
而知，落第三首。」〔註107〕

禪門以悟自心而不著相爲宗本。韋宙請像，遭溈山破斥，乃就仰山索取，仰山
畫圓相，又加註以表達思而知之乃依色明空，不思而知仍有虛境在，皆乖離「自
性」。此後師「有若干勢以示學人」。〔註108〕學人有以圓相以呈，而師也常以圓
相教化學眾。〔註109〕關於仰山道法，據杜繼文、魏道儒著《中國禪宗通史》云：

慧寂與溈山一樣，基本理論源自華嚴宗的理事圓融。他的特點不只

〔註105〕同前註。另見《景德傳燈錄》卷十一〈袁州仰山慧寂禪師傳〉，頁4。
〔註106〕《景德傳燈錄》卷十一〈袁州仰山慧寂禪師傳〉，頁4～5。
〔註107〕前引書卷第十一〈袁州仰山慧寂禪師傳〉，頁3。
〔註108〕《高僧傳三集》卷第十二〈唐袁州仰山慧寂傳〉，頁313。
〔註109〕《五燈會元》卷九〈袁州仰山慧寂禪師傳〉，頁202～203。

有這類生動的運用，而且有表達這種理論的特殊形式，即畫圓相。……靈祐認爲道理不可擬議言説，因而將紙畫圓相，圓相中注某字，……這無疑是用來表現無思這一宗旨的，儘管很難解這第二、第三的含義。……這種作圖示意的方法，叫做「表相現法，示徒証理」，不經解釋是無法猜測的。……儘管如此，作相示意仍是爲仰宗的重要特徵。這一設計，當是效仿《周易》，所謂「聖人立象以盡意」，最後達到魏晉玄學所謂的「得意忘象」，熄滅一切聖凡心境。在理論內容上，與融入華嚴宗的「理事」觀同時，又吸取了法相宗的「理行」觀。〔註110〕

師示學眾，莫將心泊湊於聖邊事，但向性海如實而修，然學人總難會取，仍在「聖邊事」作活計。據《景德傳燈錄》〈袁州仰山慧寂禪師傳〉云：

> 師謂第一座曰：「不思善，不思惡，正恁麼作麼生。」對曰：「正恁麼時，是某甲放身命處。」師曰：「何不問老僧？」對曰：「正恁麼時不見有和尚。」對曰：「扶吾教不起。」〔註111〕

學人在「不思善、不思惡的虛境」中求解脫，不知此虛境乃自心所造作，甚至說在此虛境則目不視仰山。仰山感慨如此怎能承嗣其道法。師對士大夫來參，也僅能講「聖邊事」，因士大夫的所學與去取實有別於禪門中人。禪門中人雖談義學，仍貴修行，而士夫雖好玄機，對修行則非所擅。但師回答士夫，仍不厭其煩，不離眞際。據《五燈會元》〈袁州仰山慧寂禪師傳〉云：

> 劉侍御問：「了心之旨，可得聞乎？」師曰：「若要了心，無心可了。無了之心，是明眞了。」……陸希聲相公欲謁師，先作圓相封呈。師開封，於相下面書云：「不思而知落第二頭，思而知之落第三首。」遂封回。公見即入山，師乃門迎，公才入門便問：「三門具開，從何門入？」師曰：「從信門入。」公至法堂，又問：「不出魔界便入佛界時如何？」師以拂子倒點三下，公便設禮。又問：「和尚還持戒否？」師曰：「不持戒。」曰：「還坐禪否？」師曰：「不坐禪。」公良久，師曰：「會麼？」曰：「不會。」師曰：「聽老僧一頌滔滔，不持戒，兀兀不坐禪，釅茶三兩椀，意在钁頭邊。」師卻問：「承聞相公看經得悟是否？」曰：「弟子因看涅槃經有云：『不亂煩惱而

〔註110〕杜繼文、魏道儒著《中國禪宗通史》，頁328～329。
〔註111〕《景德傳燈錄》卷第十一〈袁州仰山慧寂禪師傳〉，頁5。

　　入涅槃，得個安樂處。』」師豎起拂子，曰：「祇知這個作麼生入？」
　　曰：「入之一字也不消得。」師曰：「入之一字不爲相公。」公便起
　　去。〔註112〕

仰山就「般若中觀」論禪，無所謂「了」無所謂「入」，乃明眞了眞入，但非
逞一時口快，而要實得。士夫志趣不在此，所以難以會取。至於作爲一位禪
者，由信門入理是應該的，但在踐行上，則不能停留在聖解上，當不起分別
心，自然得入心體，妙用無窮。

　　師於潙山處，潙山座下學眾有悟時，潙山每向師云，師則謂潙山待其親
自勘驗過，看是心機意識著述而成，還是發明大事徹了。〔註113〕會昌法難後，
師歸潙山省覲，靈祐禪師問其如何勘驗諸方。據《祖堂集》〈仰山和尚傳〉云：

　　祐問：「子既稱善知識，爭辨得諸方來者，知有不知有，有師承無師
　　承，是義學是玄學，子試説看。」師曰：「慧寂有驗處。但見諸方僧
　　來，便豎起拂子，問伊諸方還説者個不説，又云者個且置，諸方老
　　宿意作麼生？」祐歎曰：「此是從上宗門中爪牙。」祐問：「大地眾
　　生業識茫茫，無本可據，子作麼生知他有之與無？」師曰：「慧寂有
　　驗處。」時有一僧從面前過，師召云：「闍黎。」其僧回首。師曰：
　　「和尚，這個便是業識茫茫無本可據。」祐曰：「此是師子一滴乳，
　　迸散六斛驢乳。」〔註114〕

時諸方皆重師承宗旨，仰山曾遊方見識甚多，所以學人來參時，可用被潙山
稱爲從上宗門爪牙（方便）來勘驗其來處與見地。對於慧寂以「用」來驗「性」，
杜繼文、魏道儒著《中國禪宗通史》中云：「闍梨是普通名詞，可以泛指任何
具有此種身份的人，而一個具體的人，可以用很多類似的普通名詞稱謂，因
此，禪者不應惑于名而失其實，得其用而忘其本。」〔註115〕

　　潙山對仰山勘驗諸方的機用，深表贊許。師並同潙山妙談身邊是有否學
禪僧、見解與行解、口密與意密。師謂潙山身邊有五人受持聲教，爲人師有
餘，師并說明何以試人以「見解」，而不試人以「行解」。據《祖堂集》〈仰山
和尚傳〉云：

〔註112〕《五燈會元》卷第九〈袁州仰山慧寂禪師傳〉，頁203。
〔註113〕《五燈會元》卷九〈鄧州香嚴智賢禪師傳〉，頁204。
〔註114〕《祖堂集》卷第十八〈仰山和尚傳〉，頁345。另見《景德傳燈錄》卷十一〈袁
　　　　州仰山慧寂禪師傳〉，頁5。
〔註115〕杜繼文、魏道儒著《中國禪宗通史》，頁326～327。

> 潙山又問：「仰山身邊還有學禪僧不？」仰山云：「還有一兩個，只是面前背後。」潙山云：「何面前背後？」仰山云：「人前受持聲教，恆對別人，即似背後，指定著渠自己照用處，業性亦不識。」潙山云：「我身邊還有學禪人不？」仰山答：「出山日早有，亦不識他。」……潙云：「大安如何？」答云不識他。全念如何？亦不識他。志和如何？亦不識他。志遇如何？亦不識他。法端如何？亦不識。潙山咄云：「我問汝總道不識，什麼意？」仰山諮和尚：「為當欲得見記他見解，為當欲得行解？」潙山云：「汝云何說他見解？云何說他行解？」仰山云：「若欲記他見解，上來五人向後受持和尚聲教，為人善知識，說示一切人。如瀉之一瓶，不失一滴，為人師有餘。此是見解。」潙山云：「行解如何？」仰山云：「未具天眼他心，不知他照用處，緣行解自辯清濁業性，屬於意密，所以不知他。只如慧寂在江西時，盡頭無慚無愧，今時和尚見了，喚作學禪人不？」潙山云：「是我向一切人前說，汝不解禪得不？」仰山云：「慧寂是何蝦蟆蚰鱔，云何解禪？」潙山：「是汝光明，誰人障汝？」〔註116〕

潙山說己是理學通（慧通），亦是通自宗（悟自心），至於行通邊事（神通）未得。仰山則謙虛的說，其不如曹溪六祖所以不敢預記人，而百丈則記人行解（由行解談人未來行履），其意以為見解是口密（由口說得窺心行），行解是意密（心行），行解涉及識、塵及業境，此事出自本人相續流注的心田，他人怎知，何處去預記他人將來如何。仰山又謙虛問潙山，其是否還算學禪人，潙山說「自心自度」沒人可障。另據《祖堂集》〈仰山和尚傳〉云：

> 仰山云：「諮和尚，和尚今時若記人見解即得，若記人行解即屬人情，不是佛法。」潙山喜曰：「百丈先師記數十人會佛法會禪，向後千百人圍繞及其自住，數不。」仰山曰：「慮恐如此，然則聖意難測，或逆或順，亦非寂所知。」潙山云：「汝向後還記人不？」仰山云：「若記只記見解，不記行解。見解屬口密，行解屬意密，未齊曹溪不敢記人。」潙山云：「子何故不記？」仰山云：「燃燈身前事，這邊屬眾生行解，無憑。」潙山云：「燃燈後，汝還記得渠不？」仰山云：「若燃燈後，他自有人記，亦不到慧寂記。」〔註117〕

〔註116〕《祖堂集》卷第十八〈仰山和尚傳〉，頁346。
〔註117〕前引書，頁347。

由潙山與仰山師徒間談論「見解」與「口密」、「行解」與「意密」，以及勘驗學人為何重點在「見解」而非在「行解」上諸問題，可知為何禪宗初行時貴在「領宗得意」而「不出文記」，後世禪門中人亦強調「不立文字」且「無一法可得」，世傳機緣語句也僅是「見解」，「行解」是自家事，他人怎能體會得到。

　　僧道存問仰山，會昌沙汰後，師再到湖南禮觀潙山，潙山有何微言妙說。師說當時師徒間互呈見地，并勘驗對方有關「行解」與「見解」、「三種生」及如何保任諸問題。據《祖堂集》〈仰山和尚傳〉云：

> 仰山又問潙山：「和尚浮漚識近來不知寧也未？」潙山云：「我無來經五六年。」仰山云：「若與摩，如今和尚身前應普超三昧頂也。」潙山云：「未。」仰山云：「性地浮漚尚寧，燃燈身前何故未？」潙山云：「雖然理即如此，我亦未敢保任。」仰山云：「何處是未敢保任？」潙山云：「汝莫口解脫，汝不聞安、秀禪師，被則天一試下水，始知有長人到這裏。鐵佛亦須汗流，汝大須修行，莫終日口密密底。」又云：「汝三生中，汝今在何生，實向我說看？」仰山云：「想生、相生，仰山今時早已淡泊也，今正在流注裏。」潙山云：「若與摩，汝智眼猶濁在，未得法眼，人何以知我浮漚中事。」仰山云：「大和三年奉和尚處分，令究理頓窮實相性實際妙理，當刹那時，身性清濁辨得理行分明，從此以後便知有師承宗旨，雖則行理力用卒未可說。如今和尚得與不得，即知以海印三昧印定，前學後學無別有路。」潙山云：「汝眼目既如此，隨處各自修行，所在出家一般。」仰山咨潙山云：「初禮和尚時，和尚豈不有語處分？」潙山云：「有語。」云：「雖是機理，不無含其事。」潙山：「汝也是秦時鐸落鑽。」仰山云：「此行李處，自謾不得。」潙山云：「仁子之心亦合如此。」〔註118〕

潙山開示仰山由理入契義，仰山理窮而刹那默契玄旨，自此方知學有師承宗旨。師自云於唐文宗大和三年（829 年），奉潙山處分而頓悟玄旨，並努力修行。會昌沙汰後，再到湖南大潙山禮觀，潙山已有更高的道行，潙山則謂師云：「汝智眼猶濁在，未得法眼。」師將自領玄旨以來的情形告訴潙山，潙山砥礪其善自修行。師請潙山開語處分，潙山對師之精誠深表讚許。依《祖堂集》卷第十八、《佛祖統記》卷第四十二與《佛祖歷代通載》卷第二十四所載

〔註118〕同前書，頁 347～348。

推算，師約卒於大順元年（890 年），年三十五（848 年）出世，在大溈山棲泊十五年（834～848 年），則會昌法難時師在大溈山。法難後，大中二年（848年）師初住王莽山，曾歸覲溈山。〔註119〕道存再問仰山，師禮辭溈山時溈山有何言句。并謂師傳持宗門教法，若不記錄，後之學人如何知曉。又問師如何得行解相應，師苦口婆心一一作答。據《祖堂集》〈仰山和尚傳〉云：

> 道存問：「禮辭溈山時，有何言語？」仰山云：「我辭和尚時，處分：
> 『五六年，聞吾在即歸來；聞吾不在，即自揀生路行努力好去。』」
> 道存問云：「和尚今時傳持祖教，若不記向後學人如何？」和尚云：「我
> 分明向汝道，今時即試人見解，不試人行解。他行解屬意密，正涉境
> 時重處偏流，業田芽出，別人爭知何處記他！」……道存問云：「如
> 何得行解相應。」和尚云：「汝須會得禪宗第三玄。初心即貴入第一
> 玄，向後兩玄是得座披衣，汝須自看，亦須自知。有種覺、種智，種
> 覺者，即三身如一，亦云理無諍，亦云遮那湛寂種智者，即得身性圓
> 明後，卻向身前照用不染不著，亦云舍那無依智，亦云一體三身，即
> 行無諍。如是身性圓明，漏盡意解，身前無業，不住動靜，出生入死，
> 接物利生，亦云正行，亦云無住車，他時自具宿命三明八解。此是聖
> 末邊事，汝莫將心湊泊，我分明向汝道，卻向性海裏修行，不要三明
> 六通。何故？如此然則有清有濁，但二具是情。汝不見溈山道：『凡
> 聖情盡，體露真性常住，事用不二，即是如如佛。』」〔註120〕

悟得圓滿則不垢不染，真性得以自在，如此可謂行解相應。慧寂將辭溈山，溈山向師說五六年間自行處分，苟其尚在人世，則歸大溈山來，不在人世則師須自求生路。師後因王莽山地陷，遷居東南大仰山。〔註121〕苟如溈山自己所預記的，溈山於大中七年（853 年）正月九日歸寂。

師在仰山常豎起拂子，接引諸方。一日師見僧來，豎起拂子，其僧便喝。師曰：「喝即不無，且道老僧過在什麼處？」僧曰：「和尚不合將境示人。」師乃打之。〔註122〕禪門教學法中，特重賓主之機鋒，其意在藉此方便以明「實相無相」的「涅槃妙心」，但學人著「境」而喝，又起妄心作解，所以連平常

〔註119〕《袁州仰山慧寂禪師語錄》，《禪宗語錄輯要》頁 90。
〔註120〕《祖堂集》卷第十八〈仰山和尚傳〉，頁 348～349。
〔註121〕《佛祖歷代通載》卷第二十四〈仰山慧寂禪師傳〉，《佛教大藏經》第七十五冊，頁 1177。
〔註122〕《景德傳燈錄》卷十一〈袁州仰山慧寂禪師傳〉，頁 5。

循循善誘、脾氣極佳的潙山都按奈不住出拂子就打，以破僧人對境所生的彼心與自生的妄念。

　　師與同參也互承見地。據《祖堂集》卷九〈仰山和尚傳〉記載，潙山與仰山交談時，仰山說：「山中縱有諸同學兄弟，不曾子細共他論量，並不知眼目深淺。」然卻說潙山身邊有五人為善知識，為人師有餘。另據《景德傳燈錄》〈袁州仰山慧寂禪師傳〉云：

> 師問香嚴：「師弟近日見處如何？」嚴曰：「某甲卒說不得，乃有偈曰：『去年貧未是貧，今年貧始是貧。去年貧無卓錐之地，今年錐也無。』」師曰：「汝只得如來禪，未得祖師禪。」師問雙峰：「師弟近日見處如何？」對曰：「據某甲見處，實無一法可當情。」師曰：「汝解猶在境。」雙峰曰：「某甲只如此，師兄如何？」師曰：「汝豈不能知無一法可當情者。」潙山聞云：「寂子一句疑殺天下人。」〔註123〕

由上述對話，正如《五家宗旨纂要》中所說：「師資唱和，語默不露，明暗交馳，體用雙彰。」也如正果法師所云：「體用語似爭而默契。」〔註124〕由上述話語中，可見祖師禪與如來禪之別，一是頓悟本然，一是功勳漸次的，而南禪宗是強調當體本然而不落入次第的。據太虛《中國佛學》文中云：

> 仰山初許香嚴會得如來禪，而不許其會祖師禪，便是以祖師禪猶有超過如來禪處，所以這一期叫作「超佛祖師禪」。如來禪與祖師禪相差之點，究在何處？大家可以考究一下。不過要略為點明，也不甚難，所謂：「去年貧未是貧，今年貧始是貧」，這是道出修證的階級；而所謂「若還不識，問取沙彌」，這指明了本來現成，當下即是。所以如來禪是落功勳漸次的，祖師禪是頓悟本然的。仰山抑揚之意，也就此可知，不過這不是口頭上講的，是要自己契悟的。」〔註125〕

如來禪依經教而修，而祖師禪則貴自得且得與日用動處相應始得，這更可顯見以己為尊。而雙峰的見解不夠圓滿，仍有法執，所以仰山直示之：「汝豈不知無一法可當情者？」據杜繼文、魏道儒著《中國禪宗通史》云：

〔註123〕《景德傳燈錄》卷十一〈袁州仰山慧寂禪師傳〉，頁 5～6。
〔註124〕《禪宗的歷史與文化》，頁 210。
〔註125〕《太虛大師全書》〈法藏～佛學總論（三）〉，頁 616～617。另見《心燈錄》卷第四，頁 217～218。

無有一法可當情，指除情識之外別無一物，即一切皆不眞實（不合理）的意思。慧寂的批評是，無并不能知「無一法可當情」，既有此「知」，表明仍受心境的限制，并不是高層次的認識。〔註126〕

仰山與雙峰的這則公案，湛愚在《心燈錄》卷第四則云：「添一者字，乃直指此我示峰。試問當誰之情？此人是境不是境？祇要知此我，則境自我矣，孰有當我情者。」〔註127〕潙山對仰山之機鋒甚爲贊許，且對師之接引來參學眾，施設巧妙，頗有嘉言，許其爲始終作家，贊其爲用劍刃上事。據《祖堂集》〈仰山和尚傳〉云：

> 問：「法身還解說也無？」師曰：「我則說不得，別有人說得。」進曰：「說的底人在什麼處？」師乃推枕子出。僧後舉似潙山，潙山云：「寂子用劍刃上事。」〔註128〕

慧寂係以「明暗交馳、體用雙彰」〔註129〕的方式來顯示自性遍在，不在言說。此亦即理、行相應，潙山乃贊許其善於教化。潙山對師悟自性及保任的見解，也深表贊同，師徒兩人皆認爲「生住異滅」是遣法，而妙淨明心祇得其事。由對談中也可看出，潙山對仰山的循循善誘及期望之深重。據《五燈會元》〈潭州潙山靈祐禪師傳〉云：

> 師（潙山）曰：「出頭事作麼生？」仰繞禪床一匝。師曰：「裂破古今。」仰山、香嚴侍立次，師曰：「過去現在未來，佛佛道同，人人得個解脫路。」仰曰：「如何是人人解脫路？」師回顧香嚴曰：「寂子借問，何不答伊？」嚴曰：「若道過去現在未來，某甲卻有個祇對處。」師曰：「子作麼生祇對？」嚴珍重便出。師卻問仰山曰：「智閑恁麼祇對，還契寂子也無？」仰曰：「不契。」師曰：「子又作麼生？」仰亦珍重出去。師呵呵大笑曰：「如水乳合一。」……師問仰山：「生住異滅，汝作麼生會？」仰曰：「一念起時不見生住異滅。」師曰：「子何得遣法？」仰曰：「和尚適來問甚麼？」師曰：「生住異滅。」仰曰：「卻喚作遣法。」師問仰山：「妙淨明心，汝作麼生會？」仰曰：「山河大地日月星辰。」師曰：「汝祇得其事。」仰曰：「和尚

〔註126〕杜繼文、魏道儒著《中國禪宗通史》，頁 326～327。
〔註127〕《心燈錄》卷第四，頁 216。
〔註128〕《祖堂集》卷十八〈仰山和尚傳〉，頁 340。另見《景德傳燈錄》〈袁州仰山慧寂禪師傳〉，頁 6。
〔註129〕《禪宗的歷史與文化》，頁 211。

適來問甚麼？」師曰：「妙淨明心。」仰曰：「喚作事得麼？」師曰：「如是如是。」〔註130〕

師徒間以「託情勢」舉一事、一境來開展問答，勘驗對方，並呈己見以顯示對「道」、對「性」的體認。這種賓主間的問答，已把參禪引向參玄，所以杜繼文、魏道儒著《中國禪宗通史》中云：「潙仰禪系已明顯地將義學納入自己的禪體系，但不是用解經疏文的方式，所以自稱禪學，或直接記爲玄學，于是「參禪」即稱「參玄」，終於用「參玄」代替了「參禪」。此中，除了對所示諸相需參之外，也參許多重要的禪宗論題，所謂「舉一境」開展問答。〔註131〕

師在眾中應對潙山，談揚玄密，可謂鶖子之利辨，光大雄之化。〔註132〕連潙山都自歎師之行化，必較其爲廣大。據《祖堂集》卷第十八云：

師舉一物問潙山云：「與摩時如何？」潙山曰：「分別屬色塵，我到這裡與摩不與摩？」仰山云：「和尚有身而無用。」潙山云：「子如何？」仰山云：「某甲信亦不立。」潙山云：「爲什麼不立信？」仰山云：「若是某甲，更信阿誰？」潙山云：「有不立無不立。」仰山云：「不立不說有無。」潙山云：「子是定性聲聞。」仰山云：「某甲到這裏，佛尚不見。」潙山云：「子向後傳吾聲教，行步闊狹，吾不及子也。」〔註133〕

仰山認爲潙山但得其體，不明其用。仰山自信已由「信地」趨於「人位」，非仍在信解階段所以不立信，而踐行也不停留在有、無的法執上，所以佛亦不見。此亦顯見禪宗此時的發展，不由他信，以己之本然爲尊，有超祖越佛的氣勢。

唐宣宗大中十三年（859 年），韋宙於洪州刱觀音寺，躬請開山住持。師住觀音時，出榜云：「看經次不得問事。」師乃以看經爲話頭接引僧眾。有僧來問訊，見師看經，旁立而待。師卷卻經問：「會麼？」僧曰：「某甲不看經，爭得會。」師云：「汝以後會去在。」又僧問禪宗頓悟的過程與宗旨，師云無所謂方便，若不安禪靜慮，到這裏總須茫然，宗門下上根上智者一聞千悟，得大總持。據《景德傳燈錄》卷十一云：

〔註130〕《五燈會元》卷第九〈潭州潙山靈祐禪師傳〉，頁200。
〔註131〕杜繼文、魏道儒著《中國禪宗通史》，頁326～327。
〔註132〕《祖堂集》卷第十八〈仰山和尚傳〉，頁339。
〔註133〕前引書，頁343。

僧問：「禪宗頓悟必竟入門的意如何？」師曰：「此意極難。若是祖
宗門下上根上智，一聞千悟，得大總持。此根人難得。其有根微智
劣，所以古德道：『若不安禪靜慮，到者裏總須茫然。』」僧曰：「除
此格外還別有方便，令學人得入也無？」師曰：「別有別無，令汝心
不安。汝是什麼處人？」曰：「幽州人。」師曰：「汝還思彼處否？」
曰：「常思。」師曰：「彼處樓臺林苑人馬駢闐，汝返思底還有許多
般也無？」僧曰：「某甲到者裏一切不見有。」師曰：「汝解猶在境，
信位即是，人位即不是。據汝所解，只得一玄，得座披衣，向後自
看。」其僧禮謝而去。〔註134〕

溈仰宗用「無思」表達從上以來「不思善、不思惡而心體湛然」的宗風。用
「無思」為「入理」之門，主要在清除「心境」，因「心境」是障「理」的，
有「心境」即表明尚未契「理」。但「入理」之後，即知「事」不棄「理」，「理」
在「境」中，所以「理事不二」才是真佛。〔註135〕對於上述仰山循序漸進的
回答，杜繼文、魏道儒著《中國禪宗通史》云：

思鄉懷舊，這是一類心境，屬于世俗的「事」；「一切悉無」，是另一
類心境，屬於出世間的「理」。作為一個禪者，在信解階段（信地）
悟「理」是應該的，但至于踐行（人位），仍停留在「一切悉無」上
就不應該了。〔註136〕

此問話僧為幽州僧思益，除上述問答外，在《祖堂集》裡有更詳盡的說明。
仰山云：「汝不聞六祖云：『道由心悟，亦云悟心。』又云：『善惡都莫思量，
自然得入心體，湛然常寂，妙用恆沙。』若實如此，善自保任。故云：『諸佛
護念。』若有漏不忘意根，憶想在身前義海，被五陰身所攝，它時自不奈何。
故云：『如象溺深淵，並不見禪，亦非師子兒。』」〔註137〕仰山用上述的話，
來表示「禪宗頓悟入理門的的意」。

海東僧亭育不明瞭《禪決名函》的意旨，并問師四種無受三昧是否有所
出入，還我本來面目莫不即此三昧。師答說有病即有出入，無病則無別，但
畢竟清淨無依住。并表明莫用錯心，還我本來面目，非在見解上說說，當面

〔註134〕《景德傳燈錄》卷十一〈袁州仰山慧寂禪師傳〉，頁6。另見《祖堂集》卷第
十八〈仰山和尚傳〉，頁351。

〔註135〕杜繼文、魏道儒著《中國禪宗通史》，頁328。

〔註136〕杜繼文、魏道儒著《中國禪宗通史》，頁328。

〔註137〕《祖堂集》卷第十八〈仰山和尚傳〉，頁352。

對當前義海，所謂兩邊中道義海，是他人光影份事。拋棄當前義海，而緊抱著一個大黑山不放，是癡界，不是沙門行。據《祖堂集》卷十八云：

> 亭育問和尚：「禪決中云還我本來面目，莫是此三昧以不？」仰山云：
> 「若是汝面目更教我說，如石上栽花，亦如夜中樹影。」……問：「此三昧有出入不？」仰山云：「有病即有出入，無病藥還袪初，心即學出入熟，根即淨明無住。」問：「出入其意如何？」仰山云：「入人如無受，即法眼三昧。起離外取受入性如無受，即佛眼三昧。起即離內取受入一體如無受，即智眼三昧。起即離中間取受，亦云不著無取受，自入上來所解三昧，一切悉空，即惠眼所起，入無無三昧，即道眼所起，即玄通無礙。譬如虛空，諸眼不立，絕無眼翳。讚如上三昧，畢竟清淨無依住，即淨明三昧也。告諸學人莫勤精進，懈怠懶散空心靜坐，想一個無念無生，想一個無思無心，論他身前不生不滅，二邊中道義海，是他人光影，拋卻身前義海，緊抱執一個黑山，此是癡界，亦不是禪。沙門者，達本性，自緣慮，勤修上來三昧，則通達一切三昧，故云沙門。天人、阿修羅頂戴恭敬，故云道德圓備。執此向後，堪受人天供養。若不如此修行，受人天供養，一生空過，大難大難。〔註138〕

潙仰宗人舉達摩西來意為話頭，但宗門所重不在知解，而在行事上，所以提西來意為話頭總被其他話語遣開。在潙山時，仰山以達磨祖師西來意問潙山，潙山則以之來勘驗仰山是否有所得。據《祖堂集》卷第十六〈潙山和尚傳〉云：

> 仰山問：「如何是西來意？」潙山曰：「大好燈籠。」仰山曰：「莫只這個便是也無？」潙山曰：「這個是什麼？」仰山云：「大好燈籠。」
> 潙山云：「果然不見。」〔註139〕

宗門所重在悟由自心，當仰山發問，潙山用無理路的話語來截斷仰山的意識之根，仰山當下體得，潙山又出語戡問，仰山亦用遮遣法表示，潙山不許，因悟自性當於「於事上得解，於事中見法。」另據《祖堂集》卷第十八云：

> 有俗官選物，竟潙山贖鍾。潙山謂仰山云：「俗子愛福也。」仰山云：
> 「和尚將什麼酬他。」師把柱杖敲丈床三兩下，云：「將這個酬得他

〔註138〕同前書，頁352～353。
〔註139〕《祖堂集》卷第十六〈潙山和尚傳〉，頁307。另見《五燈會元》卷第九〈潭州潙山靈祐禪師傳〉，頁198。

麼？」仰山云：「若是這個用作什麼？」師云：「汝嫌個什麼？」仰山云：「專甲即不嫌這個，是為大家底。」師云：「汝既知大家底，更就我覓什麼酬他？」仰山云：「怪和尚把大家底行人事。」溈山云：「汝不見達磨從西天來，亦將此物行人事，汝諸人盡是受他信物者。」〔註140〕

兩師由俗事而論及「自性」，由這種「語帶玄機」的對話可見此宗風格，乃正所謂：「始則行行如也，終而激發。」由兩師對談中，可知溈仰宗人強調「理」、「事」圓融、「理」、「行」并重，其禪思想基本上仍不離達摩的「理入」與「行入」。但由對話中可知，溈仰宗人重視根器與施設，在接機上綿密而不漏。仰山慧寂出世領眾時，有學僧道存問：「諸方大家說達摩將四卷《楞伽經》來，未審虛實耶？」師答此事為虛，是謾糊達摩，帶累祖宗，合喫截棒。師乃云：

> 達摩特來，為汝諸人貪著三乘五性教義，汨沒在諸義海中，所以達摩和尚救汝諸人迷情。初到此土時唯有梁朝寶志禪師一人識，梁帝問寶志曰：「此是何人？」寶志荅：「此是傳佛心印，大師觀音聖人乎！」不云：「傳《楞伽經》聖人也。」〔註141〕

宗門雖本「從上宗風」，但貴「領宗得意」而「自在」，切忌安置一本源（經籍）以傳宗。所以仰山之意，達摩來東土是為救迷情而傳佛心印，非傳《楞伽經》之聖人。杜繼文、魏道儒在所著《中國禪宗通史》〈《壇經》的思想結構和歷史地位〉文中說：「溈仰宗人之不許神會「安置本源佛性」，在於他們視我有之「物」，「無名無字」，是不可言說。因此，他們否認有「達摩將四卷《楞伽》來」的傳聞，認為這一傳聞「是謾糊達摩，帶累祖宗」。〔註142〕道存續問師：「《達摩五行論云》：『藉教悟宗。』復藉何教？師所表達的見解仍是南禪宗的修持，即認定心地的不受污染，而使它隨處都能朗照。換句話說，此乃把佛教果位的涅槃境界，提到因位來一并處理而能自在。據《祖堂集》卷十八云：

> 仰山云：「所言借教悟宗者，但借口門、言語、牙齒、咽喉、唇吻，云口放光即之義也。悟宗者，即荅梁帝云：『見性曰功，妙用曰德。功成德立，在於一念。如是功德，淨智妙用，非是世求。』只如曹

〔註140〕《祖堂集》卷第十八〈仰山和尚傳〉，頁342。
〔註141〕同前書，頁350。
〔註142〕杜繼文、魏道儒著《中國禪宗通史》，頁180～181。

溪六祖對天使云：『善惡都莫思量，自然得入心體，湛然常寂，妙用恆沙。』天使頓悟，歎曰：『妙盡！故知佛性，不念善惡，妙用自在。待某甲若見聖人，與傳妙旨。』皇帝聞之當時頓悟，亦歎曰：『朕在京城，不曾聞說此語，實爲明據，謹敬頂禮修行。』」〔註143〕

仰山以「無思」爲「入理」之門，而達「理事不二」。仰山上述話語，同樣是表達「禪宗頓悟入理門的的意」。南禪宗強調法身無作，且正智、法身、解脫三德弓要具足，因而禪門中人的生活，不外乎於日常行事中隨時體現這樣的境界。但體現的方法有兩種不同的見解，乃發展爲各派的家風。第一種可稱爲「觸目而眞」的見解，要從全體（理）上顯現出個別（事）來。這樣念隨心淨，即當念光透十方，而萬法一如。馬祖的宗旨如此。這樣的見解，經過黃蘗、臨濟師弟的盡情發輝，開展了臨濟一派。而溈山、仰山師弟用全體顯現大用，來作修養的宗旨，開出了溈仰宗。此外，第二種「即事而眞」的見解，是從個別（事）上顯現出全體。這見解可上溯石頭希遷的《參同契》文中所謂「門門一切境，回回不互回」，具有互相含攝也互相排斥的理論。由此見解，來看一切事象，自能圓融無礙，而人的行爲也可隨緣出沒。此說再傳雲巖曇晟，更提出「寶鏡三昧」的法門，意謂人觀萬象應和寶鏡般，鏡裡是影子，鏡外是形貌，如此形影相睹，渠（影）正是汝（形），從而說明了「由個別上能顯現出全體」的境界。雲巖門人洞山常說：「只遮個是。」曹山也跟著說「即相即眞」，成爲曹洞一派。石頭的主張，另經天皇道悟傳了幾代，生出雲門、法眼兩派，看重一切現成，都和「即事即眞」思想一脈貫通。〔註144〕由洞山與仰山的話中可顯見這兩種見解，據《祖堂集》「仰山和尚傳」云：「洞山遣人問師：「作摩生即是？作摩生則不是？」師云：「是則一切皆是，不是則一切不是。」洞山自云：「是則一切不是，不是則一切是。」〔註145〕對於這則公案，杜繼文、魏道儒著《中國禪宗通史》中云：

　　表面上兩人的主張相反，一個是肯定即一切肯定，否定則一切否定；一個是凡肯定的全予否定，凡否定的全給肯定。但其本質是一致的，都是把語言看成可以任意設施，而不足以達理証體的東西。這有可能受三論的影響，不過在溈仰宗那裏，也還是有體一用多的意思。

〔註143〕《祖堂集》卷第十八〈仰山和尚傳〉，頁342。

〔註144〕呂澂《中國佛教源流略講》，頁405～406。

〔註145〕《祖堂集》卷第十八〈仰山和尚傳〉，頁342。

〔註146〕

慧寂始居仰山，後遷觀音院，接機利物，爲禪宗標準。於唐昭宗大順元年（890）
示寂於韶州東平山，享年七十有七，敕智通大師，塔號妙光。〔註147〕師在教
裡上，示學人於機用上體現法身無作，但入門仍須修四種三昧。其告學僧「若
學禪道直須穩審，若也不知原因，切不得妄說宗教中事，雖是善因而招惡果」，
因此此宗得道者甚眾，且多異行。釋贊寧在《宋高僧傳》卷十二對師之一生
有簡易的描述，其云：

> 年及十八，尚爲息慈，營持道具行尋知識。先見耽源，數年良有所
> 得。後參大溈山禪師，提誘哀之，棲泊十四五載而足跛，時號破腳
> 驅烏。凡於商攉多示其相，……自爾有若干勢以示學人，謂之仰山
> 門風。海眾摳衣得道者不可勝計，往往有神異之者，倏來忽去，人
> 皆不測。後敕追諡大師曰智通，塔號妙光矣。今傳仰山法，示成圓
> 相，行於代也。〔註148〕

總之，師年十五則有出塵之志，年十七削染，年十八（831）以沙彌遊方。初
謁百丈的法嗣石霜性空禪師，次參南陽慧忠國師的法嗣耽源應眞禪師，學得
祖師相傳圓相圖，後「凡於商攉多示其相」，乃「有若干勢以示學人」。自捨
耽源，至大溈山參溈山靈祐，得處分頓領玄旨，自此應對相生、想生、流注
生諸事，使性海浮漚識得以寧淨。師且以靈祐侍者去參問諸方，深得嚴頭全
豁與石室善道的提攜，在大溈山十五年（834～848 年）間常能伏眾。大中二
年（848 年），年三十五出住王莽山，曾回大溈山觀禮靈祐，師徒兩人論及道
法與門下僧材的情形。溈山並問如何勘驗諸方學人，師爲溈山言說并加以示
範，得溈山認同。師且去勘驗師弟雙峰與智閑，其機語深獲溈山所讚揚。臨
別溈山時，師請靈祐再給予開示修行門路，溈山則指示師善自護持即可，苟
五六年後其仍在人世則歸來，不然自行生路努力去。

師後因王莽山地陷，而遷居東南大仰山，學侶奔湊。師亦勤於上堂開示，
並方便接引學人，嘗謂門人曰：「我在耽源處得名，溈山處得地。」大中十三
年（859 年），韋宙創觀音寺，請師住持開法。師三處轉法輪的情形，釋道原

〔註146〕杜繼文、魏道儒著《中國禪宗通史》，頁 330。
〔註147〕仰山慧寂示寂之年，《編年通論》、《佛祖統紀》記載爲大順二年，《佛祖歷代
　　　　通載》則爲大順元年。
〔註148〕《高僧傳三集》卷十二，頁 313。

在《景德傳燈錄》卷十一〈袁州仰山慧寂禪師傳〉云:「師始自仰山,後遷觀音,接機利物,爲禪宗標準。」師又至韶州東平山,轉法輪以接機利物,時有眾五百人。〔註149〕馬祖道一的法嗣龐居士,且來參師。〔註150〕臨濟的法嗣三聖慧然,亦來參問,深得仰山的認同與推重。〔註151〕洞山亦遣門人來探仰山門風,更顯示出溈仰宗重視由全體顯現機用,而洞山門風則重「即事即眞」的見解,而雙方對修行之重視則同。師在東平山時,亦應機向韋宙開示曹溪宗旨,據《祖堂集》〈仰山和尚傳〉云:

> 師與韋宙相公相見,問:「院中有多少人?」師云:「五百人。」公
> 云:「還切看讀不?」師曰:「曹溪宗旨不切看讀。」公云:「作麼生?」
> 師云:「不收、不攝、不思。」〔註152〕

仰山向韋宙表示,曹溪宗旨是「不收、不攝、不思」,亦即「法身無作」。師將歸寂時,有偈示門人曰:「一二二三子,平目復仰視;兩口一無舌,即是吾宗旨。」〔註153〕仰山以語示理,前句話是表示自在自得,後句話不離「中道」義。對仰山這則偈頌,湛愚在《心燈錄》卷四則云:「客曰:『何謂也?』曰:『位悟此我者,參此則可以悟。既悟此我者,參此則可以入性海。若將解解此偈,則非爲仰山宗旨。祇要參去,自然入仰山宗旨。妙不可言,不必問。』」〔註154〕學有師承宗旨的,溈山、仰山各有其門風,兩師所貴在「眞悟得本」,而以機、用來顯現,並以之接引並勘驗學人,所以溈山被稱爲當代論佛之首,而許仰山爲「禪宗標準」。

第三節　溈仰二師門下

一、香嚴志閑及其會下

溈山門下入室弟子四十一人,除仰山慧寂之外,次以鄧州香嚴志閑最爲著名。師青州人,曾在百丈懷海禪師(720～814年)會下,其人性識聰敏,但參

〔註149〕《祖堂集》卷第十八〈仰山和尚傳〉,頁340。
〔註150〕《五燈會元》卷第九〈袁州仰山慧寂禪師傳〉,頁203。
〔註151〕參見〈袁州仰山慧寂禪師語錄〉,《禪宗語錄輯要》頁90。
〔註152〕《祖堂集》卷第十八〈仰山和尚傳〉,頁340。
〔註153〕《五燈會元》卷第九〈袁州仰山慧寂禪師傳〉,頁204。
〔註154〕《心燈錄》卷四,頁217。

禪不得，洎百丈遷化，遂參潙山。〔註155〕師在大潙山，仍以知解辯才問難，潙山知其為浮學所惑，乃伺機開導使悟所本。據《祖堂集》〈香嚴和尚傳〉云：

> 身方七尺，博聞利辯，才學無當。在潙山眾中，時擊論玄猷，時稱禪匠，前後數數扣擊潙山，問難對答如流。潙山深知其其浮學未達根本，而未能制其詞辯。後因一朝，潙山問曰：「汝從前所有學解，以眼耳於他人見聞及經卷子上記得來者，吾不問汝。汝初從父母胞胎中出來識東西時本分事，汝試道一句來，吾要記汝。」師從茲無對，低頭良久，更進數言，潙山皆不納之。遂請為道，潙山云：「吾道不當，汝自道得是汝眼目。」師遂歸堂中，遍撿冊子，亦無一言可對，遂一時爐之。〔註156〕

潙山要師說出己之見解，以窺其行實，師失對。師請潙山為說破，潙山曰：「吾說得是吾之見解，於汝眼目又何益乎？」師遂歸寮，讀破經論，參究古人語句而無所得，自嘆畫餅不可充飢，遂辭潙山，抵南陽香嚴山睹慧忠國師遺跡而憩止。一日，因山中芟除草木，以瓦礫擊竹作聲，俄失笑間，廓然省悟。師遽歸沐浴，五體投地焚香遙禮潙山，贊曰：「真善知識，具大慈悲，拔濟迷品。當時若為我道卻，則無今日事也。」作偈曰：「一擊望所知，更不假修治；動容揚古道，不墮悄然機。處處無蹤跡，聲色外威儀；諸方達道者，咸言上上機。」〔註157〕師上大潙山，具陳其事，潙山甚重視此事，上堂向大眾宣舉，並把偈子讓仰山看。據《祖堂集》〈香嚴和尚傳〉云：

> 便上潙山，具陳前事，并發明偈子呈似。和尚便上堂，令維那呈似大眾，大眾總賀，唯有仰山出外未歸。仰山歸後，潙山向仰山說前件因緣，兼把偈子見似仰山。仰山見了，賀一切後，向和尚說：「雖則與摩發明，和尚還驗得他也無？」潙山曰：「不驗他。」
>
> 〔註158〕

潙山為善知識，且深具慈悲心，能隨學人根器而「提誘哀之」。所以一聞志閑的見解，即印可之。仰山則不同，時正值意氣風發之年，一聞志閑得徹，便去勘驗是否有真實見地且能行解相應，免其遭受眾人謗疑。據《五燈會元》〈鄧

〔註155〕《五燈會元》卷第九〈鄧州香嚴智閑禪師傳〉，頁204。
〔註156〕《祖堂集》卷第十九〈香嚴和尚傳〉，頁354。
〔註157〕同前註。另見《景德傳燈錄》卷十一〈鄧州香嚴智閑禪師傳〉，頁7。
〔註158〕《祖堂集》卷第十九〈香嚴和尚傳〉，頁354。

州香嚴志閑禪師傳〉云：

> 溈山聞得，謂仰山曰：「此子徹也。」仰曰：「此是心機意識著述得
> 成，待某甲親自勘過。」仰後見師曰：「和尚讚嘆師弟發明大事，你
> 試説看。」師舉前頌，仰曰：「此是夙習記持而成，若有正悟別更説
> 看。」師舉前頌曰：「去年貧未是貧，今年貧始是貧。去年貧猶有卓
> 錐之地，今年貧錐也無。」仰曰：「如來禪許師弟會，祖師禪未夢見
> 在。」〔註159〕

志閑或許開悟於會昌大中年間，溈山經會昌法難後受請再主大溈山法席，志
閑回山俱呈前事，而得溈山印可。大中二年（848年），仰山由王莽山歸覲溈
山，溈山對仰山面許師「徹也」，但仰山去勘驗志閑，只許志閑會落入功勳次
第的「如來禪」而非頓悟本然的「祖師禪」。志閑開悟後，對禪已有所體會，
見解也深受溈山所讚許。據《景德傳燈錄》〈潭州溈山靈祐禪師傳〉云：

> （溈山）師睡次，仰山問訊，師便迴面向壁，仰山云：「和尚何得如
> 此？」師起云：「我適來得一夢，汝試爲我原看。」仰山取一盆水與
> 師洗面。少傾，香嚴（志閑）亦來問訊，師云：「我適來得一夢，寂
> 子原了，汝更與我原看。」香嚴乃點一碗茶來。師云：「二子見解過
> 於鶖子。」〔註160〕

溈山與仰山曾深論驗人問題，溈山自謙不敢「記人」，採取中道立場，不採曹
溪「記人」或百丈「記人行解」，若要「記人」則在見解上。溈山勘驗門人亦
同，所以讚揚仰山與香嚴見解有獨到處。後志閑禪師開堂，溈山令門人送信
物至，以示對師之器重，然師甚深的感慨，而開示學人不辱師承。據《五燈
會元》〈鄧州香嚴志閑禪師傳〉云：

> 師初開堂，溈山令僧送書并拄杖至，師接得便哭：「蒼天！蒼天！」
> 僧曰：「和尚爲何如此？」師曰：「祇爲春行秋令。」上堂説：「道由
> 悟達，不在言語；況是密密堂堂，曾無間隔。不勞心意，暫借回光；
> 日用全功，迷徒自背。」〔註161〕

香嚴所示仍是自信不假修持，言語則乖，有爲則離，但得保任，乃不乖離。
師與臨濟義玄（887～866年）會下樂普同行，臨別時樂普以問師志趣爲話頭，

〔註159〕《五燈會元》卷第九〈鄧州香嚴志閑禪師傳〉，頁204。
〔註160〕《景德傳燈錄》卷第九〈潭州溈山靈祐禪師傳〉，頁152。
〔註161〕《五燈會元》卷第九〈鄧州香嚴志閑禪師傳〉，頁205。

來勘驗師之道行。據《祖堂集》〈香嚴和尚傳〉云：

> 師與樂普同行，欲得相別時，樂普云：「同行什麼處去？」師云：「去
> 東京。」普曰：「去作什麼？」師云：「十字路頭卓庵去。」普曰：「卓
> 庵作什麼？」師云：「為人。」普曰：「作麼生為人？」師便舉起拂
> 子，普：「舉拂子作麼生為人？」師便拋下拂，普云：「荒處猶過，
> 在淨地為什麼卻迷人？」師云：「怪伊作什麼？」〔註162〕

由志閑與樂普的對話，可知溈仰中人非如一般人所貶低的僅是小乘行。志閑
開悟後；不隱遁深山修行解脫去，而要在十字路頭接機度人。樂普問志閑怎
樣度人，志閑舉拂子遭駁斥。兩師皆知舉拂塵乃方便，但樂普見解較疾，認
為已到淨地為什麼還拿拂塵迷惑學人。

　　師接引學人，愛用恆照、常照、本來照來勘驗人，但說多年不遇知音。
後會下僧人參洞山良价（807～869 年），洞山問僧師有什麼佛法因緣，洞山說
有好話頭而不問，僧垂問而回師處。師上堂，僧舉洞山所教話頭為問，勘破
師之三等照，僧回舉情形給洞山，洞山深知師之心情，僧又歸師處陳洞山話
語，師讚揚洞山是善知識。據《祖堂集》〈香嚴和尚傳〉云：

> 師誠宗教接物頌曰：「三句話，究人玄，迅面目，示豁然；開兩路，
> 備機緣，投不遇，說多年。」洞山問僧：「離什麼處來？」對云：「佛
> 法因緣即多，只是愛說三等照。」山云：「舉看學人。」舉云：「恆
> 照、常照、本來照。」洞山云：「有人問此三等照也無？」對云：「有。」
> 山云：「作麼生問？」對云：「作麼生是恆照？又問常照。」山云：「好
> 問處不問。」僧問：「請師垂個話頭。」洞山云：「問則有，不用拈
> 出緣作麼，故闍梨千鄉萬里來，乍到這裏，且歇息。」其僧纏得個
> 問題，眼淚落。洞山云：「哭作什麼？」對云：「啟和尚，末代後生
> 伏蒙和尚垂方便，得這個氣道，一則喜不自勝，二則戀和尚法席，
> 所以與摩淚下。」洞山云：「唐三藏又作摩生從唐國去西天十万八千
> 里？為這個佛法因緣，不惜身命過得如許多險難。所以道：『五天猶
> 未到，兩眼淚先枯。』雖則是，從此香嚴千鄉萬里，為佛法因緣怕
> 個什麼。」其僧下山，卻歸香嚴，從容得二日。師戴帽子上堂，其
> 僧便出來問：「承師有言恆照、常照、本來照，三等照則不問，不照
> 時喚作什麼？」師便卻下帽子，拋放眾前。其僧卻歸洞山具陳前事，

〔註162〕《祖堂集》卷第十九〈香嚴和尚傳〉，頁 355。

　　洞山卻低頭，後云：「實與摩也無？」對云：「實與摩。」洞云：「若

　　也實與摩，斫頭也無罪過。」其僧卻歸香嚴，具陳前事。師下床向

　　洞山合掌云：「新豐和尚是作家。」〔註163〕

由學人來往於香嚴與洞山處，不辭路遙艱辛只爲佛法因緣，得到一句話頭而
神氣活現，可見當時學禪僧人之所重。而香嚴與洞山，透過學禪僧人之往來，
由對方佛法因緣得知宗風。

　　後爲洞山的法嗣龍牙居遁（835～923 年），曾乃先參師，而機緣不契。
〔註164〕洞山（807～869 年）圓寂後，疏山匡仁到潭州大溈山參繼靈祐法席
的大安禪師，不契而去向志閑話別，匡仁深肯志閑的一席話，向志閑道：「向
後有住處，某甲卻來相見。」後志閑出世登州香嚴山，匡仁不爽前約造訪。
雙方的見解，可顯現宗風之有別，據《祖堂集》〈疏山和尚傳〉云：

　　師行腳時，到大安和尚處，……又到香嚴，問：「不從自己、不重他

　　聖時如何？」答：「万機休擺，千聖不攜。」師不肯，便下來吐出云：

　　「肚裏喫不潔物。」有人報和尚處，和尚便喚來，師便上來。香嚴云：

　　「進問著。」師便問：「萬機休擺則且置，千聖不攜是何言？」香嚴

　　云：「是也，你作摩生道？」師云：「肯重不得全。」香嚴云：「你不

　　無道理也，雖然如此，向後若是住山則無柴燒，若是住江邊則無水得

　　喫，欲臨說法時須得口裏吐出不淨。」後住疎山，如香嚴識。〔註165〕

此公案源自兩派祖師。青原下的石頭希遷曾因通音訊，到南嶽處問：「不慕諸
聖、不重己靈時如何？」南嶽嫌其持論太高何不下問，石頭曰：「寧可永劫受
沉淪，不從諸聖求解脫。」南嶽才罷休。〔註166〕溈仰與曹洞風格有別，溈仰
宗主張執其本，則不失其末；曹洞則好就事去顯理，強調個人的尊嚴、根器
有別，所以說：「肯重不得全。」在香嚴看來，那事落入功勳次第的，非徹底
悟入，所以預記疏山將來行履。

　　師住香嚴山時，向學人說其住香嚴山前後的情形。時疏山匡仁問：「如何
是不落聲色句？」師答：「言發非聲，色前不物。」師後向大安禪師說匡仁深
肯之，大安失笑。〔註167〕後在香嚴山住持，則不落聲色義，而直顯法身。據

〔註163〕前引書卷第十九〈香嚴和尚傳〉，頁 356。

〔註164〕前引書卷卷第八〈龍牙和尚傳〉，頁 168。

〔註165〕前引書卷第八〈疏山和尚傳〉，頁 167。

〔註166〕《五燈會元》卷第五〈吉州青原山靜居寺行思禪師傳〉，頁 101。

〔註167〕《五燈會元》卷第十三〈撫州疏山匡仁禪師傳〉，頁 301。

《祖堂集》〈香嚴和尚傳〉云：

> 問：「如何是聲色外相見一句？」云：「某甲未住香嚴時，且道在什
> 摩處，與摩時亦不敢道在。」云：「如幻人心，心所念法。」問：「如
> 何是聲前一句？」師云：「大德，未問時則答。」進曰：「即今時如
> 何？」云：「即今時問也。」問：「如何是直截根原佛所印？」師把
> 杖拋下，撮手而去。〔註168〕

師雖開示學人不要在「知見」上作解，那是未悟的迷人之所執著。師「拋杖
下撮手而去」，顯示「一悟悟徹底、當下就是」。也表現此宗的「深機深用」。
師在香嚴山時的見解，與接引學人的風範一致。其風格與接溈山靈祐法席的
大安禪師，有雷同之處。匡仁自洞山寂後，到潭州大溈山，值大安示眾曰：「行
腳高士，直須向聲色裏睡眠、聲色裏坐臥始得。」匡仁出問：「如何是不落聲
色句？」大安豎起拂子。匡仁曰：「此是落聲色句。」大安放下拂子，歸方丈，
匡仁不能會取，乃辭志閑而重問前話。〔註169〕師在香嚴山時，已很有見地，
接機也很自在，大溈山的同門來參時，師的表現亦同。據《五燈會元》〈鄧州
香嚴志閑禪師傳〉云：

> 師問僧：「甚處來？」曰：「溈山來。」師曰：「和尚近日有何言句？」
> 曰：「有僧問：『如何是西來意。』和尚豎起拂子。」師曰：「彼中
> 兄弟作麼生會？」曰：「彼中商量道：『即色明心，附物顯理。』」
> 師曰：「會即便會，著甚死急。」僧問：「師意如何？」師亦豎起
> 拂子。〔註170〕

香嚴已到實際理地，而不受塵染，所以玄沙師備（835～908 年）後聞舉，讚
許曰：「祇這個香嚴腳跟未點地。」香嚴有偈曰：「子啐母啄，子覺母殼。子
母俱亡，應緣不錯。同道唱和，妙云獨腳。」其凡示學徒，語多簡直，有偈
頌二百餘首，隨緣對機，不拘聲律，諸方盛行，後謚襲燈大師。〔註171〕門下
得法者十二人，分別是吉州止觀和尚、壽州紹宗禪師、襄州延慶法端禪師、
益州南禪無染禪師、益州長平山和尚、益州崇福演教大師、安州大安山清幹
禪師、終南山豐德寺和尚、均州武當山佛巖暉禪師、江州雙溪田道者、益州

〔註168〕《祖堂集》卷第十九〈香嚴和尚傳〉，頁355。
〔註169〕《五燈會元》卷第十三〈撫州疏山匡仁禪師傳〉，頁301。
〔註170〕前引書卷第九〈鄧州香嚴志閑禪師傳〉，頁205。
〔註171〕同前註。

照覺寺和尚與睦州東禪和尚。〔註172〕諸人生平皆不詳，當中益州照覺與睦州東禪且無機緣語句傳世。

二、仰山慧寂門下

　　潙山的門下，以仰山慧寂的法脈最盛，仰山門下入室者十人。其中錄於《景德傳燈錄》中的有袁州仰山西塔光穆、晉州霍山景通、杭州文喜、新羅五觀山順支、袁州南塔光涌禪師及仰山東塔和尚等六人。〔註173〕諸人之中，以文喜禪師生平較詳，師深受吳越錢王所仰重，以光化二年（899年）寂。〔註174〕

　　而延續仰山法統有仰山第二世西塔光穆、南塔光湧（850～938年）二人。西塔光穆下出吉州資福如寶一人。〔註175〕南塔光涌下出越州清化全付、郢州芭蕉山慧清、韶州黃連山義初、韶州慧林鴻究、洪州黃龍山忠禪師等五人。〔註176〕當中僅清化全付禪師的生平較詳，師深得吳越錢王文穆王及忠獻王所禮重。〔註177〕另黃連義初則因廣南劉氏的延請，入府內說法。〔註178〕資福如寶下出吉州資福貞邃、吉州福壽、潭州鹿苑及潭州報慈德韶等四人。〔註179〕諸人生平皆不詳。德韶下有南嶽下八世三角志謙、興陽詞鐸二人。〔註180〕其後法統斷絕。又芭蕉慧清法嗣有郢州芭蕉山繼徹、郢州興陽山清讓、洪州幽谷山法滿、郢州芭蕉山住遇、郢州芭蕉山圓、彭州承天院辭確、興元府牛頭山精、益州覺城院信、郢州芭蕉山閑、郢州芭蕉山令遵〔註181〕及郢州興陽義深。〔註182〕當中，芭蕉繼徹曾參訪臨濟宗的風穴延沼（896～973年）。〔註183〕其他諸人除興陽義深外，皆僅存機緣語句，生平皆不詳。潙仰宗的師資傳承，從晚唐至宋初經五傳到南嶽下八世而不見燈錄。

〔註172〕《景德傳燈錄》卷第十二〈鄧州香嚴志閑禪師傳〉，頁21。
〔註173〕《景德傳燈錄》卷第十二〈南嶽第五世、第六世〉，頁20～42。
〔註174〕前引書卷第十二〈杭州文喜禪師傳〉，頁32。
〔註175〕前引書卷第十二〈袁州仰山西塔光穆禪師法嗣〉，頁22。
〔註176〕前引書卷第十二〈袁州仰山南塔光涌禪師法嗣〉，頁21。
〔註177〕前引書卷第十二〈越州清化全付禪師傳〉，頁40～41。
〔註178〕前引書卷第十二〈韶州昌樂縣黃連山義初傳〉，頁41。
〔註179〕《景德傳燈錄》卷第十三〈吉州資福如寶禪師法嗣〉，頁49。
〔註180〕《景德傳燈錄》卷第十三〈潭州報慈歸真大師德韶法嗣〉，頁49。
〔註181〕《五燈會元》卷第九〈芭蕉清禪師法嗣〉，頁197。
〔註182〕《景德傳燈錄》卷第十三〈郢州芭蕉山慧清禪師法嗣〉，頁49。
〔註183〕《五燈會元》卷第九〈郢州芭蕉山繼徹禪師傳〉，頁210。

第四節　潙仰宗的門庭與情勢

潙仰宗在禪門五家中最先興起，由於此宗之開創者靈祐（771～853 年）及其弟子慧寂（814～890 年），先後在潭州大潙山（湖南省寧鄉縣西）、袁州大仰山（江西省宜春縣南），發揮此宗禪法，後世因取名爲潙仰宗。

潙仰宗之宗風及其禪要，散見於「潙山警策」及兩師之「語錄」及傳記中。另依法眼之《十規論》，晦巖之《人天眼目》等，可詳知五家的宗風。本宗攝化學人，直顯其本體，并以叮嚀懇切應機施設爲要，恰似慈母對赤子一般，眞可謂婆心苦口。此從潙山靈祐對仰山慧寂、香嚴志閑的教化，可以窺知。

本宗以鏡智爲其宗要，即指四智中之大圓鏡智。凡參禪者皆以證得此四爲標的，就中大圓鏡智爲吾人自性之本具妙德。然大多數的學人皆認八識「阿賴耶」爲窠窟，遂生「能所」之隔礙，三種生應之而起。本宗參禪目的，在打破此三種生。

潙山、仰山二師最努力於斷破此根元。據《祖堂集》卷第十八〈仰山和尚傳〉載，仰山問潙山心識微細流注幾年不來，潙山答曰：「五六年。」潙山乃問仰山：「三生中，汝今在何生？實向我說看。」仰山云：「想生、相生，仰山今時早已淡泊也，今在流注裏。」潙山謂仰山：「智眼猶濁在，未得法眼。」師徒間的對答，在輕鬆、輕切的心情下，道出本來極其嚴謹的修持實況。又香嚴對聲色有其見地之外，常示人以本來照、常照、恆照三句話，自嘆多年無知音，後被洞山勘破，乃讚洞山是作家。又仰山於耽源處學得祖師相傳的圓相，後常示人因有威勢而得名氣。三種生、三句話與圓相，皆爲攝化學人之方便。所以晦巖在《人天眼目》中，評本宗以「以事理不二爲宗」，且云：「師資唱和，父子一家，明暗交馳，語默不露。」〔註 184〕本宗攝化學人的風格，間於臨濟之惡辣與曹洞之綿密，婆心之中帶峻嚴性，少「箭鋒相拄」但有「始行行如如終則激發」（法眼門風）之勢。此宗與臨濟、曹洞中人有所往來，且潙山、仰山師徒常舉黃檗與臨濟的對話，爲話頭。〔註 185〕潙山乃被人許爲當代論佛之首，仰山則是禪宗之標準，當是實至名歸。

本宗當晚唐五代時，初在湖南、江西、湖北漸次流傳，後在吳越國爲盛。宏化吳越國之禪師，有餘杭文立、越州光相、蘇州文學、溫州靈空、徑山洪

〔註 184〕《大藏經》第四十八卷〈諸宗部第五〉，頁 331。
〔註 185〕《天聖廣燈錄》卷第十〈鎭州臨濟院義玄慧照禪師傳〉，柳田聖山主《禪學叢書》之五頁 430～431。

諲（以上皆溈山門下）及其弟子杭州令達，另有無著文喜（仰山門下）、清化全付（南塔門下）及其弟子雲峰應清。然事跡可尋者，僅洪諲、文喜與全付三人而已。

洪諲，（浙江）吳興吳氏子，年十九，從徑山三世無上大師鑒宗出家，初謁雲巖，機緣未契，後參溈山（771～853 年）得法。會昌廢教，易服隱居長沙羅晏家。唐大中初（847 年），始返故鄉，居西峰院，時無上大師住徑山院，召之，往就。咸通七年（866 年）嗣無上法位，為徑山第三世，以光化四年（901年）九月二十八日圓寂。師得武肅王錢鏐的外護，賜號法濟，擅施優厚，故徑山於時興大非他宗可比。〔註186〕傳法弟子有廬山棲賢寺寂、臨川義直、杭州功臣院令達、洪州米嶺。〔註187〕諸人中，僅洪州米嶺有機緣語句傳世，餘皆不詳。

文喜，嘉禾（浙江嘉興縣）宋氏子，七歲出家。唐開成二年（837 年），具戒，初學四分律，屬會昌澄汰，變素服。大中初年（847 年），重懺度，於鹽官齊豐寺講說，後參大慈山性空禪師，咸通三年（862 年），詣洪州觀音院參仰山，言下有悟，遂留仰山常住。咸通七年（866 年）歸浙右，住杭州千頃山。光啓三年（888 年），錢鏐為杭牧，請住龍泉廨署。大順元年（890 年），賜紫衣，乾寧四年（897 年）賜號無著，以光化二年（899 年）十月二十七日圓寂，壽八十，僧臘六十，天復二年（902 年）八月，杭州許再思兵變，發塔見肉身不壞，髮爪俱長，武肅王奇之，遣裨將邵志祭之，後重加封瘞。〔註188〕南宋理宗嘉定十三年（1220 年）遷塔於淨慈山法眼宗智覺延壽禪師塔左。〔註189〕

全付，江蘇崑山人，幼隨父嚴於豫章（江西省南昌縣），聞禪寂之說，有厭世之志，旋詣江夏（湖北省武昌縣）清平大師處出家，後謁仰山南塔光涌（850～938 年），頓了直下之心。後主（江西）廬凌鵠湖山，因同里僧云父母之鄉胡可棄遂還吳越。文穆王命師升階，賜衣衾、缽器，遣將闢雲峰山清化院居之。忠獻王亦遣仲賜以紫袈裟，署號純一禪師；所居院之殿宇、堂室，人競崇建，雲水之侶輻臭湊，以晉開運四年（947 年）七月圓寂，壽六十六，法臘四十五，弟子應清等十餘人奉師遣訓，不墜其道。〔註190〕

〔註186〕《高僧傳三集》卷第十二〈餘杭徑山院釋洪諲傳〉，頁303～304。
〔註187〕《景德傳燈錄》卷第十二〈杭州徑山洪諲禪師傳〉，頁21。
〔註188〕《高僧傳三集》卷第十二〈唐杭州龍泉院文喜傳〉，頁315～316。
〔註189〕《五燈會元》卷第九〈杭州無著文喜禪師傳〉，頁207。
〔註190〕《高僧傳三集》卷第十三〈晉會稽清化院全付傳〉，頁331～332。

　　潙仰宗興起雖在禪門五宗之先，然至六世後法系不明，此宗生平較詳的大抵歷經會昌法難者，而以潙山、仰山兩師會下的學人爲多。除弘化於吳越國的禪師，較可考究之外，其他諸方弘化的禪師有的僅留名，有的僅流傳機緣語句爲人所知。此宗門庭施設與道法之高妙者，依燈錄僅見潙山及其弟子仰山、香嚴三人，承嗣門風的宗匠難得，此可由潙山門人徑山洪諲（？～901年）的門庭可窺見這種訊息。據《祖堂集》卷第十九〈徑山和尙傳〉云：

> 師初出世時，未具方便，不得穩，便因此不說法。過得兩年，忽然
> 迴心向徒弟曦：「我聞湖南石霜是作家知識，我一百來少師中豈無靈
> 利者，誰去彼中勤學，彼中氣道轉來密救老漢。……有一僧名全表，
> 便辭發到石霜。……親近石霜四十餘日，後卻歸本山成持和尙，便
> 有來由。」〔註191〕

徑山要靠青原下四世石霜慶諸（807～888年）道法才成爲「眞實道人」，顯見未能承嗣門風與施設。時青原系以德山、洞山、石霜、夾山、投子爲盛，南嶽則潙山道法最盛，黃蘗（？～850年）次之。黃蘗在《宋高僧傳》中且被列入〈感通篇〉，而非〈習禪篇〉。時黃蘗知徑山的情形，派臨濟去探望。據《天聖廣燈錄》卷第十〈鎭州臨濟院義玄慧照禪師傳〉云：

> 徑山有五百眾，少人參請。黃蘗令師去徑山，蘗謂師曰：「汝到彼，
> 作麼生？」師云：「某甲自有方便。」師到徑山，裝腰上法堂，見徑
> 山，徑山方舉頭，師便喝，徑山擬開口，師拂袖便行。尋有僧問徑
> 山：「者僧適來有什麼言句便喝？」徑山云：「者僧從黃蘗會裏來，
> 你要知自取他。」徑山五百眾太半奔趨。〔註192〕

徑山悟得不澈底，其心不穩，本宗的門庭施設未能敷揚，所以靠石霜道法行化，然且少上堂說法。待臨濟一到，參問間威聲一發，會下僧人半歸臨濟去。由此可見此宗，經兩代後乏宗匠出世，他宗則人才輩出，法運終被取代。

　　本宗在宋初，雖仍不墜師道，但事跡已多不可考究。南山律虎贊寧（919～1001）寫《宋高僧傳》時（982撰～988年書成），仍見人傳仰山法，展示仰山慧寂視爲「但用得不可執本」用火燒掉的圓相圖，流行於世。〔註193〕宗派的盛衰，不在法有強弱，而在相承是否得人。釋契嵩（1007～1072）著《傳

〔註191〕《祖堂集》卷第十九〈徑山和尙傳〉，頁360。
〔註192〕《天聖廣燈錄》卷第十〈鎭州臨濟院義玄慧照禪師傳〉，頁448。
〔註193〕《高僧傳三集》卷第十二〈唐袁州仰山慧寂傳〉，頁313。

法正宗記》時謂：「而雲門、臨濟、法眼三家之徒，於今尤盛。溈仰已熄，而曹洞者僅存，綿綿然猶大旱之引孤泉。然其盛衰者，豈法有強弱也，蓋後世相承得人與不得人耳。書不云乎，苟非其人道不虛行。」〔註194〕溈仰宗人自溈山起強調執其本，能治其末。「初心從緣得，一念頓悟自理」，仍「有習氣未頓淨」。所以，本宗利根者知「但向性海實修」，所貴在當下悟得圓融，而不在將來如何，所以施設也就圓通。而直示施設僅是「從上宗門爪牙」，係用來方便接引學人悟入。關於此宗之特色，杜繼文、魏道儒在《中國禪宗通史》〈靈祐、慧寂和溈仰宗〉文中云：

> 禪宗在南方的發展到溈仰一系，有一個顯著的變化，特殊地表現在以「玄學」自居，用「參玄」代替「參禪」上。這種形式上向魏晉玄學歸復，而內容上甚少創新的禪風，反映了禪學的經院化和脫離普通禪眾的傾向開始產生，在部分士大夫中可能受到歡迎。……溈仰宗對於禪宗內部也津津樂道的神秘預言，所謂「懸記」，要求在本宗中加以剔除。他們認為，可以預記人的「見解」，但不可以預記人的「行解」。「見解」指人的某種觀點、認識，對此預記，有理性推理的意思；「行解」指人的行為或事件，對此預記，與卜筮、讖語同類。在這方面，他們超出了《壇經》的水平。與此相應，他們要求禪者，不要追求「行通」，而是爭取「理通」。「行通」指傳統禪中幻想的神通；「理通」指通達佛教義理。從禪中排除神通成分，一直是中國禪宗優于外來禪法的一個傳統。〔註195〕

總之，溈仰宗強調「無思」為「入理」之門，而達「理事不二」、「眞佛如如」。因此本宗雖重視頓悟頓修，不強調「行通」，卻多神異僧，主張不記人「行解」，卻不乏懸記而靈驗之事跡。又本宗受南方玄學學風的影響，〔註196〕把參玄引入宗門，吸引士夫的來參與仰重。但其參玄與禪理，實非一般禪眾所能泊湊而默契，因此缺乏大根器、大自在可縱橫施設的人物出世，法運先被臨濟所奪，後被在吳越國弘化的法眼宗人所銷融，但本宗道法仍深深影響後世諸宗，佛法因緣常被提舉。

〔註194〕《大正藏》第五十一卷〈史傳部三〉，頁763。
〔註195〕杜繼文、魏道儒著《中國禪宗通史》，頁330～331。
〔註196〕釋印順《中國禪宗史》，頁427。

附表四：溈仰宗師資傳承

（本表依據《景德傳燈錄》、《五燈無元》諸書，並參考釋明復《中國佛學人名辭典》所附圖表而作）

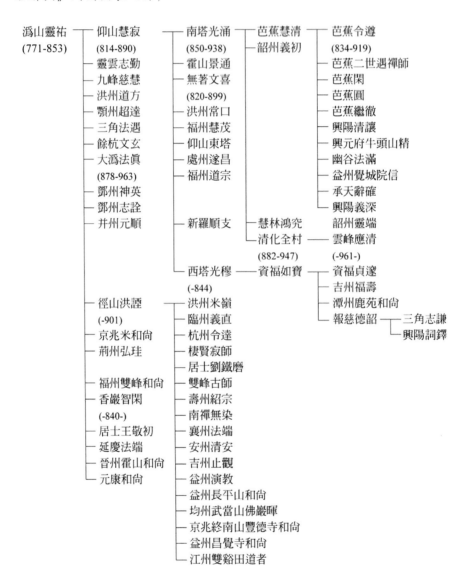

第五章　臨濟宗的師資

　　唐武宗的毀佛和晚唐五代的離亂，刺激了禪宗的高速發展，分布的範圍也擴大。江西、湖南、浙江等禪宗在原有基礎上發展，河北的禪宗也興起，福建則孕育了甚多禪家。〔註 1〕諸家競起，至晚唐五代形成了五家宗派，此五宗除臨濟一宗弘化河北之外，其他諸家大抵在南方弘化。當時，聞名而爲世人所重的師家甚多，青原系有德山宣鑒（782～865）、石霜慶諸（807～888）、夾山善會（806～881）與投子大同（819～914）；南嶽系則有黃蘗希運、潙山靈祐（771～853）、趙州從諗（778～897）長沙景岑、徑山鑒宗、高安大愚，各競自爲家，而以潙山靈祐門庭施設獨特，又有傳人接續標舉，開出了潙仰宗。而臨濟宗亦如潙仰宗，係出於南嶽系百丈懷海會下的黃蘗希運、臨濟義玄（787～866 年）的師徒唱和，逮到義玄出世而宗風提舉。此乃黃蘗到晚年才玄音大振，而潙山已揚名數十年，被譽爲當代論佛之首。兩師雖皆出自百丈，但所悟不同，展現禪的風貌實相逕庭，潙山由百丈處體得深密深用，黃蘗則不會，但由大機大用中會取。據《景德傳燈錄》〈洪州黃蘗希運禪師傳〉云：

　　師因人啓發，乃往參百丈，問：「從上宗乘如何指示？」百丈良久。師云：「不可教後人斷絕去也。」百丈云：「將謂汝是個人。」乃起入方丈，師隨後云：「某甲特來。」百丈云：「若爾，則他後不得辜負吾。」百丈一日問師：「什麼處去來？」曰：「大雄山採菌來。」百丈曰：「還見大蟲麼？」師便作虎聲，百丈拈斧作斫勢，師即打百丈一摑，百丈吟吟大笑便歸。上堂謂眾曰：「大雄山下有一條蟲，汝

〔註 1〕　杜繼文、魏道儒著《中國禪宗通史》，頁 303。

等諸人也須好看，百丈老漢今日親遭一口。」〔註2〕

百丈以「語默勢」來顯示「自性」，黃蘗不會取，盼百丈傳授，莫使道法斷絕。而百丈必有所密授，黃蘗乃能玄機大發。由百丈與黃蘗的事跡，顯見：「學必有宗，宗必有師，師心有傳。」黃蘗沒能由百丈的「語默勢」體會不言說的（以不言遣相使悟自性），但亦曾由百丈處聽聞馬祖的大機大用，而後更加篤定地開展從上傳來的宗風。黃蘗初在洪州大安寺行化，後居洪州黃蘗山鷲峰下十年（839～842），〔註3〕海眾常千餘人。〔註4〕經會昌法難，大中二年（848）再聚其徒，得裴休的護持，自此門風振於江表，以大中中卒於本山。〔註5〕黃蘗由機鋒契入，所以門風嚴峻，言簡而理直，道峻而行孤。據裴休〈黃蘗希運禪師傳法心要〉云：

> 有大禪師號希運，住洪州高安縣黃蘗山鷲峰下。乃曹溪六祖之嫡孫，百丈之子，西堂之姪。獨佩最上乘離文字之印，唯傳一心，更無別法。心體亦空，萬緣俱寂，如大日輪升於虛空中，照耀靜無纖埃。證之者，無新舊，無淺深。說之者，不立義，不立宗主，不開戶牖。直下便是，動念則乖，然後爲本佛。故其言簡，其理直，其道峻，其行孤。四方學徒，望山而趨，睹相而悟。往來海眾常千餘人。〔註6〕

黃蘗的門風孤峻而直下，雖有海眾千人，神足難得，到臨濟出世宗風乃得振興。最初，臨濟義玄禪師門下禪德輩出，但後世法孫綿延不絕者，僅興化存獎（？～924）一系。此宗在晚唐五代間，雖威名遠播，但道法孤峻，非契機而利根者難以承嗣，所以人才實不及他宗繁盛，至宋初雖溈仰、法眼兩宗漸趨沒落，而其法運仍不及雲門宗。逮首山省念（926～993 年）出世，門下法脈漸榮，從汾陽善昭（945～1022 年）經石霜楚圓（987～1040 年），出黃龍慧南（1002～1069 年）與楊歧方會（996～1049 年）兩神足，而使臨濟宗漸次宏化於江南，由南宋入元代更爲昌隆，人宗大匠所在都有。此宗的之興，由黃蘗、臨濟師徒受溈山所重，以及黃蘗派臨際去勘驗溈山門下徑山洪諲的（？～901 年）氣勢，可以窺知。由臨濟之將辭世，對高足三聖慧然的對話與傳法偈頌，可以顯示此宗之隱憂與衰象之顯露。大抵此宗之盛衰，與弘化之

〔註2〕《景德傳燈錄》卷第九〈洪州黃蘗希運禪師傳〉，頁 152～153。
〔註3〕《祖堂集》卷第十六〈黃蘗和尚傳〉，頁 310。
〔註4〕《景德傳燈錄》卷第九〈黃蘗希運禪師傳法心要〉，頁 162。
〔註5〕《高僧傳三集》卷第二十〈唐洪州黃蘗山希運傳〉，頁 565。
〔註6〕《景德傳燈錄》卷第九〈黃蘗希運禪師傳法心要〉，頁 162。

地緣、宗風與禪將大德不世出等因素，有著密切的關係。下文就臨濟義玄的雄風與其門下，來看此宗之師資與行化。

第一節　臨濟義玄的雄風

義玄禪師（787～866 年），俗性邢氏，生於曹州南華郡，自幼即負有出塵之志。及落髮受具，便慕禪宗。初在黃蘗會下，「隨眾參侍，行業純一」。〔註7〕師在黃蘗會下，不會提話頭參問，經臨濟會下首座睦州道明的勉令，師連遭三次棒打，不得契機，道明爲向黃蘗說情，乃能發跡。據《景德傳燈錄》〈鎮州臨濟義玄禪師傳〉云：

> 初在黃蘗，隨眾參侍。時堂中第一座（陳尊宿道明）勉令問話。師乃問：「如何是祖師西來的的意？」黃蘗便打，如是三問三遭打。遂告辭第一座云：「早承激勸問話，唯累蒙和尚賜棒，所恨愚魯，且往諸方行腳去在。」座遂告黃蘗云：「義玄雖是後生，卻甚奇特，來辭時願和尚更垂提誘。」來日師辭黃蘗，黃蘗指往大愚，師遂參大愚。」
> 〔註8〕

高安大愚係馬祖道一高足廬山歸宗智常的法嗣。歸宗智常深得時人所仰重，黃蘗希運曾對眾說：「闍梨，可不見馬大師下有八十六人坐道場，得馬大師眞正法眼者只有一二人，廬山是其一。」〔註9〕名師出高徒，歸宗智常下出高安大愚，亦受黃蘗希運所讚許。大愚與黃蘗曾同行，臨別大愚囑託黃蘗代尋堪付授者。當黃蘗告訴眾人時，義玄在眾得聞，往謁大愚。到大愚處談教義，不契機又經黃蘗點撥，乃參大愚而有所得。據《祖堂集》〈臨濟和尚傳〉云：

> 黃蘗和尚告眾曰：「余昔時同參大寂道友名曰大愚，此人諸方行腳，法眼明徹。今在高安，願不好群居，獨栖山舍。與余相別時，叮囑云：「他後或逢靈利者，指一人來相訪。」于時師在眾聞已，便往造謁。既到其所，具陳上說，至夜間於大愚前說瑜伽談唯識，復申問難。大愚畢夕悄然不對，及至旦來謂師曰：「老僧獨居山舍，念子遠

〔註7〕　《五燈會元》卷第十一〈鎮州臨濟義玄禪師傳〉，頁242。
〔註8〕　《景德傳燈錄》卷十二〈鎮州臨濟義玄禪師傳〉，頁23。
〔註9〕　《祖堂集》卷第十六〈黃蘗和尚傳〉，頁310。

來，且延一宿，何故夜間於吾前無羞慚放不淨言？」言訖，杖之數下，推出關門。師迴黃蘗，復陳上說。黃蘗聞已，稽首曰：「作者如猛火燃，喜子遇人何乃虛往？」師又去，復見大愚。大愚曰：「前日無慚愧，今日何故又來？」言訖，便棒推出門。師復返黃蘗，啓聞和尚：「此迴不是空歸。」黃蘗曰：「何故如此？」師曰：「於一棒下入佛境界，假使百劫粉骨脆身頂擎遶須彌山經無量匝報此恩，莫可酬得。」黃蘗聞已，喜之異常曰：「子且解歇，更自出身。」師過旬日，又辭黃蘗至大愚所。大愚纔見，便擬棒師，師接得棒子則便抱倒大愚，乃就其背歐之數拳，大愚遂連點頭曰：「吾獨居山舍，將謂空過一生，不期今日卻得一子。」〔註10〕

洪州禪系重無事，馬祖道一由「即心即佛」出發，引申出「平常心是道」，在踐行上則唱率性而行，觸境皆如。在接機上，創「勢」以表義，以打、喝等方式啓悟學人。由上則公案得見大愚對黃義玄的厚愛，切見義玄仍耐心聽其談玄說義，後乃示其過患再杖其出門。黃蘗與大愚皆不好論佛，乃能直下頓入無漏之慧，接機則不容擬議，當體即是。大愚的棒猛而不虛發，黃蘗大爲欣賞，因名師難覓，勉勵義玄再往受教。義玄於是由高安大愚處得個入頭處，而不似昔日在黃蘗處不會問話，訪大愚又好談論。師自受大愚處挨棒打，又經黃蘗提誘，來往於大愚、黃蘗處參問，後得黃蘗機鋒的玄旨。據《景德傳燈錄》〈鎮州臨濟義玄禪師傳〉云：

黃蘗指往大愚。師遂到大愚處。愚問：「何處來？」師答：「黃蘗處來。」愚問：「黃蘗有何言教？」師曰：「義玄親問佛法的的意，和尚便打。如是三問三遭被打，不知過在什麼處？」愚曰：「黃蘗恁麼老婆，爲汝得徹困，猶覓過在。」師於言下大悟曰：「元來黃蘗佛法無多子。」大愚搊住云：「者尿床鬼子，適來又道不會，如今卻道黃蘗佛法無多子，你見個什麼道理？速道！速道！」師於大愚肋下築三拳。大愚托開云：「汝師黃蘗，非干我事。」師辭大愚，卻迴黃蘗。黃蘗云：「汝回太速生。」師云：「祇爲老婆心切，便人事了。」侍立次，黃蘗云：「大愚有何言句？」師遂舉前語。黃蘗云：「這大愚老漢，待見時，痛與一頓。」師云：「說什麼待見，即今便與。」便打黃蘗一掌。黃蘗云：「這瘋顛漢，卻來這裡捋虎鬚。」黃蘗云：「侍

〔註10〕《祖堂集》卷第十九〈臨濟和尚傳〉，頁363～364。

者引這風顛漢參堂去。」〔註11〕

關於三次問三被打事，湛愚在《心燈錄》卷四云：「以臨濟之問，黃蘗之答，一兩句便可說破，而一問一打何也？蓋所問者，乃的的大意，豈可涉之語言，若一涉語言，即非的的。答固不可，不答亦非，所以三問非三打不足以應之也。蓋打者，打其問也，打其問，則無問矣。既然無問，則自然無答，無答無問，則四目相對，兩我相呈，的的大意為何？」〔註12〕義玄由黃蘗處三問三遭棒打，一直耿耿於懷，後問大愚，於大愚言下有省。因此，機鋒大發，如瘋漢般莽撞而睥睨世事。對於禪門如是的行持，周一中在《佛學研究》〈行持篇〉中說：

> 禪門接人，或喝或咄，或棒或幗，或杖或踢，意在使學人於急遽間
> 不假思索擬議，排除一切識心，直接道出。始是由性天中所流露者，
> 稍一思索擬議，便係識心用事，與道不相契，非故作態也。〔註13〕

義玄心地已發，乃受黃蘗印可，自後與黃蘗應酬皆自在。黃蘗棒來，師或用手接住，或迴打黃蘗，甚至不理黃蘗杖敲。黃蘗對師的行止，深為讚揚，且認為其門風由師乃得大興。據《五燈會元》〈鎮州臨濟義玄禪師傳〉云：

> 師一日在僧室裏睡，蘗入堂見，以拄杖打板頭一下，師舉首見是蘗，
> 卻又睡。蘗又打板頭一下，卻往上間，見首座坐禪，乃曰：「下間後
> 生卻坐禪，汝在這裏妄想作麼？」座曰：「這老漢作甚麼？」蘗又打
> 板頭一下，便出去。師栽松次，蘗曰：「深山裏栽許多松作甚麼？」
> 師曰：「一與山門作境致，二與後人作標榜。」道了，將钁頭築地三
> 下。蘗曰：「雖然如是，子已喫吾三十棒了也。」師又築地三下，嘘
> 一嘘。蘗曰：「吾宗到汝大興於世。」〔註14〕

師與黃蘗間的對答，常成為溈山與仰山師徒間的話頭。〔註15〕溈山與黃蘗兩山的僧人，也互通訊息。一日師為黃蘗馳書去溈山，時仰山為知客，兩人同去參溈山，溈山問：「黃蘗師兄多少眾？」師云：「七百眾。」師問溈山：「和尚此間多少眾？」溈山云：「一千五百眾。」師辭溈山，仰山相送云：「但去有一人佐輔汝，此人有頭無尾、有始無終。」意指馬祖道一的法孫普化禪師。

〔註11〕《景德傳燈錄》卷十二〈鎮州臨濟義玄禪師傳〉，頁23。
〔註12〕湛愚《心燈錄》卷第四，頁219～220。
〔註13〕周一中《佛學研究》〈行持篇〉，頁300。
〔註14〕《五燈會元》卷第十一〈鎮州臨濟義玄禪師傳〉，頁243。
〔註15〕《天聖廣燈錄》卷第十〈鎮州臨濟院義玄慧照禪師傳〉，柳田聖山主編《禪學
　　　　叢書》之五頁430～431。

〔註16〕溈山門下徑山洪諲（？～901年）有五百眾，但少人參請，黃檗令師去徑山，黃檗謂師曰：「汝到彼處作麼生？」師云：「某甲自有方便。」師到徑山，裝腰上法堂見徑山，徑山方舉頭，師便喝，徑山擬開口，師拂袖便行，尋有僧問徑山：「者僧適來有什麼言句便喝和尚？」徑山云：「者僧從黃檗會裏來，你要自自去問取他。」徑山五百眾太半奔趨。〔註17〕由徑山被義玄一喝，會下僧人大半散去，可窺溈仰宗已不如溈山、仰山時之盛，此宗之衰其來有自。以棒喝、喝打（禪機的一種勢）啓悟，雖不起於義玄，但卻爲其化門，他把這種方式貫穿於一切禪行中，則成其一家的獨特門風。而其理論基礎，可由洪州系慧海《大珠禪師語錄》中得解。

> 僧問：「未審託情勢，指境勢，語默勢，乃至揚眉動目等勢，如何得通會於一念間？」師（慧海）曰：「無有性外事。用妙者，動寂俱妙；心眞者，語默總眞；會道者，行住坐臥是道，爲迷自性，萬惑滋生。」
> 又問：「如何是法有宗旨？」師曰：「隨其所立，即有眾義，文殊於無住本立一切法。」〔註18〕

宗門自五祖密授六祖以來，從上宗風不離「無住」，但「依教悟宗」則諸家各有所本。馬祖遞傳百丈、黃檗，以迄義玄，雄風大振，其化門之所依義學因「付密授」的關係，雖不得而知，但其理論當本自《大珠禪師語錄》，并由一「作用」來貫穿禪行以「見性」。

　　義玄曾侍高安大愚十餘年，在黃檗處二十年。〔註19〕大愚臨遷化時，囑其云：「子自不負平生，又乃歿吾一世以後出世傳心，第一莫忘黃檗。」自後師於鎮州（今河北省正定縣）匡化，雖承黃檗常讚大愚，至於化門多行喝棒。〔註20〕師之參學歷盡艱辛，待遇黃檗師資道合，其攝化學人的風格，與青原下四世德山宣鑒（782～865年）頗爲類似。釋贊寧在《宋高僧傳》〈唐眞定府臨濟院義玄傳〉云：

> 參學諸方，不憚艱苦，因見黃檗山運禪師，嗚啄同時了然通徹。乃北歸鄉土，俯徇趙人之請，往子城南臨濟焉，罷唱經論之徒皆親堂室，示人心要頗與德山相類。以咸通七年丙戌歲四月十日示寂，敕諡慧照

〔註16〕《禪學叢書》之五，頁431。
〔註17〕前引書，頁434～435。
〔註18〕《中國佛教思想資料選編》第四卷，頁199。
〔註19〕《禪學叢書》之五，頁434。
〔註20〕《祖堂集》卷第十九〈臨濟和尚傳〉，頁364。

大師，塔號澄虛，言教頗行於世，今恆陽號臨濟禪宗焉。〔註21〕

師自離黃蘗曾參學諸方，所到之處可考者有青原下四世、雲巖曇晟法嗣杏山洪鑒〔註22〕、青原下五世洞山良价法嗣襄州華嚴休靜、青原下七世羅山道閑法嗣龍光隱微、長慶慧稜法嗣翠峰從欣、南嶽下二世馬祖道一法嗣鎮州金牛、南嶽下三世百丈懷海法嗣杭州大慈寰中、象田、明化、鳳林等和尚。〔註23〕

師聞青原下四世、第二代德山垂示：「道得也三十棒，道不得也三棒。」師令樂普去勘問。〔註24〕師住臨濟禪苑，學侶奔湊，南嶽下三世、南泉普願法嗣趙州從諗與青原下五世、洞山良价法嗣龍牙居遁（835～923 年）來參問。〔註25〕

師對於佛法理趣的提舉，與溈山、仰山兩師有雷同處，皆在「直顯其體」，學人擬問時則當下破其執著。其迅雷不及的棒喝，非有相當靈利者難窺其全貌。據《景德傳燈錄》〈鎮州臨濟義玄禪師傳〉云：

> 一日，上堂曰：「汝等諸人赤肉團上有一無位真人，常向汝諸人門面出入，未證據者看看。」時有僧問：「如何是無位真人？」師下禪床把住云：「道！道！」僧擬議，師托開云：「無位真人是什麼乾屎橛？」便歸方丈。〔註26〕

臨濟上堂直指自性，學人不會取而發問，臨濟趁機把住盼其悟入。學人擬議，臨濟即時托開而云：「無位真人是什麼乾屎橛？」係用語以示理。便歸方丈，係以作用顯自性。臨濟的施設與行持如此巧妙，誠如慧海所謂「用妙者」、「會道者」。後雪峰義存聞師有此佛法因緣，說：「林際太似好手。」〔註27〕臨濟也認為自己是善知識，并開示其志趣。據《天聖廣燈錄》卷第十〈鎮州臨濟院義玄慧照禪師傳〉云：

> 師上堂云：「但有來者，不虧欠伊，總識伊來處，與麼來恰似失卻，不與麼來無繩自縛。一切時中莫亂斟酌，會與不會都是錯，分明與麼道，一任天下人貶剝。」久立珍重。上堂云：「一人在孤峰頂上，

〔註21〕《高僧傳三集》卷第十二〈唐真定府臨濟院義玄傳〉，頁296。
〔註22〕《天聖廣燈錄》卷第十〈鎮州臨濟院義玄慧照禪師傳〉，柳田聖山主編《禪學叢書》之五，頁434。
〔註23〕《禪學叢書》之五，頁446。
〔註24〕前引書，頁433。
〔註25〕前引書，頁434。
〔註26〕《景德傳燈錄》卷十二〈鎮州臨濟義玄禪師傳〉，頁24。
〔註27〕《祖堂集》卷第十九〈臨濟和尚傳〉，頁363。

> 無出身之路，一人在十字街頭，亦無向背。那個在前，那個在後，
> 不作維摩詰，不作傅大士。」〔註28〕

臨濟對自己的行持是篤定而自信的。臨濟說學人苟有來處，他不會辜負人，
但要學人一切時中莫胡作意識。會取與不會取，都是錯，讓天下人來評析看
看也無妨。他又說接引學人的風格，不學維摩詰的說教，不學傅大士的深密
不說。師接引學人，隨其根器攝化，而非僅是棒喝，所以大覺來參，師許之，
而眾僧無知以為師偏袒大覺。據《景德傳燈錄》〈鎮州臨濟義玄禪師傳〉云：

> 大覺到參，師舉起拂子，大覺敷坐具；師擲下拂子，大覺收坐具，
> 入僧堂。眾僧曰：「這僧莫是和尚親故，不禮拜，又不喫棒。」師聞，
> 令喚新到，大覺遂出。師曰：「大眾道汝未參長老。」大覺云：「不
> 審。」便自歸眾。〔註29〕

大覺亦如臨濟，自在自得，所以參臨濟時沒遭棒打，為僧眾所謗毀而不顧，
後處眾而默契宗眼。臨濟認為學佛在「成佛作祖去」，而非僅在一些表相的行
事。至於如何通達，師認為實在是「道不得」，又恐人知解，乃建立化門接引
學人，為了曲順人情，才上堂顯示大事因緣。據《天聖廣燈錄》〈鎮州臨濟義
玄慧照禪師傳〉云：

> （河陽府主王）常侍一日訪師，同師於僧堂內，乃問：「者一堂僧還
> 看經麼？」師云：「不看經。」侍云：「還學禪麼？」師云：「不學禪。」
> 侍云：「經又不看，禪又不學，畢竟作個什麼？」師云：「總教伊成
> 佛作祖去。」侍云：「金屑雖貴，落眼成翳，又作麼生？」師云：「將
> 為你是個俗漢。」常侍又與諸官請師昇座，師昇座云：「山僧今日事
> 不獲已，曲順人情方登此座，若約祖宗門下稱揚大事，直是開口不
> 得，無你措足處。山僧此日以常侍堅請，那隱綱宗，還有作家戰將，
> 直下展陣開旗對眾證據看持。」有僧問：「如何是佛法大意？」師便
> 喝，僧禮拜，師云：「者個師僧卻堪持論。」有僧問師：「唱誰家曲？
> 宗風嗣阿誰？」師云：「我在黃檗處，三度發問，三度被打。」僧擬
> 議，師便喝隨後打云：「不可向虛空裏釘橛去也。」有座主問：「三
> 乘十二分教豈不是明佛性？」師云：「荒草不曾鋤。」座主云：「佛

〔註28〕《天聖廣燈錄》卷第十〈鎮州臨濟院義玄慧照禪師傳〉，《禪學叢書》之五頁
435。
〔註29〕《景德傳燈錄》卷第十二〈鎮州臨濟義玄禪師傳〉，頁24。

法豈不賺人？」師云：「佛在什麼處？」主無語，師云：「對常侍前擬謾老僧，速退！速退！妨他別人請問。」復云：「此日法筵爲一大事故，更有問話者麼？速致問來，你纔開口早勿交涉也。何以如此？不見釋尊云：『法離文字，不屬因不在緣故。』爲你信不及，所以今日葛藤，恐滯常侍與諸官員昧他佛性，不如且退，少信根人終無了日。」喝一喝，便下座。〔註30〕

師之接引世俗則與仰人一樣，較爲客氣親切，仰山直說曹溪宗旨，而師則謂禪僧所重不在看經、學禪，而是「成佛成祖」。關於僧人，已知所本，所以賓主交鋒的情境，師常用棒喝來開展。師也建立化門諸如「四料簡」、「三玄」、「三要」、「四喝」、「四賓主」、「四照用」等來攝化學人。《五燈會元》〈鎮州臨濟義玄禪師傳〉云：

普化與克符上問被師打，至晚小參師曰：「有時奪人不奪境，有時奪境不奪人，有時人境兩不奪，有時人境俱不奪。」僧問：「如何是眞佛、眞法、眞道？乞師開示。」師曰：「佛者心清淨，是法者心光明，是道者處處無礙淨光。是三即一，皆是空名，而無實有。如眞正作道人，念念心不間斷，自達磨大師從西土來，祇是覓個不受人惑底人，後遇二祖一言便了，始知從前虛用工夫。山僧今日見處與佛祖不別，若第一句中薦得，堪與佛祖爲師；若第二句中薦得，堪與人天爲師；若第三句中薦得，自救不了。」僧便問：「如何是第一句？」師曰：「三要印開朱點窄，未容擬議主賓分。」僧曰：「如何是第二句？」師曰：「妙解豈容無著問，漚和爭負截流機。」僧曰：「如何是第三句？」師曰：「看取棚頭弄傀儡，抽牽全藉裏邊人。」師乃曰：「大凡演唱宗乘一句中須具三玄門，一玄門須具三要，有權有實有照有用。汝等諸人作麼生會？」師謂僧曰：「有時一喝如金剛王寶劍，有時一喝如距地獅子，有時一喝如探竿草，有時一喝不作一喝用，汝作麼生會？」僧擬議，師便喝。示眾曰：「參學之人大須子細，如賓主相見便有言論往來，或應物現形，或全體作用，或把機權喜怒，或現半身，或乘師子，或乘象王，如有眞正學人便喝，先拈出一個膠盆子。善知識不辨是境，便上他境上作模作樣，便被學人又喝，前人不肯放下，此是膏肓之病不堪醫治，喚作賓看主。或是善知識，

〔註30〕《禪學叢書》之五，頁433～434。

不拈出物，祇隨學人問處，即奪學人，被奪抵死不肯放，此是主看賓。或有學人，應一個清淨境出善知識前，知識辨得是境，把得拋向坑裏，學人言：『大好善知識。』知識即云：『咄哉！』不辨好惡學人便禮拜，此喚作主看主。或有學人，披枷帶鎖出善知識前，知識便與安一重枷鎖，學人歡喜，彼此不辨，喚作賓看賓。大德！山僧所舉，皆是辨魔揀異，知其邪正。」……師應機多用喝，會下參徒亦學師喝，師曰：「汝等總學我喝，我今問汝，有一人從東堂出，一人從西堂出，兩人齊喝一聲，這裏分得賓主麼？汝且作麼生分？若分不得，已後不得學老僧喝。」示眾：「我有時先照後用，有時先用後照，有時照用同時，有時照用不同時。先照後用，有人在；先用後照，有法在；照用同時，坵耕夫之牛，奪饑人之食，敲骨取髓，痛下針錐；照用不同時，有問有答，立賓立主，合水和泥。應機接物若是過量，人向未舉以前撩起便行，猶較些子。」師上堂次，兩堂首座相見同時下喝，僧問師：「還有賓主也無？」師曰：「賓主歷然。」師召眾曰：「要會臨濟賓主句，問取堂中二首座。」〔註31〕

師設立之諸種化門，乃是隨著根器而設教。其亦老實告開示大眾如何去領會諸化門，其間隨學人的根器，實有次第之別。師又直接了當的告訴眾人，不要虛用工夫，達摩來中土，也只在「覓個不受人迷惑的人」。所以師要人不要亂喝，要知喝中有無賓主，但去向喝的人去會取。對於喝的見解，杜繼文、魏道儒在《中國禪宗通史》〈棒喝和毀佛毀祖〉文中說：「寶劍可喻斷惑，獅子可喻醒迷，影草或喻試探，不作一喝用或指無意義。」〔註32〕臨濟所云：「一喝不作一喝用。」當指喝不虛發，係體用一如的。至於三玄九要，湛愚在《心燈錄》卷四論之甚詳，其要言之：

蓋三玄九要法門，乃宗門至要，即《楞嚴經》所謂密因修證。體中玄上要，即是大佛頂。惟是密因，故玄有三，而要有九，乃此心返本還源之路，不是執定一法進修。乃悟此心，即心即法，即法即心，惟此一真我而已矣。惟此真我，即是聽法的人而已矣。……濟公與人據實商量此密因修證，不是一問答、一轉語，便算作能會。如能細細清楚明白說破玄要，許他一喝。若遇來問者便喝，這喝值得甚

〔註31〕《五燈會元》卷第十一〈鎮州臨濟義玄禪師傳〉，頁243～244。
〔註32〕杜繼文、魏道儒著《中國禪宗通史》，頁312。

麼？……蓋入此道者，即頓悟後亦有漸入。」〔註33〕

湛愚老人認為頓悟之後，侍師多年，乃能漸臻玄奧。〔註34〕而為大眾演唱宗乘，所立化門須真實之理、真實之境，不可魯莽，以一喝了事。〔註35〕此自心自度、自心自悟的道理與修證，僅有同參者（或自己）可會意，周一中《佛學研究》〈行持篇〉中說：

> 禪門語言，多超越常識。惟有此悟境者始能言之；亦惟有此悟境者聞之始能了解。如海客談瀛州，只能為海客言之，不足為外人道也。禪人相見，各有悟解不同，機鋒自別。與某甲言者，不必宜於乙。故問答因人而異。尤貴在速道，方是從至性中流出。所謂如擊火石，似閃電光。急著眼看見。若或擬議躊躇，便離有識心，不能契機。為禪家所忌。因第一義諦，不落言詮。機鋒上的語言，只是接引學人之方便，原不足以見諦。〔註36〕

師化緣將盡，上堂囑門人在其寂滅後不得失卻宗風，師門下高足三聖慧然出來答話，師感嘆門人有樣學樣，無甚麼自得自在處，其卒後宗風恐會沒落。據《景德傳燈錄》〈鎮州臨濟義玄禪師傳〉云：

> 師後居大名府興化寺東堂宏揚宗風。唐咸通八年四月十日年將示寂時，上堂云：「吾滅後，不得滅卻吾正法眼藏。」三聖出云：「爭敢滅卻和尚正法眼藏？」師曰：「已後有人問你，向他道什麼？」三聖便喝，師云：「誰知吾正法眼藏向這瞎驢邊滅卻。」乃有頌偈曰：「沿流不止問如何，真照無邊說似他；離相離名人不稟，吹毛用了急還磨。」〔註37〕

臨濟所重在這說法、聽法、能喝的人，不在喝上。〔註38〕禪門中人師弟之相傳，特重「學與師齊減師半德」、「學過於師方堪傳授」，且云「由宗門出不是家珍」，要揚舉正法眼藏非由自己去體得而自在縱橫不得。所以臨濟感概，其自開堂說法該說的都儘可能說了，但學人無始以來的習氣未能淨止，未能領會從上直指自心的宗風，他人用過的閒家具還拿來用，門風恐會墜落。因三

〔註33〕《心燈錄》卷四，頁264～265。
〔註34〕《心燈錄》卷四，頁265。
〔註35〕《心燈錄》卷四，頁255。
〔註36〕周一中《佛學研究》〈行持篇〉，頁300。
〔註37〕《景德傳燈錄》卷第十二〈鎮州臨濟義玄禪師傳〉，頁25。
〔註38〕《心燈錄》卷四，頁266。

聖慧然乃其入室弟子不同游人，宗主法緣已盡，理當付囑。對於臨濟的示寂，據《佛祖歷代通載》卷第二十六〈汝州風穴禪師傳〉云：

> 穴於是俯就弟子之列，從容承稟，日聞智證。南院曰：「汝乘願力來荷大法，非偶然也。」問曰：「汝聞臨濟將終時語不？」曰：「聞。」曰：「臨濟云：『誰知吾正法眼藏向這瞎驢邊滅卻。』渠生平如獅子，見即殺人，及將死，何故屈膝妥委如此？」對曰：「密付將終，全主即滅。」又問：「三聖如何亦無語乎？」曰：「親承入室之眞子，不同門外之遊人。」院頷之。〔註39〕

師以唐咸通七年（866 年）四月十日，上堂開示後端坐歸寂。〔註40〕門人以師全身，建塔於大名府之西北隅，諡慧照禪師，塔號澄靈。〔註41〕師有《臨濟慧照師語錄》一卷傳世，門人有志閑、譚空、慧然等，得法者二十二人，爲禪宗一大支派。

第二節　臨濟義玄的門下

臨濟義玄禪師的門下，依《景德傳燈錄》卷第十二所載，法嗣二十一人，十五人見錄，六人無機緣語句不錄；而《五燈會元》卷第十一所載，法嗣二十二人，包括魏府興化存獎、鎮州寶壽沼、鎮州三聖院慧然、魏府大覺、灌溪志閑、涿州紙衣定州、定州善崔、鎮州萬壽、幽州譚空、襄州歷村、滄州米倉、新羅國智異山和尙、常州善權山徹、齊聳禪師、金沙和尙雲山和尙、虎溪庵主、覆盆庵主、桐峰庵主、杉洋庵主、定上座與豁上座。據《景德傳燈錄》卷十二所載，另有涿州秀禪師與允誠禪師，兩師不爲《五燈會元》所錄。臨濟門下中，三聖慧然、魏府大覺、灌溪志閑、涿州紙衣和尙的法緣僅一傳，寶壽沼和尙則二傳即斷絕，而以興化存獎法脈綿長。

（一）三聖慧然會下

慧然在臨濟臨終前有樣學樣而遭破斥，但臨濟很慈悲地示傳法偈頌，但期望門風不絕。慧然自臨濟受訣後，遍歷禪林，參過仰山、香嚴、德山、道吾、

〔註39〕《佛教大藏經》第七十五冊，頁 1197。
〔註40〕《景德傳燈錄》卷第十二〈鎮州臨濟義玄禪師傳〉，頁 25。禪師圓寂之年，據《五燈會元》所載爲咸通八年，而另據《祖堂集》、《佛祖歷代通載》、《宋高僧傳》，則爲咸通七年。今依咸通七年之說。
〔註41〕《五燈會元》卷第十一〈鎮州臨濟義玄禪師傳〉，頁 245。

雪峰，大顯玄風，破斥諸方化門，而頗受禮重與讚許。〔註42〕住鎮州三聖院後，上堂曰：「我逢人即出，出則不爲人。」便下座。〔註43〕師直示自性的體用，頗有「領宗得意」的氣勢，同門寶壽沼禪師臨遷化，囑託師扶持其供養主上開堂開法，師不負所託從旁助發。據《五燈會元》〈寶壽和尚第二世傳〉云：

> 壽臨遷化時，囑三聖請師開堂。師開堂日，三聖推出一僧，師便打。
>
> 聖曰：「與麼爲人，非但瞎卻這僧眼，瞎卻鎮州一城人眼在。」〔註44〕

臨濟宗人常用棒打，來遣人妄念而頓入「自性」。三聖推出一僧來勘驗寶壽第二世，其雷厲俊爽的行爲讓三聖讚揚。三聖并爲寶壽二世的棒打出語，使眾人明瞭棒打「瞎卻」了諸人的妄念，以顯「歷歷孤明」的眞我。由此可見三聖不負臨濟之所托，其自臨濟滅後，遊方親見很多作家，有所體會，扶持宗風不含糊。三聖慧然的法嗣，有鎮州大悲與淄州水陸和尚，《景德傳燈錄》卷十二與《五燈會元》卷十一錄有機緣語句，而生平皆不詳。

（二）魏府大覺會下

魏府大覺和尚參臨濟後入僧堂，因不禮拜又不喫棒，僧眾質問和尚，臨濟再叫出問話，師不願眾人生謗心而歸眾中。師住後，同門存獎禪師在其處爲座主，師助發之而使存獎開悟。〔註45〕按《景德傳燈錄》卷十二所載，師之法嗣有廬州大覺和尚、廬州澄心旻德禪師、汝州南院和尚與宋州法華院和尚。另據《五燈會元》卷十一，則有荊南府竹園山和尚。五人皆有機緣語句流傳，當中澄心旻德曾在興化存獎會下，賓主交鋒深得激賞。據《五燈會元》〈廬州澄心院旻德禪師傳〉云：

> 師在興化，遇示眾曰：「若是作家戰將，便請單刀直入，更莫如何若何？」師出禮拜，起便喝，化亦喝，師又喝，化亦喝，師禮拜歸眾。
>
> 化曰：「適來若是別人，三十棒一棒也較不得。何故？爲他旻德會一喝不作一喝用。」〔註46〕

〔註42〕《景德傳燈錄》卷十二〈鎮州三聖院慧然禪師傳〉，頁35。另見《五燈會元》
　　　　卷十一〈鎮州三聖院慧然禪師傳〉，頁246～247。

〔註43〕《五燈會元》卷第十一〈鎮州三聖院慧然禪師傳〉，頁247。

〔註44〕《五燈會元》卷第十一〈寶壽和尚第二世傳〉，頁251。另見《景德傳燈錄》
　　　　卷第十二〈鎮州三聖院慧然禪師傳〉，頁35。但《景德傳燈錄》沒註明是第二
　　　　世，容易爲人誤解爲是寶壽沼禪師。

〔註45〕《五燈會元》卷第十一〈魏府興化存獎禪師傳〉，頁245。

〔註46〕《五燈會元》卷十二〈廬州澄心院旻德和尚傳〉，頁252。

興化曾教門徒不要捫空亂喝，而旻德雖也僅是喝，但因自在的喝，展現喝的全體大用。所以興化說：「一喝不作一喝用。」由此可知悟得透徹，用得也妙，所以禪者貴能展現體用一如。

（三）灌溪志閑會下

臨濟接引學人，先看來路，方才施教。志閑禪師初見臨濟和尚，被和尚摟住良久乃放，師曰：「領矣。」住後謂眾曰：「我見臨濟無言語，直到如今飽不饑。」師會下僧人曾去石霜參學，石霜云：「我北山住，不如他南山住。」師以唐乾寧二年（895 年）月二十九日將寂時，問侍者：「坐死者誰？」侍者曰：「僧伽。」師曰：「立死者誰？」侍者曰：「僧會。」師乃行六七步，垂手而逝。〔註47〕可見臨濟接引學人，非僅用棒喝。至於志閑被臨濟摟住良久，而體得「深密的自性」。而志閑臨終死，仍以作用展示學人，期使不著境而得省悟自在。

道吾來參閑不禮拜，便問：「什麼生？」師曰：「無位。」道吾曰：「與麼則同空去。」師云：「咄！這屠兒！」道吾曰：「有生可殺則不倦。」師到末山與師姑的對話，後為洞山、雲門舉作話頭問會下僧人。師初住潭州灌溪山，次化嶽麓，每有一言五陰山中古佛堂毗盧夜放圓光，寂後塔于嶽麓山。〔註48〕法嗣僅池州魯祖山教和尚一人。〔註49〕

（四）涿州紙衣會下

涿州紙衣和尚初見臨濟，問「四料簡」，師於臨濟言下頓領玄旨，乃深入三玄、三要、四句之門，頗資化道。〔註50〕法嗣有鎮州談空和尚與際上座。〔註51〕談空和尚僅流傳機緣語句，生平不詳。際上座則曾行腳到洛京南禪寺，與在寺院設齋的朱行軍交鋒，朱行軍本好喝，為師所折服。據《五燈會元》〈際上座傳〉云：

> 行腳到洛京南禪，時有朱行軍設齋入僧堂顧視曰：「直下是。」遂行
> 香，口不住道，至師面前。師便問：「直下是個甚麼？」行軍便喝，
> 師曰：「行軍幸是會佛法底人，又惡發作甚麼？」行軍曰：「鈎在不

〔註47〕 前引書卷十二〈灌溪志閑禪師傳〉，頁 33～34。
〔註48〕 《祖堂集》卷第二十〈灌溪和尚傳〉，頁 383。
〔註49〕 《景德傳燈錄》卷第十二〈灌溪志閑禪師法嗣〉，頁 22。
〔註50〕 《景德傳燈錄》卷十二〈涿州紙和尚傳〉，頁 37。
〔註51〕 《五燈會元》卷第十一〈紙衣和尚法嗣〉，頁 242。

疑之地。」師又喝，行軍便休。齋退，令客司請適來下喝僧來，師
至便共行軍言論，並不顧諸人。僧錄曰：「行軍適來爭容得這僧無
禮？」行軍曰：「若是你諸人喝，下官有劍。」僧錄曰：「某等固是
不會，須是他暉長老始得。」行軍曰：「若是南禪長老也未夢見在。」
〔註52〕

朱行軍把洪州系的禪理「直下是」，如念佛般的念念有詞，但遭問則喝，而其
喝則期在「不疑地」。際上座知其落在「心境」上，乃喝之，而有所省。與師
對話後，甚有所得，乃又共相談話，渾然忘掉他人存在，僧錄不服。朱行軍
認為，不僅僧錄不會喝的玄旨，南禪寺的長老也未夢見在，對際上座甚為禮
重。

（五）寶壽沼會下

沼禪師住鎮州寶壽院，僧來參師，從西過東立，師便打，僧曰：「若不久
參，焉知端的。」師曰：「三十年後，此話大行。」〔註53〕遭棒打而省過在何
處，也惟有久參者自知，但參問者每每著於聲色，遭棒打則茫然。趙州從諗
曾到師處參訪，後胡釘鉸參師被打後，到趙州處問因何被打。據《五燈會元》
〈鎮州寶壽沼禪師傳〉云：

胡釘鉸參，師問：「汝莫是胡釘鉸麼？」曰：「不敢。」師曰：「還釘
得虛空麼？」曰：「請和尚打破。」師便打，胡曰：「和尚莫錯打某
甲。」師曰：「向後有多口阿師與你點破在。」胡後到趙州，舉前話。
州曰：「汝因甚麼被他打？」胡曰：「不知過在甚麼處？」州曰：「祇
這一縫尚不奈何！」胡於此有省。〔註54〕

臨濟宗人對來參學人，見其來處，即以迅雷不及防的方式直截其所執著。胡
釘鉸尚有心機意識在作怪，即自認為「對宗門玄旨有所得」，遭棒打而不知「過」
在何處，趙州多口為之說破。趙州行方數十年，無榮嗣，或許就是沼禪師所
說的「多口」所致。沼禪師將辭世，謂門人曰：「汝還知我行履處否？」對曰：
「知和尚一生長坐不臥。」師又令近前，門人近前，師曰：「去！非吾眷屬。」
言訖而化。〔註55〕侍者心居散地，每不見師之禪道，而逐聲著色。

〔註52〕前引書卷第十一〈際上座傳〉，頁252。
〔註53〕前引書卷第十一〈鎮州寶壽沼禪師第一世傳〉，頁246。
〔註54〕前引書卷十二〈鎮州寶壽沼和尚傳〉，頁246。
〔註55〕《景德傳燈錄》卷第十二〈鎮州寶壽沼和尚第一世住〉，頁34。

　　沼禪師的法嗣，有汝州西院思明禪師與寶壽院二世和尚。〔註56〕西院思明的法嗣，有鄭州興陽歸靜禪師。歸靜初參西院乃問曰：「擬問不問時如何？」西院便打，師良久，西院云：「若喚作棒，眉鬚墮落。」師言下大悟。有僧問師：「唱誰家曲？宗風嗣阿誰？」師曰：「少室峰前無異路。」〔註57〕歸靜參明師時已有所省，所以直問心之動與不動時如何，遭棒打不體會思明師所展示的全體大用，明師慈悲補一句後語，以「理」表「義」，歸靜當下頓契心體。乃知學有師承宗旨，祖師西來直指人心，見性成佛，所以其說：「少室峰前無異路。」從上宗風是一如的，但在教化上隨人根器而千奇萬象。臨濟宗人的接機，乍看辛辣但卻有親切處，由西院思明禪師的教化可得而知。據《景德傳燈錄》〈汝州西院思明禪師傳〉云：

> 問：「如何是臨濟一喝？」師曰：「千均之弩不為鼷鼠而發。」曰：「和
> 尚慈悲何在？」師便打。僧從漪到法席旬日，乃曰：「莫到會佛法人，
> 覓個舉話底人也無？」師聞而默之。漪異日上法堂次，師召從漪，
> 漪舉首。師曰：「錯。」漪進三兩步，師又曰：「錯。」漪復進前，
> 師曰：「適來兩錯是上座錯是從漪錯？」曰：「是從漪錯。」師曰：「錯。」
> 又曰：「上座且這裏過夏，待共商量這兩錯。」漪不肯，便去。後住
> 相州天平山，嘗舉前話曰：「我行腳時被惡風吹到汝州，有西院長老
> 勘我，連道三錯，待留我過夏商量。我不說恁麼時錯，我當時發足
> 擬向南去，便知錯了也。」〔註58〕

西院接引學人，嚴屬中含婆心，學者當下不悟時，仍給機會去薦取。所以歸靜當棒下體得，而有僧人遭打則不知所以然。有的僧人本還穩在，遭逢一再質問，頓覺心虛而口頭認錯，心雖不服然又知己之過錯，如從漪。有的僧人，在臨濟宗人上堂開示後接機時，不舉話頭，或恐遭打，眾人久立，乃道珍重。

（六）定上座

　　臨濟會下定上座，其事跡常為後人所傳誦。師初參臨濟，問：「如何是佛法大意？」臨濟下禪床擒住，師擬議論，臨濟與一掌。師佇思，旁僧曰：「定上座何不禮拜？」師乃作禮，忽然大悟。〔註59〕定上座因臨濟不容其議的一

〔註56〕《景德傳燈錄》卷十二〈寶壽沼和尚法嗣〉，頁44。
〔註57〕《景德傳燈錄》卷十三〈鄭州興陽歸靜禪師傳〉，頁56。
〔註58〕《景德傳燈錄》卷第十二〈汝州西院思明禪師傳〉，頁44。
〔註59〕《五燈會元》卷第十一〈定上座傳〉，頁249。

擒、一掌，有省而經提醒禮拜，而體得「自在」。師南遊時，路逢欲參臨濟的
巖頭、雪峰與欽山，師為諸人提舉臨濟的佛法因緣，欽山失言，而遭擒問，
三人大開眼界。據《五燈會元》〈定上座傳〉云：

> 後南游路，逢巖頭、雪峰、欽山三人。巖頭問：「上座甚處來？」
> 師曰：「臨濟來。」巖曰：「和尚萬福。」師曰：「和尚已順世也。」
> 巖曰：「某甲三人特去禮拜，薄福不遇，不知和尚在日有何言句？
> 請上座舉一兩則。」師遂舉：「臨濟上堂曰：『赤肉團上有一無位
> 真人，常在汝等諸人面門出入，未證據者看看。』時有僧問：『如
> 何是無位真人。』濟下禪床擒住曰：『道！道！』僧擬議，濟拓開
> 曰：『無位真人是甚麼乾屎橛？』」巖頭不覺吐舌，雪峰曰：「臨濟
> 大似白拈賊。」欽山曰：「何不道赤肉團上非無位真人。」師便擒
> 住曰：「無位真人與非無位真人相去多少？速道！速道！」欽山被
> 擒，直得面黃面青，語之不得。巖頭、雪峰曰：「這新戒不識好惡，
> 觸忤上座，且望慈悲。」師曰：「若不是這兩個老漢，塈殺這屎床
> 鬼子。」〔註60〕

臨濟的威名為諸方所知，所以巖頭、雪峰、欽山三人慕名想去參問，然不期
知臨濟已卒，三人由定上座提舉與勘問下得見臨濟的禪風。由上述記載，也
可見巖頭、雪峰與欽山境地之高下，巖頭聞舉如親見臨濟的大機大用，彷似
當年百丈舉被馬道一喝事黃蘗吐舌。雪峰聞舉，則認為臨濟善用方便，是好
手。而欽山年幼，僅會知解，遭勘問而慌張失色。定上座的作風，不遜於臨
濟的嚴峻雷厲。據《五燈會元》〈定上座傳〉云：

> 師在鎮府齋回，到橋上坐次，逢三人座主。一人問：「如何是禪河
> 深處須窮到底？」師擒著擬拋向橋下，二座主近前諫曰：「莫怪觸
> 忤上座，且望慈悲。」師曰：「若不是這兩個座主，直教他窮到底。」

〔註61〕

臨濟宗人的悟，是一徹徹到底，是當下即是，不容討價還價，所以學人初皆
仰慕道化，但一開口就被把住，其威猛直讓學人抖擻、汗顏。臨濟上法堂雖
威峻，但也看學人來處，而定上座不容人擬議思量，其威猛像似不近人情，
足讓人畏卻，後繼無人勢必有因。

〔註60〕同前註。
〔註61〕同前註。

第三節　興化存獎會下

　　臨濟的法統除興化存獎一系外,其他盛者僅二、三傳法運即衰落。後世的臨濟的法系都出自興化存獎(?~924年)之下,遞傳南院慧顒(?~952年)、風穴延沼(896~973年)、首山省念(962~993年)、汾陽善昭(947~1024年)、石霜楚圓(987~1040年)。楚圓下有黃龍慧南、陽岐方會,法席很盛,於是分黃龍、陽岐二派,和原來的五家合稱五家七宗。

　　存獎禪師曾在臨濟會下,後參三聖與大覺,於大覺處遭痛打一頓,師於言下薦得臨濟先師於黃蘗處喫棒底道理。後住魏府興化院,徒眾四至,成就殊多,臨濟法門由斯昌大。其開悟經過,據《五燈會元》「魏府興化存獎禪師傳」云:

> 師在三聖會裏爲首座,常曰:「我向南方行腳一遭挂杖頭,不曾撥著一個會佛法底人。」三聖聞得問:「你具個甚麼眼?便恁麼道。」師便喝,聖曰:「須是你始得。」大覺聞舉,遂曰:「作麼生得風吹到大覺門裏來。」師後到大覺爲院主。一日,覺喚院主:「我聞你道向南方行腳一遭挂杖頭,不曾撥著一個會佛法底。你憑個甚麼道理與麼道?」師便喝,覺便打,師又喝,覺又打。師來日從法堂過,覺召院主:「我直下疑你昨日這兩喝。」師又喝,覺又打,師再喝,覺又打。師曰:「某甲於三聖師兄處,學得個賓主句,總被師兄折倒了也,願與某甲個安樂法門。」覺曰:「這瞎漢,來這裏納敗缺,脫下衲衣痛快一頓。」師於言下薦得臨濟先師於黃蘗處喫棒底道理。師後開堂日,拈香曰:「此一炷香,本爲三聖師兄,三聖於我太孤;本爲大覺師兄,大覺於我太賒。不如供養臨濟先師。」〔註62〕

存獎禪師到南方行腳,接機用棒打甚自得,後到師兄三聖會裏學會賓主句,逮到大覺處二度二喝都遭棒打,縱體得玄旨。住後誡門人莫亂喝,據《景德傳燈錄》〈魏府興化存獎禪師傳〉云:

> 師謂眾曰:「我聞長廊下也喝,後架裏也喝,諸子!汝莫盲喝、亂喝。直饒喝得興化向半天裏住卻撲下來氣欲絕,待我蘇息起來向汝道未在。何以故?我未曾向紫羅帳裏撒眞珠與汝諸人,虛空裏亂喝作什麼?」〔註63〕

師以前未穩在到南方接機亂喝,後來體會喝的道理。因喝乃接機時的施設,

〔註62〕《五燈會元》卷十一〈魏府興化存獎禪師傳〉,頁245~246。
〔註63〕《景德傳燈錄》卷第十二〈魏府興化存獎禪師傳〉,頁35。

平時向虛空裏亂喝個什麼道理？師曾與洞山門下雲居道膺（？～902年）互相酬問，師云：「雲居二十年祇道個何必，興化即不然，爭如道個不必。」〔註64〕由存獎與雲居的機語，又可見臨濟與曹洞的差別，一在全體大用，一就事理會取。

存獎曾在臨濟爲侍者時，後爲夾山善會的法嗣洛浦來參臨濟，師怪臨濟不夠慈悲不成全他，師靈牙利嘴，而遭臨濟棒打。所以師自領會臨濟玄旨後，勘驗學人則先機奪人，更具有嚴密性。據《五燈會元》〈魏府興化存獎禪師傳〉云：

> 師在臨濟爲侍者，洛浦來參，濟問：「甚麼來？」浦曰：「鑾城來。」濟曰：「有事相借問得麼？」浦曰：「新戒不會。」濟曰：「打破大唐國覓個不會底人也無，參堂去！」師隨後請問曰：「適來新到是成遞他不成遞他？」濟曰：「我誰管你成遞、不成遞！」師曰：「和尚祇解將死雀就地彈，不解將一轉語蓋覆卻。」濟曰：「你又作麼生？」師曰：「請和尚作新到。」濟遂曰：「新戒不會。」師曰：「卻是老僧罪過。」臨濟曰：「你語藏鋒。」師擬議，臨濟便打。至晚濟又曰：「我今日問新到，是將死雀就地彈、就窠子裏打，及至你出得語，又喝起了向青雲裏打。」師曰：「草賊大敗。」臨濟便打。師見同參來，纔上法堂，師便喝，僧亦喝，師又喝，僧亦喝，師近前拈棒，僧又喝，師曰：「你看這瞎漢，猶作主在。」僧擬議，師直打下法堂，侍者請問：「適來那僧有甚觸忤和尚？」師曰：「他適來也有權、也有實、也有照、也有用，及乎我將手向伊面前橫兩橫，到這裏卻去不得，似這般瞎漢不打更待何時？」僧禮拜。〔註65〕

存獎初時爲臨濟侍者，見識多而心慈悲，洛浦誠俊爽可教，但存獎則自以爲「自得」。兩人可謂落兩頭。興化後遊方亂棒，在三聖、大覺處，體得先師的「深密」。所以後勘驗學人審密，不絲毫放縱。後唐莊宗同光二年（924年），帝詔師入內庭問禪要，賜衣號，謙辭不受，宣馬一匹與師乘騎，馬驚師墜墮傷足，尋寂，謚廣濟禪師。〔註66〕興化存獎的法嗣見錄於《五燈會元》卷十一，有汝州南院慧顒與守廓侍者。

〔註64〕《五燈會元》卷第十一〈魏府興化存獎禪師傳〉，頁245～246。
〔註65〕前引書卷第十一〈魏府興化存獎禪師傳〉，頁246。
〔註66〕同前註。

一、守廓侍者

守廓侍者曾與德山互相酬問，且行腳到洞山法嗣襄州華嚴和尙會下，一日華嚴上堂曰：「大眾！今日若是臨濟、德山、高亭、大愚、鳥窠、船子兒孫，不用如何若何，便請單刀直入，華嚴與汝證據。」師出禮拜，起便喝，華嚴亦喝，師又喝，嚴亦喝，師禮拜起曰：「大眾看這老漢一場敗缺。」又喝一喝，拍手歸眾。華嚴下座歸方丈，時風穴延沼（896～973 年）作維那，上去問訊，華嚴曰：「維那！汝來也，回耐守廓適來把老僧扭捏，一上待集眾打一頓趨出。」風空曰：「趁他遲了也！自是和尙言過，他是臨濟下兒孫，本分恁麼。」華嚴方息怒，風穴下來舉似師，師曰：「你著甚來由勸這漢，我未問前早要棒喫，得我話行汝今不打，搭卻我這話也。」風穴曰：「雖然，如是已遍天下也。」〔註67〕由守廓侍者，可見臨濟宗人久經烊練，見識多而自信自領「宗眼」。風穴也有慧眼識人。

二、南院慧顒

汝州寶應院慧顒禪師的法嗣，有汝州風穴延沼與穎橋安禪師兩人，見錄於《五燈會元》卷十一。風穴延沼禪師爲餘杭人，依本州開元寺智恭披削，受具習天台止觀，年二十五謁青原下六世、雪峰義存法嗣鏡清道付，酬問間鏡清曰：「衲子俊哉！衲子俊哉！」到洞山法嗣華嚴和尙處，華嚴以牧牛歌請師和。師參南院慧顒禪師，入門不禮拜，南院曰：「入門須辨主。」師曰：「端的請師分。」南院於左膝拍一拍，師便喝，南院於右膝拍一拍，師又喝，南院曰：「左邊一拍且置，右邊一拍作麼生？」師曰：「瞎。」南院便拈棒，師曰：「莫盲枷瞎棒，奪打和尙莫言不道。」南院擲下棒曰：「今日被黃面浙子鈍置一場。」師曰：「和尙大似持鉢，不得詐道不饑。」南院曰：「闍黎曾到此間麼？」師曰：「是何言歟？」南院曰：「老僧好好相借問。」師曰：「也不得放過。」便下參眾，了卻上堂頭禮謝。南院曰：「闍黎曾見甚麼人來？」師曰：「在襄州華嚴與廓侍者同夏。」南院曰：「親見作家來。」南院問：「南方一棒作麼商量？」師曰：「作奇特商量。」師卻問：「和尙此間一棒作麼商量？」南院拈拄杖曰：「棒下無生忍，臨機不見師。」師於言下大徹玄旨，遂依止六年。〔註68〕南院有陷虎之機，引風穴出洞，賓主相拄，更相禮重。風穴問一

〔註67〕《五燈會元》卷十一〈守廓侍者傳〉，頁 250～251。
〔註68〕《五燈會元》卷十一〈汝州風穴延沼禪師傳〉，頁 252～253。

棒玄旨，南院所答的正是兩人交鋒時所稟持「深密」與情境，風穴本就有所省且自負，於南院句下大悟。南院可謂有識人之明，接機且善巧。

據《景德傳燈錄》卷十三〈汝州風穴延沼禪師傳〉載，師與南院對答對，「師方敘師資之禮，自後應潙仰之懸記，出世聚徒，南院道法由是大振諸方。」上堂曰：「夫參學眼目臨機直須大用現前，勿自拘於小節。設使言前薦得，猶是滯殼迷封。縱然句下精通，未免觸途狂見。觀汝諸人從前依他學解，迷昧兩蹉，而今與汝一齊掃卻，個個作大師子兒，叱訝地哮吼一聲，壁立千仞，誰敢正眼覷著，若覷著即瞎卻渠眼。」〔註69〕風穴所開示的，仍以當下悟入爲宗本，言下薦得仍是迷情，句下精通乃爲狂見。教法已似雲門之「直下無事」。

師後因本郡兵寇作孽，與眾避地于郢州，謁前請主李史君，留於衙內度夏，普設大會請師上堂，纔陞座乃曰：「祖師心印，狀似鐵牛之機，去即印住，住即印破，只如不去不住，印即是，不印即是。還有人道得麼？」盧陂長老出問，被師用拂子打，牧主見狀曰：「信知佛法與王法一般。」師曰：「見甚麼道理？」牧主曰：「當斷不斷反招其亂。」師便下座，至九月汝州大師宋侯捨宅爲寺，復來郢州請師歸新寺住持，周廣順元年（951 年）賜額廣慧，師住二十二年，常餘百眾。有僧問：「師唱誰家曲？宗風嗣阿誰？」師曰：「超然迥出威音外，翹足徒勞讚底沙。」僧問：「如何是清涼山中主？」師曰：「一句不遑無著問。」又問：「如何是和尚家風？」師曰：「鶴有九皋難翥翼，馬無千里謾追風。」〔註70〕師以宋開寶六年（973 年）八月十五日，七十八歲時歸寂，臘五十九。〔註71〕門下得首山省念，後世其法孫，大展宗風。

第四節　臨濟的門庭

禪門五宗之中，以臨濟宗人最爲獨特。其源出自馬祖、百丈、黃蘗，百丈得大機，黃蘗得大用。據《袁州仰山慧寂禪師語錄》上說：

> 潙山云：「馬祖出八十四人善知識，幾人得大機？幾人得大用？」師
> 云：「百丈得大機，黃蘗得大用，餘者盡是唱導之師。」潙山曰：「如

〔註69〕《景德傳燈錄》卷第十三〈汝州風穴延沼禪師傳〉，頁 53～54。
〔註70〕《五燈會元》卷第十一〈汝州風穴延沼禪師傳〉，頁 253。
〔註71〕《佛祖歷代通載》卷第二十六〈汝州風穴禪師傳〉，《佛教大藏經》第七十五冊，頁 1197～1198。

　　　是，如是。」〔註72〕

後義玄自契黃檗，得全體作用。「乃闡化河北，提綱峻速，示教幽深，其於樞
密，難陳示誨，略申少分。」〔註73〕其藉著喝佛罵祖、棒喝交馳，來截斷禪
僧的執著外求，使學人反照「歷歷孤明」的聽者。然此宗上堂開示的思想，
根源於般若性空與如來藏佛性。本宗宗眼明確，歸靜禪師直說：「少室峰前無
異路。」門庭施設，「僅在覓個不受人惑底人」。臨濟義玄且云：「打破大唐國
覓個不會底人也無。」來使學人生疑情而參問，但接引學人，則多行棒、喝，
「要人開口不得，而無措足處。」僅因「法離文字，不屬因不在緣故。」賓
主相拄在體取「深密」，絲毫不可放縱，不然會像丹霞所云：「錯判諸方甚多。」
所以南院云：「棒下無生忍，臨機不見師。」西院思明亦云：「千鈞之弩，不
爲鼷鼠而發機。」此宗在臨濟時，見學人來路方才接引，且有三玄三要之施
設，法要不可不謂嚴密。據湛愚《心燈錄》卷四云：「蓋已指出這聽法的無依
道人，必要他圓滿，能作人天佛祖之師。纔是這聽法的人本分到家時，不可
落在自救不了的位份上。」〔註74〕這是臨濟在教學法上的進展，但後學沒能
繼之敷揚。蓋此宗棒、喝實不虛發，非上上根者難窺其堂奧，使宗風如孤泉
浮湧，苟非南院慧顒下出風穴延沼，風穴延沼下出首山省念，則法緣在宋初
即斷絕。

〔註72〕《禪宗語錄輯要》，頁 93。
〔註73〕《祖堂集》卷第十九〈臨濟和尚傳〉，頁 362。
〔註74〕湛愚《心燈錄》卷第四，頁 253。

附表五：臨濟宗師資傳承

（本表依據《景德傳燈錄》、《五燈無元》諸書，並參考釋明復《中國佛學人名辭典》所附圖表而作）

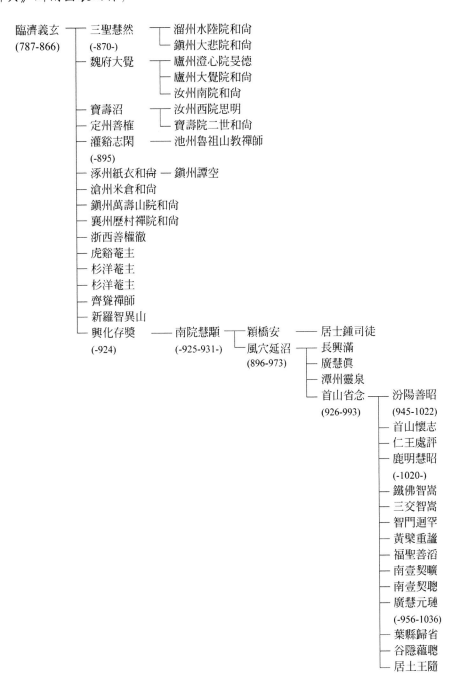

第六章　曹洞宗的師資

　　稍後於溈仰宗而在湘贛興起的禪宗，是惟儼禪系。藥山惟儼門下的禪師，主要有三家，即秀州華亭德誠、潭州道吾圓智、潭州雲巖曇晟。會昌法難後，禪宗成為洪州與石頭兩大系的天下，洪州系以江西為中心，在會昌法難前衍化出溈仰宗，後法緣被同是洪州系的臨濟宗與石頭系下的法眼宗所奪。臨濟義玄在鎮州（今河北正定縣），興化存獎與南院慧顒在魏府（今河北大名縣）弘化，而南方則幾屬石頭系下。青原與石頭的迴互答話，「在不觸犯不可說的而托顯不可說的」，成為後來曹洞之兆端。〔註1〕石頭下出藥山惟儼（751～834），藥山門下有雲巖曇晟（？～841），雲巖曾在百丈下二十年為侍者，後緣契藥山。師徒兩人也常迴互答話，後洞山來親近雲巖，雲巖與洞山間的問答也如是如此。據《景德傳燈錄》卷十四〈潭州雲巖曇晟禪師傳〉云：

　　　　藥山問：「聞汝解弄師子是否？」師曰：「是。」（藥山）曰：「弄出幾出？」師曰：「弄得六出。」（藥山）曰：「我亦弄得。」師曰：「和尚弄得幾出？」（藥山）曰：「我弄得出一。」師曰：「一即六，六即一。」……師後居潭州攸縣雲巖山，一日謂眾曰：「有個人家兒子，問著無有道不得底。」洞山問：「他屋裏有多少典籍？」師曰：「一字也無。」（洞山）曰：「爭得恁麼多知？」師曰：「日夜不曾眠。」（洞山）曰：「問一段事還得否？」師曰：「道得卻不道。」〔註2〕

曇晟以善解慧忠國師的「無情說法」著稱於當時，又以「一即六，六即一」解弄獅子為重要機語，都涉及到個別與一般的關係問題，屬於華嚴宗討論的

〔註1〕太虛《中國佛學》，《太虛大師全書》頁590。
〔註2〕《景德傳燈錄》卷十四〈潭州雲巖曇晟禪師傳〉，頁84。

理事范圍。〔註3〕惟儼與曇晟師徒間親切而審密的一問一答反覆探驗，而又不失宗本（無住）。「此為靈巖上承藥山，下傳洞山」的迴互機用。〔註4〕雲巖傳洞山《寶鏡三昧》，後付授給曹山，乃有曹洞嫡嫡相傳的門風出世。

曹洞宗的起源，係依此宗開創者良价（807～869）及其弟子本寂（840～901）先後在江西高安縣之洞山、吉水縣之曹水發揚一家的宗風而說。洞山良价的宗風，到曹山本寂而大振，而曹山的法系四傳以後就斷絕了，只有洞山法嗣雲居道膺法脈得以綿延。此宗在晚唐宋初，五傳後法運為雲門及臨濟所奪，契嵩在所著《傳法正宗記》卷第八〈正宗分家略傳下〉評曰：「曹洞者僅存，綿綿猶大旱之引孤泉。」〔註5〕迄宋代中葉出芙蓉道楷（1043～1118），而漸次昌盛。

第一節　洞山良价及其交遊

洞山良价（807～869）禪師，俗姓俞氏，會稽人，幼年隨師誦般若心經，至「無眼耳鼻如身意」，忽以手捫面問師：「某甲有眼耳鼻舌身意，何以經說無有？」其師駭異曰：「吾非汝師。」即去禮南嶽下二世、馬祖法嗣五洩山之靈默禪師（726～799）而披剃，二十一歲詣嵩山受具足戒。遊方時，首謁馬祖法嗣南泉普願（748～834）。正值馬祖諱辰，寺中修齋，南泉垂問眾僧曰：「來日為馬祖設齋，未審馬祖還來否？」眾皆無對，師乃出云：「待有伴即來。」南泉聞已讚曰：「此子雖後生，甚堪雕琢。」師云：「和尚莫壓良為賤。」因此名播天下，呼為作家。〔註6〕良价參南泉時，對「從上宗風」已有所知，其「待有伴即來」意指有知音即得。禪家是揀擇學人根器的，因良价出語超凡，南泉讚其為堪造之才，但良价「自負」，緣法不契。

次參溈山，雖有「無情說法」問答，但不相契，聞知溈山法要在「絕滲漏」。遂依溈山指示，造訪青原下三世、藥山法嗣潭州雲巖寺之雲巖曇晟，請示：「無情說法什麼人得聞？」雲巖曰：「無情說法，無情得聞。」師問曰：「和尚聞否？」雲巖曰：「我若聞，汝即不得聞吾說法也。」師曰：「某甲為什麼不聞」雲巖豎起拂子曰：「還聞麼？」師曰：「不聞。」雲巖曰：「我說法汝尚不聞，何況無情說法乎。」師曰：「無情說法該何典教？」雲巖曰：「豈不見

〔註3〕 杜繼文、魏道儒著《中國禪宗通史》，頁334。
〔註4〕 太虛《中國佛學》，《太虛大師全書》頁608。
〔註5〕 《大正藏》第五十一卷，頁763。
〔註6〕 《祖堂集》卷第六〈洞山和尚傳〉，頁117～118。

《彌陀經》云：『水鳥樹林悉皆念佛念法。』」師於是有省，但餘情尚在。師乃述偈呈雲巖曰：「也大奇也大奇，無情說法不思議，若將耳聽終難會，眼處聞聲方可知」。後辭，雲巖曰：「什麼處去？」師曰：「雖離和尚，未卜所止。」臨行時，又問：「百年後忽有人問：『還邈得師眞否？』如何祇對？」雲巖良久曰：「只這是。」師沉吟，不體從上「深密」與雲巖之後語。雲巖曰：「价闍黎，承當這個事，大須審細。」師猶涉疑，後因過水睹影，大悟前旨，因有一偈曰：「切忌從他覓，迢迢與我疏；我今獨自往，處處得逢渠。渠今正是我，我今不是渠；應須恁麼會，方得契如如。」遂嗣雲巖之法。唐大中末年（860 年），於新豐山接引學徒，其後住豫章高安之洞山。〔註7〕因雲巖善教徒，多次以不言遣洞山之問，又出後語使洞山得以悟入。但洞山有疑情在，待其過水見影，乃悟得「自性」徹底，而行解始得相應。對於洞山得悟的公案，杜繼文、魏道儒在《中國禪宗通史》〈曇晟的失去人身最苦說〉文中云：

> 這裏的「我」，相當「人身」（一般性理），「影」譬如「這個相貌」（事相）。曇晟側重說明，「這個相貌」背離了人身，因而個別事相與一般性理是對立的；良价大省的結果是，「影」（渠）正是「我」的造作，只要認識到這種造作不過是我的幻影，那麼「我」就會從幻影中醒悟，還歸爲「我」，可以恢復「人身」。于是個別與一般得到了統一。從世間說，「這個相貌」是一般理性的假象，而假象也是反映本質的；從出世間說，認識到「這個相貌」只是一種假象，就是把握了本質，實現了與一般理性的契合。〔註8〕

曇晟揉和了洪州系以勢（良久）表義（無事）與石頭系用語（只這是）示理（眞身、這個事）來化導良价。且告其承當這個事要審細，因過水睹影，當下得悟。其於雲巖處得印〈寶鏡三昧〉後，據《五燈會元》載，「權開五位，善開三根，大闡一音，廣弘萬品，橫抽寶劍，剪諸見之稠林，妙葉弘通，截萬端之穿鑿。又得曹山深明的旨，妙唱嘉猷，道合君臣，偏正回互。由是洞山玄風播於天下，故諸方宗匠咸共推尊之曰曹洞宗師。」〔註9〕

　　禪門中人在接機時，常以「無一法與人」、不說破、當機悟入「自性」爲可貴；對師弟間之傳法，則以「見與師齊減師半德」、「見過於師方堪傳授」爲精

〔註7〕 《景德傳燈錄》卷十五〈筠州洞山良价傳〉，頁 101。
〔註8〕 杜繼文、魏道儒著《中國禪宗通史》，頁 335。
〔註9〕 《五燈會元》卷十三〈瑞州洞山良价悟本傳〉，頁 293。

神。洞山與門下間的問答，也有相似的話語。據《祖堂集》〈洞山和尚傳〉云：

> 問：「師見南泉，爲什麼爲雲巖設齋？」師曰：「我不重他雲巖道德，
> 亦不爲佛法，只重他不爲我說破。」……問：「如何是西來意？」師
> 云：「太似解雞犀。」有人問：「時時勤拂拭大殺好，因什麼不得衣
> 缽？」師答曰：「直道本來無一物也，未得衣缽在。」進曰：「什麼
> 人合得衣缽？」師曰：「不入門者得。」進曰：「此人還受也無？」
> 師曰：「雖然不受，不得不與他。」……因雲巖齋，有人問：「和尚
> 於先師處得何指示？」師曰：「我雖在彼中，不蒙他指示。」僧曰：
> 「既不蒙指示，又用設齋作什麼？」師曰：「雖不蒙他指示，亦不敢
> 辜負他。」又設齋次，問：「和尚設先師齋，還肯先師也無？」師曰：
> 「半肯半不肯。」僧曰：「爲什麼不全肯。」師曰：「若全肯則孤負
> 先師。」〔註10〕

洞山說「不重先師道德佛法」，「只重不爲我說破」。表明禪門所重在，對眞性
的覺悟」，但靠雲巖勸於化導，洞山才得以開悟。所以要設齋感恩，並表示學
有師承宗旨。但因個人風範有別，在行持上各有見解與方便道法，別人怎體
會得出來，所以說半「肯半不肯」。洞下從此傳出「肯重不得全」的語句。

洞山之接待學人，不似德山杖打、臨濟之棒喝，亦不像潙山、仰山之好
作勢、說理，師常因方便而直指自性，使學人當下體取。據《景德傳燈錄》〈筠
州洞山良价禪師傳〉云：

> 師問德山侍者僧：「作甚麼來？」僧曰：「孝順和尚來。」師曰：「世
> 間甚麼物最孝順？」侍者無對。師有時云：「體得佛向上事，方有些
> 子語話分。」僧便問：「如何是語話？」師曰：「語話時闍黎不聞。」
> （僧）曰：「和尚還聞否？」師曰：「待我不語話時即聞。」僧問：「如
> 何是正問正答？」師曰：「不從口裏道。」（僧）曰：「若有人問，師
> 還答否？」師曰：「也未問。」問：「如何是從門入者非寶？」師曰：
> 「便休，便休。」師問講維摩經僧：「不可以智知，不可以識識，喚
> 作什麼語？」對曰：「讚法身語。」師曰：「法身是讚，何用更讚。」……
> 僧問：「師尋常教學人行鳥道，未審如何是鳥道？」師曰：「不逢一
> 人。」曰：「如何行？」師曰：「直須足下無絲去。」曰：「只如行鳥
> 道，莫便是本來面目否？」師曰：「闍黎因甚顛倒？」曰：「甚麼處

〔註10〕《祖堂集》卷第六〈洞山和尚傳〉，頁118～119。

是學人顛倒？」師曰：「若不顛倒，因甚麼卻認奴作郎？」曰：「如

何是本來面目？」師曰：「不行鳥道。」〔註11〕

洞山認為沒能真體得「從上宗旨」，不要胡言亂語。要體得「深密自性」則要
靠自己努力，所以師以「鳥道」方便設教，要人無惑去，但要識「本來面目」
則不行方便才可得。由上述對話，可見洞山宗風：「綿密回互，妙用親切，接
引學人就向是在田土上精耕細作的農夫。」〔註12〕洞山揚舉家風而自識甚高，
認為「諸方有驚人之句」而其處有「刮骨之言」。〔註13〕其接機的特色，由「直
指自性」而顯現其不失「無住」與「即事即真」的精神，對來參學僧實甚苦
口婆心。據《祖堂集》云：

師問僧：「名什麼？」對曰：「專甲。」師曰：「阿那個是闍梨主人公？」
對曰：「現祇對和尚即是。」師曰：「苦哉！苦哉！今時學者例皆如
此，只認得驢前馬後，將自己眼目佛法平沉。即此，便是客中主，
尚不弁得，作麼弁得主中主。」僧問：「如何是主中主？」師曰：「闍
梨自道取。」僧云：「某甲若道得，則是客中主。」師曰：「與麼道
則易相續，則大難！大難！」……師有時云：「直須向萬里無寸草處
立？」有人舉似石霜，石霜云：「出門便是草。」師聞舉云：「大唐
國內能有幾人。」……問師：「見什麼道理更住此山？」師曰：「見
兩個泥牛鬥入海，直至如今無消息。」〔註14〕

文中的主，指理、体；客即指事、用。主中客，表示「體」被「事相」所障所
蔽；主中主，表示理體的自在自得。師雖立「賓主句」以判諸方來學者，但很
欣賞石霜那種「直下無事」、「出門就是草」（有心機意識則妄）的見地。師以「直
須向萬里無寸草處立」、「見兩個泥牛鬥入海直到如今無消息」，來標舉從上「無
住」的宗風。湛愚在《心燈錄》卷二則評曰：「如兩個泥牛鬥入海直至而今無消
息者，乃失之于深者也。總不是悟此我，而行於度己度人之中道。」〔註15〕其
實，洞下中人入理深談後仍須踐行，即所謂「頓悟」於「理」、「漸修」於「事」。
　　洞山雖發跡於南泉，但甚感恩雲巖之道，所以為雲巖設齋，並曾示眾曰：

〔註11〕《景德傳燈錄》卷十五〈筠州洞山良价禪師傳〉，頁103～104。
〔註12〕程東、薛冬編《曹洞宗門禪》（躍昇文化事業有限公司，民國82年5月），頁
　　　　11。
〔註13〕《祖堂集》卷第六〈洞山和尚傳〉，頁124。
〔註14〕《祖堂集》卷第六〈洞山和尚傳〉，頁120～122。
〔註15〕《心燈錄》卷二，頁81。

「還有不報四恩三有者無？若不體此意，何超始終之患。直須心心不觸物，步步無處所，常不間斷，稍得相應。」〔註16〕可見洞山示學人之所重，在體取並保任「無所住而生的心」。其強調要加以保任，此即所謂非功勳者。並認為飯一僧是功勳，飯百千諸佛非人事，只是功勳邊事，所以飯百千佛不如飯一無修證者。據《祖堂集》〈洞山和尚傳〉云：

> 問：「飯百千諸佛，不如飯一無修證之者。未審百千諸佛有何過？」
> 師曰：「無過，只是功勳邊事。」僧曰：「非功勳者如何？」師曰：「不
> 知有，保任即是。」師問僧：「有一人在千萬人中，不向一人，不肯
> 一人，此喚作什麼人？」僧曰：「此人常在目前，不隨於境。」師曰：
> 「闍梨此語是父邊道、子邊道？」對曰：「據某甲所見向父邊道。」
> 師不肯，師卻問典座：「此是什麼人？」對曰：「此人無面背。」師
> 不肯，又別對曰：「此人無面目。」師曰：「不向一人，不背一人，
> 便是無面目，何必更與摩道。」師代曰：「絕氣息者。」問：「一切
> 處不乖時如何？」師曰：「此猶是功勳邊事，有無功之功子何不問？」
> 僧曰：「無功之功，莫是那邊人也無？」師曰：「已後有眼人笑闍梨
> 與摩道。」〔註17〕

洞山指示學人體認何為「本來面目」，何為「功勳邊事」，而非強調「無心識的人」。其所重在「無功之功」的「人事」上，非山河大地上植物的「情境」，這與神會所謂：「佛性遍一切有情，不遍一切無情」雷同。據《祖堂集》〈洞山和尚傳〉云：

> 問：「古人有言：『青青翠竹盡是真如，鬱鬱黃花無非般若。』此意
> 如何？」師曰：「不遍色。」僧曰：「為什麼不遍色？」師曰：「不是
> 真如，亦無般若。」僧曰：「還彰也無？」師曰：「不露事。」僧曰：
> 「為什麼不露世？」師曰：「非世。」……問：「如何是無心識底人？」
> 師曰：「非無心意識人。」僧曰：「還參請得也無？」師曰：「不曾聞
> 人傳語，不曾受人囑託。」僧曰：「還親近得也無？」師曰：「非但
> 闍梨一人，老僧亦不得。」僧曰：「和尚為什麼不得？」師曰：「不
> 是無心識人。」〔註18〕

〔註16〕《景德傳燈錄》卷十五〈筠州洞山良价禪師傳〉，頁102。
〔註17〕《祖堂集》卷第六〈洞山和尚傳〉，頁122及127。
〔註18〕前引書卷第六〈洞山和尚傳〉，頁125～126。

洞山所重在體取「自足而不染的本性」，而非落在虛境中的「無心識人」。洞山除了直指之外，爲了廣接三根，從理、事各別交涉的關係上建立種種五位，來接引並勘驗學者。其作五位君臣頌。一曰正中偏：三更初夜月明前，莫怪相逢不相識，隱隱猶懷舊日嫌。二曰偏中正：失曉老婆逢古鏡，分明覩面別無眞，休更迷頭還認影。三曰正中來：無中有路隔塵埃，但能不觸當今諱，也勝前朝斷舌才。四曰兼中至：兩刃交鋒不須避，好手猶如火裏蓮，宛如自有沖天志。五曰兼中到：不落有無誰敢和，人人盡欲出常流，折合還歸炭裏坐。〔註19〕洞山的「正偏五位」，顯示「理、事的回互」，黃懺華在〈曹洞宗〉一文中說：

> 依本寂的解釋，正是體、是空、是理；偏是用、是色、是事。正中偏是背理就事，從體起用；偏中正是捨事入理，攝用歸體；兼是正偏兼帶，理事混融，內外和合，非染非淨，非正非偏。〔註20〕

這五位君臣是從《易經》中的離卦演變而來。雲巖的《寶鏡三昧》說：「重離六爻，偏正回互，疊而爲三，變盡爲五。」〔註21〕其又立向、奉、功、共功、功功等功勛五位，用以勘驗修證的深淺。據《五燈會元》云：

> （師）上堂：「向時作麼生？奉時作麼生？功時作麼生？共功時作麼生？功功時作麼生？」僧問：「如何是向？」師曰：「喫飯時作麼生？」僧曰：「如何是奉？」師曰：「背時作麼生？」僧曰：「如何是功？」師曰：「放下钁頭時作麼生？」僧曰：「如何是共功？」師曰：「不得色。」僧曰：「如何是功功？」師曰：「不共。」〔註22〕

洞山上堂開示引學人問話，學人發問則師隨問隨指，期使學人當下悟入「自性」，但學人不省，總在話頭上作活計，一問一答沒了時。當曹山本寂辭行時，洞山傳以在雲巖處親印的「寶鏡三昧」，乃曰：「末法時代，人多乾慧，若要辨驗眞僞，有三種滲漏。一曰見滲漏：機不離位，墮在毒海；二曰情滲漏：滯在向背，見處偏枯；三曰語滲漏：究妙失宗，機昧始終。濁智流轉於此三種子，宜知之。」師又說綱要偈三首，一敲唱俱行偈曰：「金針雙鎖備，葉路隱全該；寶印當風妙，重重錦縫開。」二金鎖玄路偈曰：「交互明中暗，功齊轉覺難；力窮忘進退，金鎖網鞔鞔。」三不墮凡聖偈曰：「事理俱不涉，

〔註19〕《五燈會元》卷十三〈瑞州洞山良价悟本禪師傳〉，頁294～295。
〔註20〕《中國佛教總論》，頁350。
〔註21〕《五燈會元》卷十三〈瑞州洞山良价悟本禪師傳〉，頁295。
〔註22〕前引書卷十三〈瑞州洞山悟本禪師傳〉，頁295。

回照絕幽微；背風無巧拙，電火爍難追。」〔註23〕總之，曹洞的「五位君臣」等，是爲接引不同根器者而使用的方便，也可作爲勘驗學人的證體歷程。

一、洞山與南嶽系

（一）龍山和尚

師曾參學南嶽與青原系下大德，并因勢利導接引學人。其參訪過南嶽下二世南泉普願（748～834）、京兆興平和尚與潭州龍山和尚，引用五台山峰隱禪師及南嶽西園蘭若曇藏禪師的機語。〔註24〕甚得南泉與興平的讚許，師與龍山和尚則有一段巧妙的因緣與精采的機語。師與僧密師兄行腳，到龍山見溪流荣葉，師曰：「深山無人，因何有荣隨流，莫有道人居否？」乃共議撥草，溪行五七里間，忽見師贏形異貌，放下行李問訊。龍山曰：「此山無路，闍黎從何處來？」師曰：「無路且置，和尚從何而入？」龍山曰：「我不從雲水來。」師曰：「和尚住此山多少時邪？」龍山曰：「春秋不涉。」師曰：「和尚先住、此山先住？」龍山曰：「不知。」師曰：「爲甚麼不知？」龍山曰：「我不從人天來。」師曰：「和尚爲何道理便住此山？」龍山曰：「我見兩個泥牛鬥入海，直到于今絕消息。」師始具威儀禮拜，便問：「如何是主中賓？」龍山曰：「青山覆白雲。」師曰：「如何是賓中主？」龍山曰：「長年不出戶。」師曰：「賓主相去幾何？」龍山曰：「長江水上波。」師曰：「賓主相見有何言說？」龍山曰：「清風拂白月。」師辭退，龍山乃述偈曰：「三間茅屋從來住，一道神光萬境閑；莫把是非來辨我，浮生穿鑿不相關。」因茲燒庵入深山不見，後人號爲隱山和尚。〔註25〕

龍山直向兩師說其分別心已融入性海中，洞山禮敬後，以賓主句問話，龍山循循示之，但龍山認爲用話頭來勘驗乃穿鑿附會。顯見洪州禪系所重在「無心」，而石頭禪系則特重「理入」。所以後來洞山常引用龍山的「賓主句」以及「兩個泥牛鬥入海直到于今絕消息」爲化門。由又可見湖南、江西兩禪系在化門上互相融攝，但門庭仍有差別。不致於像杜繼文、魏道儒在《中國禪宗通史》中所云：

> 兩者在禪行上，都提唱自由放曠、不居戒律，但理論根據有別，啓

〔註23〕同前註。
〔註24〕諸人皆馬祖道一法嗣，參見《景德傳燈錄》卷八。
〔註25〕《五燈會元》卷第三〈潭州龍山和尚傳〉，頁75。

悟方式也有差異。希遷重理悟，行言教；道一重無事，以事導，就
很顯著。這兩家的區別，被他們的後輩弄得越來越模糊，個性全然
不見，以致將原本就不嚴格的傳承，也弄得顛顛倒倒。〔註26〕

　　杜、魏兩氏所云的顛顛倒倒，或指五家宗派之外的諸家。五家宗派重視
與政治和血緣無關的師友，因這些社會關聯，而使其行化面擴大，且貫穿在
禪行中，使化門更加圓融。

（二）署山慧超

　　師亦參南嶽下三世潙山靈祐與吉州薯山慧超禪師。慧超禪師對師曰：「汝
已住一方，又來這裏作麼？」師曰：「良价無奈，疑何，特來見和尚。」慧超
召師，師應諾，慧超曰：「是什麼？」師無語。慧超曰：「好個佛，只是無光
焰。」〔註27〕良价有疑情所以遊方參問，在慧超勘問下，有所省悟。慧超許
其有覺性，但未能發明心地，所以說：「好個佛，只是無光。」

（三）壽山師解、雪竇常通、烏石靈觀

　　南嶽下四世福州壽山師解禪師（長慶大安法嗣），行腳時造洞山法席，洞山
云：「汝父名什麼？」師解曰：「今日蒙和尚致此一問，直得忘前失後。」〔註28〕
洞山直問師解，而師解用「中道」義來表明心地。明州雪竇山常通禪師（長沙
景岑法嗣，834～905）曾住洞山、石霜參學，知法無異味。〔註29〕師曾因曹山
問南嶽下四世福州烏石山靈觀禪師（黃檗希運法嗣）。曹山到烏石山時，問靈觀：
「如何是毗盧師法身主？」靈觀云：「我若向你道，即別有也。」曹山舉似洞山，
師曰：「好個話頭，只欠進語。何不更去問為什麼不道。」曹山乃卻來，進前語，
靈觀云：「若言我不道，即啞卻我口；若言我道，即謇卻我舌。」曹山歸舉似洞
山，師深肯之。〔註30〕靈觀以語表義，但主張「無作法身」，實非言語所能宣說，
僅能以不落兩邊來比喻。靈觀也是融會了江西、湖南兩禪系的特色。

（四）京兆米和尚

　　京兆米和尚（潙山法嗣）令僧到洞山，問師曰：「那個究竟作麼生？」

〔註26〕杜繼文、魏道儒在《中國禪宗通史》，頁287。
〔註27〕《景德傳燈錄》卷九〈吉州薯山慧超禪師傳〉，頁159。
〔註28〕《景德傳燈錄》卷十一〈福州壽山師解禪師傳〉，頁13。
〔註29〕前引書卷十一〈明州雪竇山常通禪師傳〉，頁18。
〔註30〕前引書卷十二〈福州烏石山靈觀禪師傳〉，頁29～30。另見《五燈會元》卷第
　　　　四〈福州烏石山靈觀禪師傳〉，頁94。

師曰：「卻須問他始得。」僧回舉，米和尚肯之。〔註31〕洞山之意是，問本來人是什麼，只有其人自知。南嶽下五世三聖慧然（臨濟義玄法嗣）曾在仰山慧寂會裏，舉有僧問南嶽下三世鄂州茱萸山和尚（南泉普願法嗣）：「如何是沙門行？」茱萸云：「行即不無，人覺即乖。」僧便休。僧後到洞山，師問：「近離什麼處？」僧云：「茱萸。」師云：「茱萸近日有何言句？」僧舉前話，師聞之云：「少進語在。」僧云：「如何進語？」師云：「何不進問：『未審是什麼行？』」僧卻往彼進語，茱萸云：「佛行，佛行。」僧歸舉似師，師云：「我從來疑者漢，汝問我，我與你道。」僧便問：「如何是沙門行？」師云：「頭長三尺，頂長二寸。」師令侍者持此語問三聖慧然，三聖於侍者手上捏一捏，侍者迴舉似師，師肯之。三聖離仰山到洞山，上一頌曰：「何代隱荒丘，茅堂獨寢幽；隨緣三事衲，頓覺萬緣休。萬古因持戒，身貧爲少求；吾師登鳥道，物外絕追遊。」師卻答一頌曰：「詩詠人間事，空門何不刪；探珠宜靜浪，動水取應難。名利心須剪，非朋不用攀；捨邪歸正道，何慮不閑閑。」三聖乃將笠子揮三轉便出。〔註32〕茱萸、洞山、三聖的對機，看似有別，以無關的言語或動作回答對方，實乃在截斷人的意識，而起疑情反思，使學人真實得個入頭處。另方面也可看出「無住」（行即不無，人覺即乖）的理趣，洪州系下的茱萸如其師南泉不主張沙門行、佛行即是道，而臨濟會下的三聖慧然以作用（將笠子揮三轉便出）顯眞性，而洞下則重「理入」，所以好以進語勘驗人之見地。

二、洞山與青原系

　　師爲青原系下四世，與青原下三、四、五世關係密切，尤其是與藥山惟儼（751～834）的法嗣潭州雲巖曇晟（？～829）、潭州道吾宗智、宣州椑樹慧省與鄂州百巖明哲。師嗣雲巖，雲巖與道吾爲兄弟，兩人同參藥山與南泉，南泉甚贊許道吾，雲巖疑惑，南泉曰：「不見道：『智不到處，切忌道著，道著則頭角生，直須向異類中行。』」雲巖不會，道吾知雲巖因緣不在此，同回藥山，雲巖向藥山舉前話，藥山不爲其說破而笑之。雲巖臨遷化，遣書辭道吾，道吾覽書了，謂洞山與僧密曰：「雲巖不知有我，悔當時不向伊道，雖然

〔註31〕《五燈會元》卷第九〈京兆府米和尚傳〉，頁 206。
〔註32〕《天聖廣燈錄》卷第十二〈鎮州三聖慧然禪師傳〉，柳田聖山主編《禪學叢書》
　　　　之五，頁 449。

如是，要且不違藥山之子。」〔註33〕雲巖參南泉緣法不契，而洞山遊方首謁南泉時，卻深得贊許。南泉由主張：「心不是佛，智不是道。」「眞理一如，潛行密用。」「眞理自通，妙用自足。」「於諸行處，無所而行。」〔註34〕所以強調直須向異類中行，以表示如《維摩經》〈佛道品〉所云「菩薩行于非道是爲通達佛道」。雲巖緣契藥山之回互問答，而不能會取洪州系「隨緣運用」的禪理。

（一）潭州大川與丹霞天然

青原下二世潭州大川（石頭希遷法嗣）見江陵僧到，禮拜了在一邊站，大川曰：「幾時發江陵？」僧提起坐具，大川曰：「謝子遠來，下去！」僧遶禪床一匝便出，大川曰：「若不恁麼，爭知眼目端的。」僧抃掌曰：「若殺人，泊合錯判諸方。」大川曰：「甚得禪宗道理。」僧後舉似丹霞天然（石頭希遷法嗣），丹霞：「於大川法道即得，我這裏不然。」僧曰：「未審此間作麼生？」丹霞曰：「猶較大川三步在。」僧禮拜，丹霞曰：「錯判諸方底甚多！甚多！」師聞之曰：「不是丹霞，難分玉石。」〔註35〕由上述話語，可見行持乃各家事，非大澈大悟且見聞廣博、施設善巧者怎能判得到。話頭僅爲方便接機，學人總好分別其之高下，所以洞山對丹霞之言深有所感，而讚許之。

（二）石室善道

師對青原下三世石室善道（長髭曠禪師法嗣），也深爲贊賞。杏山鑒洪到潭州石室參善道，有難消、易消語句，杏山失對；後杏山遷化，哀書送達洞山，師對主事者曰：「任麼你和尚遍天下盡是舍利去，摠不如當時識取石室行者兩句語。」〔註36〕師之法嗣龍牙居遁，曾舉參學青原下三世翠微無學（丹霞天然法嗣）時的話語來問師。龍牙到終南山參翠微和尚，問曰：「學人自到和尚法席一個月餘，每日和尚上堂，不蒙一法示誨，意在於何？」翠微曰：「嫌什麼？」龍牙後舉前話問洞山，師曰：「爭怪得老僧？」〔註37〕禪門中人雖歷

〔註33〕《五燈會元》卷第五〈潭州道吾山宗智禪師傳〉，頁107～108。

〔註34〕參見杜繼文、魏道儒《中國禪宗通史》〈農禪的普及和普願的禪學道〉，頁262～268。

〔註35〕《景德傳燈錄》卷十四〈潭州大川和尚傳〉，頁79。另見《五燈會元》卷第五〈潭州大川禪師傳〉，頁105。

〔註36〕《祖堂集》卷第五〈石室和尚傳〉，頁107～108。

〔註37〕《景德傳燈錄》卷十七〈湖南龍牙山居遁禪師傳〉，頁138。另見《五燈會元》卷第十三〈潭州龍牙山居遁證空禪師傳〉，頁303。前書載有僧舉前語問洞山，

經千山萬壑去參訪善知識，體得一些話語，並勘驗自己的修持，其貴在自悟，
不在大德爲之開示或者說破，所以南泉對宗智、藥山對雲巖、雲巖對洞山、
石室對杏山、翠微對龍牙、洞山對龍牙間的機語，都顯現這類特質。學人總
想由聽聞微旨來體取，不知不說法時如何，不聽法時又如何，所以諸禪師答
龍牙嫌什麼？

（三）樗樹慧省與百顏明哲

師參樗樹慧省禪師，慧省問曰：「來作什麼？」洞山曰：「來親近和尚。」
師曰：「若是親近，用動兩片皮作麼？」師無對。〔註38〕師與僧密到鄂州參百
顏明哲禪師，明哲問曰：「闍黎近離什麼處？」師曰：「近離湖南。」明哲曰：
「觀察使姓什麼？」師曰：「不得姓。」明哲曰：「名什麼？」師曰：「不得名。」
明哲曰：「還治事也無？」師曰：「自有郎幕在。」明哲曰：「豈不出入？」師
便拂袖去。明哲明日入僧堂曰：「昨日對二闍黎一轉語不稳，今請二闍黎道，
若道得老僧便開粥飯相伴過夏，速道！速道！」師曰：「太尊貴生。」明哲乃
開粥飯共過一夏。〔註39〕由洞山參藥山會下樗樹與百顏禪師的情景，顯示出
禪師門交鋒時的森嚴，當中樗樹的道法嚴峻而直指，百顏則善誘中不失嚴峻，
然皆心存婆心。由此見洞山自負，心識落在情境上，所以與兩師不契。由上
述事跡顯見，青原系禪人好玄理，且常以語表義，啓悟學人著重在「理入」。

（四）德山宣鑒

青原下四世的禪師與師同輩，當時知名者如朗州德山宣鑒、洪州泐潭寶
峰（兩人皆龍潭崇信法嗣）、涿州杏山鑒洪、潭州神山僧密、幽溪和尚（三人
皆雲巖曇晟法嗣）、潭州石霜山慶諸（道吾智圓法嗣）與澧州夾山善會（船子
德誠法嗣）等人，與師多有往來或互通訊息。

師與德山雖各舉宗風，但「法無殊味」，就接機而言，德山尋常遇僧到參
多以拄杖打，師則較德山婆心。師之法嗣龍牙居遁（835～923）謁翠微後，
又謁德山，問曰：「遠聞德山一句佛法，及乎到來未曾見和尚說一句佛法。」
德山曰：「嫌什麼？」龍牙不肯，後造洞山，如前問之，師曰：「爭怪得老僧。」

　　　　　後書則載此僧是龍牙。
〔註38〕《景德傳燈錄》卷十四〈宣州樗樹慧省禪師傳〉，頁86。另見《五燈會元》卷
　　　　第五〈宣州樗樹慧省禪師傳〉，頁110。
〔註39〕《景德傳燈錄》卷十四〈鄂州百顏明哲禪師傳〉，頁87。另見《五燈會元》卷
　　　　第五〈鄂州百巖明哲禪師傳〉，頁110。

〔註40〕龍牙在德山時，又問德山曰：「學人仗鎮耶劍擬取師頭時如何？」德山引頸，龍牙曰：「頭落也。」德山微笑。龍牙後到洞山舉前話語，師曰：「德山道什麼？」龍牙曰：「德山無語。」師曰：「莫道無語，且將德山落底頭呈似老僧。」龍牙省過懺謝。〔註41〕後有人舉似德山，德山曰：「洞山老人不識好惡，這個漢死來多少時，救得有什麼用處。」〔註42〕洞山與德山之間，不僅互通訊息，且關係密切。師之法嗣龍牙居遁與欽山文邃，曾到朗州參德山。〔註43〕而德山之法嗣嚴頭全豁與雪峰義存，曾在洞山參學。〔註44〕德山侍者亦到洞山參師。〔註45〕洞山門下有兩僧到德山，入山住庵多時，德山遣嚴頭去勘驗。〔註46〕顯見當時德山與洞山法門往來之盛。

（五）泐潭寶峰與初首座

　　洞山由雲巖處辭別後，曾到洪州泐潭寶峰和尚處，「尋譯大藏，纂出《大乘經要》一卷，并激勵道俗偈頌誡等，流布諸方。」〔註47〕師在泐潭時，與初首座機鋒相對，初首座因此遷化，「時稱師為問殺首座」。〔註48〕據《祖堂集》云：

> 師到泐潭，見初上座謂眾說話云：「也大奇！也大奇！道界不可思議，佛界不可思議。」師便問：「道界、佛界則不問，且說道界、佛界是什麼人？只請一言。」上座良久無言，師催云：「何不急道。」上座云：「爭則不得。」師云：「道也未曾道，說什麼爭即不得。」上座無對，師曰：「佛之與道，只是名字，何不引教。」上座曰：「得意忘言。」上座云：「猶將教意向心頭作病在。」師曰：「說道界、

〔註40〕《景德傳燈錄》卷十七〈湖南龍牙山居遁禪師傳〉，頁138。
〔註41〕《祖堂集》卷第五〈德山和尚傳〉，頁109。另見《景德傳燈錄》卷十五〈朗州德山宣鑒禪師傳〉，頁92及《五燈會元》卷第七〈鼎州德山宣鑒禪師傳〉，頁144。三書當中，內容以《祖堂集》最簡要，其他兩書則雷同。
〔註42〕《景德傳燈錄》卷十五〈朗州德山宣鑒禪師傳〉，頁92。另見《五燈會元》卷第七〈鼎州德山宣鑒禪師傳〉，頁144。
〔註43〕《祖堂集》卷第六〈德山和尚傳〉，頁109。
〔註44〕嚴頭和尚在洞山三十年，參見《祖堂集》卷第七〈嚴頭和尚傳〉，頁137。雪峰和尚則曾在洞山當飯頭，參見《五燈會元》卷第七〈福州雪峰義存禪師傳〉，頁147。
〔註45〕《景德傳燈錄》卷十五〈筠州洞山良价禪師傳〉，頁103。
〔註46〕《五燈會元》卷第七〈鄂洲嚴頭全豁禪師傳〉，頁146。
〔註47〕《景德傳燈錄》卷十五〈筠州洞山良价禪師傳〉後注，頁105。
〔註48〕《五燈會元》卷第十三〈瑞州洞山良价悟本禪師傳〉，頁293。

佛界者病多少？」上座因茲而終。〔註49〕
由師與初首座一席話，可以窺知禪、教之別，以及禪門中人對教意的見解。師謂初首座，「猶將教意向心頭作病在」，初首座難以承擔，「次日忽遷化」。〔註50〕教下中人一向以「佛知見」爲貴，禪門中人係「不依他教」而悟自心爲旨趣。初首座生平所重，被洞山一句勘破，難以承當而逝。

（六）杏山鑒洪

師與杏山、神山、幽溪同爲雲巖法嗣，彼此間關係也很密切。杏山曾到潭州攸縣見石室善道，有易消、難消等話語，後杏山門下舉其師希有事，洞山認爲「總不如當時識取石室行者兩句語」。據《祖堂集》〈石室和尚傳〉云：

> 木口（杏山）和尚到，見行者（石室）每日踏錐供養僧，木口問：「行者不易，甚難消。」師（石室）曰：「開心碗子裏盛將來，合盤裏合取。說什麼難消、易消！」木口失對。⋯⋯又問曰：「行者還曾到五臺山也無？」師曰：「道。」木口曰：「還見文殊也無？」師（石室）曰：「見。」進曰：「向行者道什麼？」師曰：「道闍黎父母在村草裏。」木口失對。⋯⋯後木口出世數年後遷化，主事者兩人往洞山達哀書，僧持書到，洞山達一切了，洞山問兩人：「和尚遷化後作麼生？」對曰：「荼毗。」洞山曰：「荼毗了作麼生？」對曰：「拾得二萬八千粒舍利。一萬粒則納官家，一萬八千粒則三處起塔。」洞山曰：「還得希異也無？」對曰：「世間罕有。」洞山曰：「作麼生說罕有？」對云：「有眼不曾見，有耳不曾聞，豈不是罕有？」洞山曰：「任摩你和尚遍天下盡是舍利去，總不如當時識取石室行者兩句語。」〔註51〕

禪門之所重，在臨機時當下體取自性。杏山雖遷化後燒出二萬八千粒舍利，然其門下僧侶道不出師門有何佛法因緣，學無師承宗旨，乃被洞山所輕。

（七）神山僧密

神山僧密曾參南泉，〔註52〕與洞山交情最密切，三十年同行參訪善知識，在行腳中且互相發明心地。據《祖堂集》〈神山和尚傳〉云：

> 師（神山）與洞山行腳時到寺裏，洞山坐禪，師一向睡。洞山心悶喚

〔註49〕《祖堂集》卷第六〈洞山和尚傳〉，頁123。
〔註50〕《五燈會元》卷第十三〈瑞州洞山良价悟本禪師傳〉，頁293。
〔註51〕《五燈會元》卷第五〈石室和尚傳〉，頁107。
〔註52〕《景德傳燈錄》卷十五〈潭州神山僧密禪師傳〉，頁105。

師，師應諾，洞山云：「上座還會摩？」師曰：「不會。」洞山云：「既
不會，作麼生睡？」師曰：「會底人還睡也無？」洞山不語，師曰：「一
條繩子自繫。」師把針次，洞山問：「作什摩？」師曰：「把針。」洞
山云：「作麼生把針？」師曰：「個個與他相似。」洞山云：「若有個
個則不相似。」……師與洞山到村院向火次，洞山問師：「水從何出？」
師曰：「無處來。」洞山云：「三十年同行作恁麼語話。」師云：「理
長則就，老兄作摩生？」洞山云：「只見堀堀，不知從何出。」〔註53〕

神山原是洞山師伯，兩人同行參訪諸方，早先神山較洞山隨緣自在，洞山遊
方時有坐禪的習慣，而神山則睡眠。而把針公案，則見神山由理體上解會，
主張個個相似；而洞山就事相會取，強調個個不相似。另水出公案，深山主
「無處」來，仍在理體上作解，失之於深；而洞山仍於事理上會取，但主「無
住」，理事圓融。所以洞山批評神山：「三十年同行，作恁麼語話。」意指神
山仍在虛境作解，入理不透脫。此外同遊方時，除兩人路上互相勘驗交鋒外，
大抵見洞山與諸方大德參問、較量，神山罕有機語。後兩人同嗣雲巖，神山
且因洞山而下語非常。據《五燈會元》〈潭州神山僧密禪師傳〉云：

　　師（神山）問洞山：「智識所通莫不遊踐徑截處，乞師一言。」洞曰：
　　「師伯意何得取功？」師因斯頓覺，下語非常。後與洞山過獨木橋，
　　洞先過了拈起木橋曰：「過來。」師喚价闍梨，洞乃放下橋木。〔註54〕

洞山批評神山仍落在心機意識上，所為乃有功之功，神山頓覺。後過獨木橋，
出語有截斷心機流識的氣勢，洞山許之。

（八）幽溪和尚與石霜慶諸

　　洞山與幽溪和尚的往來，僅見《景德傳燈錄》卷十五〈筠州洞山良价傳〉。
洞山見幽上座來，遽起向禪床後立，幽曰：「和尚為什麼迴避學人？」洞山曰：
「將謂闍梨覓老僧。」〔註55〕洞山與石霜慶諸間的情誼，亦如雲巖與道吾間
的深濃，兩人皆參訪過溈山與雲巖。後慶諸又參道吾，乃止石霜山，為洞山
上所指唱。〔註56〕據《景德傳燈錄》〈潭州石霜山慶諸禪師傳〉云：

　　因避世，混俗於長沙瀏陽陶家坊，朝遊夕處，人莫能識。後因洞山

〔註53〕《祖堂集》卷第六〈神山和尚傳〉，頁117。
〔註54〕《五燈會元》卷第五〈潭州神山僧密禪師傳〉，頁115。
〔註55〕《景德傳燈錄》卷十五〈筠州洞山良价禪師傳〉，頁104。
〔註56〕《祖堂集》卷第六〈石霜和尚傳〉，頁128。

> 价和尚遣僧訪尋，囊錐始露，乃舉之住石霜山。他日道吾將捨眾順
> 世，以師為嫡嗣，躬至石霜而就之，師日勸執侍，全於師禮。暨道
> 吾歸寂，學侶雲集，盈五百眾。〔註57〕

慶諸因遭逢會昌，而混居世俗，不為人所識。法難過後，洞山派會下僧人尋
找，乃出世行話。慶諸參道吾後之行蹤，另據《五燈會元》〈潭州石霜山慶諸
禪師傳〉所載：

> 後因僧自洞山來，師問：「和尚有何言句示徒？」曰：「解夏，上堂
> 云：『秋初夏末兄弟或東去西去，直須向萬里無寸草處去。』良久曰：
> 『祇如萬里無寸草處作麼生去？』」師曰：「有人下語否？」曰：「無。」
> 師曰：「何不道出門便是草？」僧回舉似洞山，山曰：「此是一千五
> 百人善知識語。」因茲囊錐始露，果熟香飄，眾命住持。〔註58〕

洞山出世後，不忘四處尋訪慶諸行蹤，後得僧提舉慶諸話語，讚為「一千五
百善知識語」，且說：「大唐國內能有幾人。」〔註59〕洞山雖勘驗學人甚為嚴
謹，但也是個相當有人情味的禪師。據《祖堂集》〈洞山和尚傳〉云：

> 因雲嚴問院主遊石室（善道）云：「汝去入石室裏許，莫只與摩便迴
> 來？」院主無對，師云：「彼中已有人占了也。」嚴曰：「汝更去作
> 什摩？」師云：「不可人情斷絕去。」〔註60〕

（九）夾山善會

夾山善會因道吾得見船子德誠，而師資契合。其也因僧與石霜、洞山互
通訊息，與石霜相較自認為：「門庭施設不如老僧，入理深談猶較石霜百步。」
〔註61〕夾山因僧舉洞山尋常教學人玄路、鳥道、展手三路學，評其非正道徒
使道人悲，洞山聞舉讚揚夾山為作家。據《祖堂集》〈夾山和尚傳〉云：

> 師問僧：「從什摩處來？」對云：「新豐來。」師曰：「彼中是什摩人？」
> 道首對云：「上字是良，下字是价。」師曰：「吾識。」竟又問：「有
> 什摩佛法因緣？汝舉看。」其僧便舉云：「和尚示眾曰：『欲行鳥道，
> 須得足下無絲。欲得玄學，展手而學。』」師低卻頭，其僧便禮拜問：

〔註57〕《景德傳燈錄》卷十五〈潭州石霜山慶諸禪師傳〉，頁99。
〔註58〕《五燈會元》卷第五〈潭州石霜山慶諸禪師傳〉，頁113。
〔註59〕《祖堂集》卷第六〈洞山和尚傳〉，頁121。另見《景德傳燈錄》卷十五〈潭
　　　州石霜山慶諸禪師傳〉，頁100。
〔註60〕《祖堂集》卷第六〈洞山和尚傳〉，頁118。
〔註61〕《五燈會元》卷第五「澧州夾山善會禪師傳」，頁１１６。

「某甲初入叢林，不會洞山意旨如何？」師云：「貴持千里抄，林下
道人悲。」其僧禮拜退立，師曰：「咄！者阿師近前來。」僧便近前
而立，師云：「某甲初見先師，先師問某甲：『阿那個寺裏住？』某
甲對云：『寺則不住，住即不寺。』先師曰：『爲什摩故如此？』某
甲對云：『目前無寺。』先師曰：『什摩處學得此語來？』某甲對云：
『非耳目之所到。』先師云：『一句合頭意，萬劫繫驢橛。』某甲無
贈物與闍梨，這是老僧見先師因緣、囊中之寶，將去舉似諸方，若
有人彈得破莫來，若也無人彈得破卻還老僧。」其僧便辭卻歸洞山，
洞山問：「阿那裏去來？」對云：「到夾山。」洞山曰：「有什摩佛法
因緣？汝舉看。」對云：「彼中和尚問當頭因緣，某甲情切舉似彼中
和尚。」洞山曰：「舉什摩因緣？」僧曰：「某甲舉和尚示眾曰：『欲
行鳥道，須得足下無絲。欲得玄學，展手而學。』」洞山便失聲云：
「夾山道什摩？」對云：「貴持千里抄，竹下道人悲。」洞山云：「灼
然，夾山是作家。」〔註62〕

夾山「寺則不住，住則不寺」的佛法因緣，仍從上宗風「無住」；「目前無寺」
與「非耳目所道」，意指不爲心境所轉。而洞山示後學：「欲行鳥道，須得足
下無絲。欲得玄學，展手而學。」就夾山而言，根機不擇則有過患，所以對
曰：「貴持千里抄，竹下道人悲。」對夾山所評論，洞山深肯之。時夾山小師
在洞山，尚不知其師夾山之佛法與盛化，洞山爲其述說，並教其速回親近夾
山；小師回歸本山後，與夾山一席話即悟。據《祖堂集》〈夾山和尚傳〉云：

夾山小師當時在洞山，洞山教小師：「你速去，是你和尚在夾山匡
二百眾，有如是次第。」小師對云：「某甲和尚無佛法，兼不在夾
山。」其僧向小師云：「舊時則合山，如今改爲夾山也。」小師方
始得信，便辭洞山卻歸本山。纔到門前，高聲哭入，向和尚說：「某
甲是師住山時，與和尚何事不造作、何事不經歷，有與摩奇特之事，
當時因什摩不與某甲說？」和尚云：「當初時，是你濤米，老僧燒
火；是你行飯，老僧展受。又怪我什摩處？」小師便悟，是韶山和
尚也。〔註63〕

夾山所體現的，乃一悟悟徹底，則知妙用，而一切現成，日常行事皆是。而

〔註62〕《祖堂集》卷第七〈夾山和尚傳〉，頁134～135。
〔註63〕《祖堂集》卷第七〈夾山和尚傳〉，頁135。

學人總要分別，覓求奇特事以滿足心懷。韶山對境不識師，經洞山提起而不覺，回本山後怪夾山不說。

　　洞山門下有後洞山師虔禪師，後繼道全爲洞山第三世，係由夾山會下來參洞山。〔註64〕通禪師亦參夾山，遭棒打，後參洞山得悟。〔註65〕匡仁「精辯冠眾」在「洞山門下有齧鏃之機」，〔註66〕參訪過夾山，被贊許爲戰將。〔註67〕文邃禪師「少依杭州大慈寰中受業，時巖頭、雪峰在眾，睹師吐論，知是法器，相率遊方」，後於洞山得悟，「年二十七止於欽山」。〔註68〕欽山曾教侍者問夾山，侍者回舉，欽山云：「夾山是作家。」〔註69〕洞山的門下休靜禪師，曾在夾山法嗣澧州樂普山元安禪師處當維那。〔註70〕由夾山與洞山會下僧侶的往來，可顯見兩師之盛化。

（一〇）巖頭全豁

　　除洞山門下之外，青原下五世與洞山往來者，大抵出自夾山與德山門下。德山的法嗣巖頭全豁與雪峰義存，與洞山關係最爲密切。巖頭曾參訪洞山，其對洞山的見解，據《祖堂集》〈巖頭和尚傳〉云：

> 羅山問和尚：「豈不是三十年（前）在洞山又不肯洞山？」師云：「是也。」羅山云：「和尚豈不是法嗣德山又不肯德山？」師云：「是也。」
> 羅山云：「不肯德山則不問，只如洞山有何虧闕？」師良久云：「洞山好個佛，只是無光。」〔註71〕

洞山大中末年（860）出世，後在高安宏化，而巖頭與羅山師徒間對談云三十年前巖頭在洞山，巖頭卒於光啓三年（887），則巖頭參洞山在大中十一年（857）之前。然洞山參雲巖後，四處遊方，待至大中末年才接誘學徒，則羅山三十年話語或是就大概而言。洞山剛出世，其接徒的道法或許尚未圓融，致使洞山與巖頭因緣不契，所以巖頭回想當時情景，乃說：「洞山好個佛，只是無光。」

〔註64〕《景德傳燈錄》卷十七〈後洞山師虔禪師傳〉，頁141。
〔註65〕前引書卷十七〈益州北院通禪師傳〉，頁143。
〔註66〕前引書卷十七〈撫州疏山光仁禪師傳〉，頁144。《祖堂集》與《五燈會元》皆作匡仁，今依《祖堂集》。
〔註67〕《五燈會元》卷第十三〈撫州綠山匡仁禪師傳〉，頁302。
〔註68〕《景德傳燈錄》卷十七〈澧州欽山文邃禪師傳〉，頁145。
〔註69〕《祖堂集》卷第七〈夾山和尚傳〉，頁136。
〔註70〕《景德傳燈錄》卷十七〈京兆華嚴寺休靜禪師傳〉，頁140。
〔註71〕《祖堂集》卷第七〈巖頭和尚傳〉，頁137～138。另見《五燈會元》卷第七〈鄂州巖頭全豁禪師傳〉，頁146。

咸通初年（860），宣鑒在朗州武陵德山院大闡宗風，「四海禪徒輻輳」。〔註72〕時嚴頭、雪峰與欽山來參，有僧把嚴頭參德山的話語舉向洞山。據《景德傳燈錄》〈鄂州嚴頭全豁禪師傳〉云：

> 後參德山和尚，執坐具上法堂瞻視，德山曰：「作麼？」師咄之，德山曰：「老僧過在什麼處？」師曰：「兩重公案。」乃下參堂。德山曰：「這個阿師稍似個行腳人。」至來日上問訊，德山曰：「闍黎是昨日新到否？」曰：「是。」德山曰：「什麼處學得這個虛頭來？」師曰：「全豁終不自謾。」德山曰：「他後不得孤負老僧。」他日參，師入方丈門側身問：「是凡是聖？」德山喝，師禮拜。有人舉似洞山，洞山曰：「若不是豁上座，大難承當。」師聞之，乃曰：「洞山老人不識好惡，錯下名言，我當時一手抬一手搦。」〔註73〕

因德山卒於咸通六年（865），所以嚴頭與雪峰在德山僅數年。德山門徒常半千，而攀真躋者為雪峰與嚴頭，德山嘗對眾謂雪峰：「此子難偕。」對嚴頭則說：「你似橛鐵。」〔註74〕嚴頭在德山甚得器重，德山曾遣其去勘驗洞山門下的學人。據《五燈會元》〈鄂州嚴頭全豁禪師傳〉云：

> 德山一日謂師曰：「我這裏有兩僧入山住庵多時，汝去看他怎生？」師遂將一斧去，見兩人在庵內坐，師乃拈起斧曰：「道得也一下斧，道不得也一下斧。」二人殊不顧，師擲下斧曰：「作家！作家！」歸舉似德山，山曰：「汝道他如何？」師曰：「洞山門下不道全無若是，德山門下未夢見在。」〔註75〕

前此，嚴頭不肯洞山說其「好個佛只是無光」，且曾呵斥洞山「不識好惡、錯下名言」，經數年後讚許洞山來山住庵的兩僧是作家，且對德山云：「洞山門下不道全無若是。」可見嚴頭對洞山的家風已深表讚揚，而不似先前之苛責洞山。洞山法嗣疏山匡仁曾參嚴頭，亦深受好評。據《祖堂集》〈嚴頭和尚傳〉云：

> 疏山參見師，師纔見，卻低頭佯佯而睡；疏山近前立久，師並不管；疏山便以手拍禪床，引手一下，師迴頭云：「作什麼？」山云：「和尚

〔註72〕《祖堂集》卷第五〈德山和尚傳〉，頁109。另見《高僧傳三集》卷第十二〈唐朗州德山院宣鑒傳〉，頁294。

〔註73〕《景德傳燈錄》卷十六〈鄂州嚴頭全豁禪師傳〉，頁112。

〔註74〕《祖堂集》卷第五〈德山和尚傳〉，頁110。

〔註75〕《五燈會元》卷第七〈鄂州嚴頭全豁禪師傳〉，頁146。

且瞌睡。」師呵呵大笑云：「我三十年弄馬騎，今日被驢撲。」〔註76〕
疏山在洞下以好辯名聞叢林，到嚴頭處則能展現「語默勢」、拍床、引手等作
用，引起嚴頭注意，嚴頭應話，且出語要嚴頭且瞌睡。疏山對體、相、用的
體現，深得嚴頭讚許。

（一）雪峰義存

嚴頭、文邃與雪峰曾同行參洞山，〔註77〕文邃「於洞山言下發解」，乃為
洞山之嗣，年二十七（860 年）止於欽山。〔註78〕嚴頭參洞山，沒機緣語句流
傳，而雪峰則多，然與洞山問答皆不契合。〔註79〕據《五燈會元》〈福州雪峰
義存禪師傳〉云：

> 師在洞山作飯頭淘米次，山問：「淘沙去米、淘米去沙？」師曰：「沙
> 米一時去。」山曰：「大眾喫個甚麼？」師遂覆卻米盆，山曰：「據
> 子因緣合在德山。」〔註80〕

後雪峰與嚴頭、欽山同參德山，「纔見德山如逢宿契」，於「言下頓承旨要」
而居數載。〔註81〕乃與嚴頭辭別德山，與嚴頭在澧州鰲山鎮為雪所阻，居鵝
山院，雪峰打坐因自覺「未穩在」喚只管睡的嚴頭，嚴頭要雪峰把見處道出，
雪峰遭嚴頭指點而大悟。據《祖堂集》〈嚴頭和尚傳〉云：

> 峰云：「某甲初到鹽官，因說觀色空義，得個入處。」又因洞山曰：
> 「切忌隨他覓，迢迢與我疏；我今獨自往，處處得逢渠。渠今正是
> 我，我今不是渠；應需與摩會，方得契如如。」師便喝云：「若與摩
> 則自救心，未徹在。」〔註82〕

另據《五燈會元》〈福州雪峰義存禪師傳〉云：

> 師又曰：「後問德山：『從上宗乘中事，學人還有分也無？』德山打
> 一棒，曰：『道甚麼？』我當時如桶底脫相似。」頭喝曰：「你不聞
> 道：『從門入者，不是家珍。』」師曰：「他後如何即是？」頭曰：「他
> 後若欲播揚大教，一切從自己胸襟流出，將來與我蓋天蓋地去。」

〔註76〕《祖堂集》卷第七〈嚴頭和尚傳〉，頁 140。
〔註77〕《五燈會元》卷第十三〈澧州欽山文邃禪師傳〉，頁 307。
〔註78〕《景德傳燈錄》卷十七〈澧州欽山文邃禪師傳〉，頁 145。
〔註79〕《祖堂集》卷第六〈洞山和尚傳〉，頁 119～123。
〔註80〕《五燈會元》卷第七〈福州雪峰義存禪師傳〉，頁 147。
〔註81〕《祖堂集》卷第七〈雪峰和尚傳〉，頁 142。
〔註82〕前引書卷第七〈嚴頭和尚傳〉，頁 139。

師於言下大悟。〔註83〕

由雪峰與巖頭的對話，可知雪峰由鹽官處由聞說空義有個入處，因洞山的「過水偈」乃知自性與保任，見德山一問遭棒得大死一番「如桶底脫相似」。巖頭則對雪峰說，在鹽官所得「此去三十年切忌舉著」，而體會洞山的「過水偈」僅能自救未徹在，遭德山棒打頓承旨要是「從門入者不是家珍」，日後「欲播揚大教一一從自己胸襟流出」。由此可見洞山有識人之明，知雪峰「因緣合在德山」，並誇巖頭在德山會下能承擔，不似雪峰遭德山棒打承旨要後德山且叮嚀：「擔負己身，詢他輕重。」〔註84〕雪峰居數載後，辭別德山，仍未穩在。而巖頭參洞山不肯洞山，「法嗣德山又不肯德山」，因其自有一番見地。

洞山門下以洪州雲居山道膺禪師為上首。洞山示寂，令沙彌傳語雲居道膺，又曰：「他忽問汝：『和尚有何言句？』但道：『雪巖路欲絕也。』汝下此語須遠立，恐他打汝去。」沙彌領旨去，語未終，早被雲居打一棒。〔註85〕顯見師徒間之相知，且雲居不愧洞山「許之為室中領袖」。〔註86〕洞山以唐咸通十年（869年）三月八日端坐長往，壽六十二，臘四十一，敕諡悟本，塔曰慧覺。〔註87〕

第二節　洞山的門下

洞山入室的弟子，據《景德傳燈錄》所載有二十六人。〔註88〕當中以雲居與曹山最為傑出，其他有洞山二世道全（中洞山）、龍牙山居遁、華嚴寺休靜、洞山三世青林師虔（後洞山）欽山文邃、疏山光仁、天童山咸啟、白水本仁、白馬遁儒等，均為一方之重鎮。

洞山門下以洪州雲居山道膺禪師（？～902）為上首。師是幽州玉田人，俗姓王，幼年出家，年二十五具戒於范陽延壽寺。初學毗尼，喟然嘆曰：「大丈夫兒焉局小道而晦大方。」乃詣翠微山問道，經三載有雲遊僧自洪湖而至，

〔註83〕《五燈會元》卷第七〈福州雪峰義存禪師傳〉，頁147。

〔註84〕《祖堂集》卷第七〈雪峰和尚傳〉，頁142。

〔註85〕《景德傳燈錄》卷十五〈筠州洞山良价禪師傳〉，頁105。

〔註86〕《景德傳燈錄》卷十七〈洪州雲居道膺禪師傳〉，頁133。

〔註87〕《祖堂集》卷第六〈洞山和尚傳〉，頁128。《宋高僧傳》、《景德傳燈錄》與《五燈會元》皆云洞山壽六十三，然《祖堂集》卷第八〈曹山和尚傳〉云：「師自天復元年辛酉歲夏中，忽有一言：『雲巖師翁年六十二，洞山先師亦六十二，曹山今年亦是六十二也。』」今依《祖堂集》。

〔註88〕前引書卷十七〈袁州洞山良价禪師法嗣〉，頁130～131。

「舉洞山大師當世宗匠」，遂往豫章洞山參訪良价。〔註89〕深得洞山激賞，許之爲室中領袖。「初止三峰，其化未廣，後開法雲居山，四眾臻萃」。〔註90〕「三十年開發玄鍵，徒眾常及千五百之數，南昌周氏尤所欽風」，以天復二年（902 年）正月三日寂。〔註91〕

一、雲居道膺

雲居讚許石室善道。有僧將杏山鑒洪參石室時的機語，向師提舉，師說石室曰：「得底人改形換眼。」〔註92〕師會下僧侶曾到投子大同（819～914）、雪峰義存（822～908）處參學，將趙州（778～897）與投子間的話語以及參問雪峰時的機語，向師提舉，師由是云：「南有雪峰，北有趙州。」〔註93〕師讚許趙州。有僧問趙州：「如何是密室中人？」趙州展手云：「茶鹽錢布施。」有人問師曰：「趙州與摩道意作摩生？」師云：「八十老公出場屋。」〔註94〕趙州用遮法示「深密」，所以雲居讚之。趙州亦深許師之道法，據《五燈會元》〈趙州觀音院從諗禪師傳〉云：

> 新到參師，問：「甚麼處來？」曰：「南方來。」師曰：「佛法盡在南方，汝來這裏作甚麼？」曰：「佛法豈有南北邪？」師曰：「饒汝從雪峰、雲居來，祇是個擔板漢。」問：「如何是佛？」師曰：「殿裏底。」……問：「學人乍入叢林乞師指示。」師曰：「喫粥了也未？」曰：「喫粥了也。」師曰：「洗缽盂去。」其僧忽然省悟。上堂：「纔有是非，紛然失心，還有答話分也無？」僧舉似洛浦，洛浦扣齒。又舉似雲居，居曰：「何必。」僧回舉似師，師曰：「南方大有人喪身失命。」〔註95〕

趙州用遮遣法使學人「悟入自心」而有省，上堂則直指，洛浦聞舉以扣齒展示「深密」，而雲居則道「何必」。趙州雞婆，雲居落入遣法，還是洛浦高明以全體展示。趙州亦到雲居山來參師，師曰：「老老大何不覓個住處？」趙州

〔註89〕《祖堂集》卷第八〈雲居和尚傳〉，頁 151。
〔註90〕《景德傳燈錄》卷第十七〈洪州雲居道膺禪師傳〉，頁 133。
〔註91〕前引書卷第十七〈洪州雲居道膺禪師傳〉，頁 135。
〔註92〕前引書卷第五〈石室和尚傳〉，頁 107。
〔註93〕《祖堂集》卷第六〈投子和尚傳〉，頁 113。
〔註94〕前引書卷第十八〈趙州和尚傳〉，頁 333。
〔註95〕《五燈會元》卷第四〈趙州觀音院從諗禪師傳〉，頁 83。

曰：「甚麼處住得？」師曰：「山前有個古寺基。」趙州曰：「和尚自住取。」
〔註96〕兩人機鋒相拄，皆體從上深密，也知「住」不得。

　　臨濟法嗣興化存獎曾來參師，師失對，二十年後師遣僧侶帶話到三聖院
去應對。據《五燈會元》〈魏府興化存獎禪師傳〉云：

> 雲居住三峰庵時，師問：「權借一問，以為影草時如何？」居無對，
> 師云：「想和尚答這話不得，不如禮拜了退。」二十年後，居云：「如
> 今思量，當時不消道個阿必。」後遣化主到師處，師問：「和尚住三
> 峰庵時，老僧問伊話對不得，如今道得也未？」主舉前話，師云：「雲
> 居二十年祇道個阿必，興化即不然，爭如道個不必。」〔註97〕

師「何必」話語，曾得趙州讚許：「南方大有人喪身失命。」但此話語到興化
處，則被挑剔不如道個「不必」。雲居用南青系法要主「何必」，所以示學人
用「只這是」。三聖用南嶽系法要主「全體大用」，認為何必用遣法。玄沙師
備法嗣羅漢桂琛（867～928）訪南宗時，曾謁雲居與雪峰，「參訊勸悋，然猶
未有所見。」〔註98〕羅漢桂琛會下出法眼文益，展開法眼一派宗風。趙州、
雪峰因僧得知師之機語，趙州則嫌師之不合南宗之「不說破」。據《景德傳燈
錄》〈洪州雲居道膺禪師傳〉云：

> 師謂眾曰：「如好獵狗，只解尋得有蹤跡底，忽遇羚羊掛角，莫道跡
> 氣亦不識。」僧問：「羚羊掛角時如何？」師曰：「六六三十六。」
> 又曰：「會麼？」僧曰：「不會。」師曰：「不見道無蹤跡。」有僧舉
> 似趙州，趙州云：「雲居師兄猶在。」僧問：「羚羊掛角時如何？」
> 趙州云：「六六三十六。」〔註99〕

趙州聞僧侶提舉雲居的機語，評論雲居「猶在」而「未徹」。雪峰亦經由江西
來參的僧侶，了解雲居的佛法。據《祖堂集》〈雪峰和尚傳〉云：

> 問僧：「什麼處來？」對云：「江西來。」師云：「這裏與江西相去多
> 少？」對云：「不遙。」師拈起杖子云：「還隔這個摩？」對云：「不
> 遙。」師肯之。又問僧：「什麼處來？」對云：「江西來。」師云：「這
> 裏與江西相去多少？」對云：「不遙。」師拈起拄杖云：「還隔這個摩？」

〔註96〕前引書卷第四〈鄂州茱萸山和尚傳〉，頁87。
〔註97〕前引書卷第十一〈魏府興化存獎禪師傳〉，頁245～246。
〔註98〕前引書卷第八〈漳州羅漢院桂琛禪師傳〉，頁174。
〔註99〕《景德傳燈錄》卷十七〈洪州雲居道膺禪師傳〉，頁134。

對云：「若隔這個則遙。」師便打之。其僧卻歸舉似雲居，雲居：「世
諦則得，佛法則無過。」其僧卻歸雪峰，舉似前話，峰云：「者老漢！
老僧臂長則便打三十棒，雖然如此老僧這裏留取十個。」〔註100〕

雲居與雪峰接引來參，皆很慈悲，僅是雪峰展現的教學法更上層，而雲居則
好用言語論斷，所以趙州評雲居「猶在」，雪峰則不客氣的說：「者老漢！老
僧臂長則便打三十棒。」且說其處留取十個如此見地的人才，也表現出對雲
居的讚賞。雪峰下出雲門文偃，開出雲門宗風。

二、曹山本寂

曹山本寂禪師，泉州莆田人，俗姓黃，始修儒學，年十九入福州福唐縣
靈石山出家，年二十五具戒。〔註101〕「咸通之初，禪宗興盛，會洞山价禪師
坐道場，往來請益。」〔註102〕師見洞山時，曾經參由諸方，洞山且因師而得
知諸方佛法。據《祖堂集》〈觀和尚傳〉云：

曹山到洞山，洞山問：「近離什麼處？」對云：「近離閩中。」洞山
云：「有什麼佛法因緣？」對云：「某甲問西院：『如何是大人相？』
西院云：『安三歲時則有。』」洞山向西院合掌云：「作家。」洞山又
云：「某甲行腳時，遇著南泉，南泉也有似這個因緣。有僧問：『如
何是大人相？』南泉答曰：『王老師三歲時則有，如今無。』」洞山
又問：「什麼處人？」對云：「莆田縣人。」洞云：「什麼處出家？」
對云：「碎石院山。」云：「碎石院近黃檗，你曾到不？」對云：「曾
到。」洞山云：「有什麼佛法因緣？」對云：「某甲自問：『如何是毗
盧師法身主？』云：『我若向你道，則別更有也。』」洞山聞此語，
便合掌云：「你見古佛，雖然如此只欠一問。」曹山禮拜，便請問頭，
曹山再三苦切問三度，方得問頭入嶺參師，舉前話進問：「為什麼故
不道？」師云：「若道我道則噁卻我口，若道我不道則禿卻我舌。」
曹山便歸洞山，據陳前事，洞山執手撫背云：「汝甚有彫啄之分。」
便下床向黃檗合掌云：「古佛！古佛！」〔註103〕

〔註100〕《祖堂集》卷第七〈雪峰和尚傳〉，頁144。
〔註101〕前引書卷第八〈曹山和尚傳〉，頁157。
〔註102〕《景德傳燈錄》卷十七〈撫州曹山本寂禪師傳〉，頁135。
〔註103〕《祖堂集》卷第十九〈觀和尚傳〉，頁365。

師曾參百丈法嗣長慶大安與黃檗法嗣烏石靈觀禪師，因其參學勤快及上進心切，緣合洞山。居洞山數載，得其旨後「初住曹山，後居居荷玉」，「二處法席咸二十年，參徒冬夏盈于二百三百。」〔註104〕天復元年（901年）六月十六日，師以六十二歲遷化。〔註105〕臨濟的法嗣紙衣道者來參師，賓主問答後紙衣道者便向師道珍重即遷化。〔註106〕師與雪峰會下的僧侶關係較密切。雪峰法嗣鏡清道付曾來參師，得師嘉許。〔註107〕雪峰的高足文偃禪師（864～929），曾到師會下參學。〔註108〕後文偃開雲門宗風。雪峰的另一高足玄沙師備（835～908年），其座下學人亦曾到撫州曹山。〔註109〕玄沙師備會下出羅漢桂琛（867～928年），羅漢桂琛的法嗣文益禪師（885～958）下開法眼宗。法眼文益的法嗣報恩法安，曾住曹山。〔註110〕法眼文益的另一法嗣文遂禪師，在金陵報慈院宏化時，有僧人自曹山來參學。〔註111〕法眼宗與曹山關係密切。

三、龍牙居遁

　　龍牙居遁（835～923），撫州南城人，俗姓郭，年十四歲於吉州莆田寺出家，具戒於嵩嶽，參翠微、香嚴、德山與白馬，後造洞山法席。在洞山七八年間，日研精妙，後受湖南馬氏請，住潭州龍牙山妙濟禪苑，賜號證空大師，徒眾常五百餘人，以梁龍德三年（923年）九月十三日歸寂，出世近四十年。〔註112〕門下有潭州報慈之藏嶼、襄州含珠山審哲、鳳翔白馬弘寂、撫州崇壽院道欽與楚州觀音院斌禪師等五人。〔註113〕報慈藏嶼下出益州聖興寺存和尚，而含珠審哲門下有洋州龍穴山和尚、唐州大乘山和尚、襄州延慶歸曉大師、襄州含珠山眞、璋與偃和尚六人。〔註114〕法眼文益上首天台德韶（885

〔註104〕前引書卷第八〈曹山和尚傳〉，頁157。
〔註105〕前引書卷第八〈曹山和尚傳〉，頁164。
〔註106〕《五燈會元》卷第十三〈撫州曹山本寂禪師傳〉，頁298。
〔註107〕《五燈會元》卷第七〈越州鏡清寺道付順德禪師傳〉，頁161。
〔註108〕前引書卷十三〈撫州曹山本寂禪師傳〉，頁297及298。雲門問：「不改易底人來，師還接否？」及問：「如何是沙門行？」
〔註109〕前引書卷第七〈福州玄沙師備宗一禪師傳〉，頁155。
〔註110〕前引書卷第十〈金陵報恩院法安慧濟禪師傳〉，頁224。
〔註111〕前引書卷第十〈金陵報慈文遂導師傳〉，頁226。
〔註112〕《祖堂集》卷第八〈龍牙和尚傳〉，頁168～170。
〔註113〕《景德傳燈錄》卷二十〈潭州龍牙山居遁禪師法嗣〉，頁194。
〔註114〕前引書卷二十三〈襄州含珠山審哲禪師法嗣〉，頁46。

～958）遊方時，曾參師，經十七問，師不說破要其自會去，後德韶省悟具威儀焚香遙拜師。據《五燈會元》〈天台山德韶國師傳〉云：

> 後唐同光中（當為梁開平中）遊方，首詣投子見同（當為大同之誤）禪師，次謁龍牙，乃問：「雄雄之尊為甚麼近之不得？」牙曰：「如火與火。」師曰：「忽遇水來又作麼生？」牙曰：「去！汝不會我語。」師又問：「天不蓋地不載，此理如何？」牙曰：「道者合如是。」師經十七次問，牙祇如此答，師竟不諭旨，再請垂誨，牙曰：「道者，汝已後自會去。」師後於通玄峰澡浴次，忽省前話，遂具威儀焚香遙望龍牙禮拜曰：「當時若向我說，今日決定罵也。」〔註115〕

四、疏山匡仁

天台德韶對龍牙居遁的風範，甚為體重。德韶亦曾參問疏山匡仁，其謂疏山善說，疏山為之驚駭。〔註116〕疏山在洞山門人中，確實以善說冠群。據《景德傳燈錄》「撫州疏山光仁禪師傳」云：「身相短陋，精辯冠群。洞山門下時有謷鏃之機，激揚玄奧，咸以仁為能詮量者，諸方三昧可以詢乎銼師叔。」〔註117〕

匡仁禪師自洞山卒（869年）後，參訪過百丈懷海法嗣長慶大安（793～883）、羅山道閑法嗣明招德謙、潙山靈祐法嗣香嚴智閑、船子德誠法嗣夾山善會（806～881）、德山宣鑒法嗣巖頭全豁（828～887）與道吾宗智法嗣石霜慶諸（807～888），遂歸故里吉州出主藍田，後遷疏山。上堂云：「病僧咸通年前會得法身邊事，咸通年後會得法身向上事。」〔註118〕疏山匡仁所云，係指其在造洞山之時，仍不會「無功之功」，其所問被洞山稱為「功勳邊事」。逮其到福州參長慶大安，問：「忽遇樹倒藤枯，句歸何處？」大安呵呵笑歸方丈，疏山不悟玄旨，大安指其往參獨眼龍，乃到婺州參明招德謙，舉前話德謙曰：「卻使潙山笑轉新。」疏山於言下大悟，乃曰：「潙山元來笑裏有刀。」後疏山參訪夾山、巖頭，深受讚許。參問石霜時，賓主間交談「頭尾」之事，

〔註115〕《五燈會元》卷第十〈天台山德韶國師傳〉，頁216。另見《景德傳燈錄》卷二十五〈天台山德韶國師傳〉，頁95。據《景德傳燈錄》卷十五〈舒州投子大同禪師傳〉，禪師卒於乾化四年（914年），而龍牙居遁禪師卒於梁龍德三年（923年），則德韶見兩師當在乾化四年前，不可能在後唐同光中（923～926）。

〔註116〕《景德傳燈錄》卷二十五〈天台山德韶國師傳〉，頁95～96。

〔註117〕前引書卷十七〈撫州疏山光仁禪師傳〉，頁144。

〔註118〕《五燈會元》卷第十三〈撫州疏山匡仁禪師傳〉，頁301～302。

石霜不厭其煩逐次作答。石霜對疏山之器重，亦在疏山「會得法身向上事」。
據《五燈會元》〈潭州石霜山慶諸禪師傳〉云：

> （石霜）示眾：「初機未覯大事，先須識取頭，其尾自至。」疏山仁
> 參問：「如何是頭？」師曰：「直須知有。」曰：「如何是尾？」師曰：
> 「卻盡今時。」曰：「有頭無尾時如何？」師曰：「吐得黃金堪作甚
> 麼？」曰：「有尾無頭時如何？」師曰：「猶有依倚在。」曰：「直得
> 頭尾相稱時如何？」師曰：「渠不作個解會，亦未許渠在。」〔註119〕

疏山靈牙利齒，乃得與石霜機鋒相拄。石霜是重視重是行持的僧人，要求甚
高，乃說即使不用知解會取「本來人」，亦不許。疏山與德山宣鑒的法孫，關
係密切。巖頭全豁的法嗣羅山道閑，居福州大嶺庵，因僧與疏山互通音訊，
疏山曾「具威儀望大嶺作禮」，嘆曰：「將謂無人，大嶺有古佛放光射到此間。」
〔註120〕雪峰義存的法嗣雲門文偃（864～929）、鏡清道付與鼓山神晏曾到疏山
參問。〔註121〕依《景德傳燈錄》所載，疏山的法嗣有撫州疏山證、洪州百丈
安、筠州黃檗慧、洛京靈泉歸仁、隨城山護國守澄、延州延慶奉璘、安州大
安山省、洪州百丈超、洪州天王院和尚、常州正勤院蘊、襄州後洞山和尚、
京兆三相和尚、筠州五峰山行繼、商州高明和尚、華州西溪道泰和尚、撫州
疏山和尚、筠州黃檗山令約、揚州祥光遠、安州大安山傳性大師、筠州黃檗
山贏禪師等二十人。〔註122〕其中，護國守澄與靈泉歸仁系下法脈為盛。護國
安澄的法嗣有隨州智門守欽大師、護國第二世知遠大師、安州大安山能和尚、
穎州薦福院思禪師、潭州延壽和尚、護國第三世志朗大師、舒州香爐峰瓊和
尚、京兆盤龍山滿和尚等八人。〔註123〕護國守澄法嗣八人中，僅護國知遠傳
法兩人，一為東京開寶常普大師，〔註124〕一為懷安軍雲頂德敷禪師。成都帥
曾請德敷禪師就衙陞座，有樂營將出禮拜起，回顧下馬臺曰：「一口吸盡西江
水即不問，請師吞卻階前下馬臺。」德敷禪師展手唱曰：「細抹將來。」營將
猛省。〔註125〕另靈泉歸仁有法嗣襄州石門寺遵和尚與鄆州大陽山慧堅和尚兩

〔註119〕前引書卷第五〈潭州石霜山慶諸禪師傳〉，頁114。
〔註120〕前引書卷第十三〈撫州疏山匡仁禪師傳〉，頁302。
〔註121〕同前註。有關鏡清與鼓山參問疏山，另見《祖堂集》卷第八〈疏山和尚傳〉，
　　　　頁167。
〔註122〕《景德傳燈錄》卷二十〈撫州疏山匡仁禪師傳〉，頁195。
〔註123〕前引書卷二十三〈隨州護國守澄禪師法嗣〉，頁47。
〔註124〕前引書第二十四〈隨州護國知遠禪師法嗣〉，頁72。
〔註125〕《五燈會元》卷第十四〈護國遠禪師法嗣〉，頁325。

人。〔註126〕大陽慧堅法嗣有襄州石門聰與潭州北禪契念禪師兩人。〔註127〕
疏山法脈僅三傳，到青原下八世即斷絕。

五、洞山師虔

　　洞山良价圓寂後，眾請道全禪師踵跡住持，「海眾悅服，玄風不墜。」
〔註128〕繼道全禪師法席者，爲師虔禪師。師虔初見洞山時，賓主問答後洞
山曰：「此子向後走殺天下人在。」〔註129〕因栽松作一頌曰：「短短一尺餘，
纖纖覆綠草；不知何世人，得見此松老。」洞山見此偈後云：「此人三十年
後來住此山，香飯供養師僧。」〔註130〕師虔辭別洞山時，欲別紅塵隱遁山
林修行，洞山謂其何必如此性急，師虔當時不悟，住庵十年後乃體得洞山前
言，而出世弘化。據《五燈會元》〈青林師虔傳〉云：

> 師辭洞山，山曰：「子向甚麼處去？」師曰：「金輪不隱的，遍界絕
> 紅塵。」山曰：「善自保任。」師珍重而出，洞山門送謂師曰：「恁
> 麼去，一句作麼生道？」師曰：「步步踏紅塵，通身無影像。」山良
> 久，師曰：「和尚何不速道？」山曰：「子得恁麼性急？」師曰：「某
> 甲罪過。」便禮辭。師至山南府青銼山住庵經十年，忽記洞山遺言，
> 乃曰：「當利群蒙，豈居小節邪。」遂往隨州。〔註131〕

師虔禪師見道「疾」，乃先住隨州土門小青林蘭若，後體會洞山「何必如此
性急」之意，乃迴洞山，眾請住持。「凡有新到僧，先令搬柴三轉，然後參
堂。」〔註132〕上堂曰：「祖師門下鳥道玄微，功窮皆轉不究難明。汝等諸人，
直須離心意識，參出凡聖路，學方可保任，若不如是，非吾子息。」〔註133〕
據《景德傳燈錄》所載，青林師虔法嗣有韶州龍光諲、襄州石門寺獻蘊、襄
州萬銅山廣德義、鄆州芭蕉和尚、定州石藏慧炬、襄州延慶通性禪師等六人。
〔註134〕青林法嗣六人之中，以石門獻蘊與廣德義禪師法緣爲盛。石門獻蘊

〔註126〕《景德傳燈錄》卷二十三〈洛京靈泉歸仁禪師法嗣〉，頁47。
〔註127〕《五燈會元》卷十四〈大陽堅禪師法嗣〉，頁326。
〔註128〕《景德傳燈錄》卷十七〈洞山道全禪師傳〉，頁138。
〔註129〕前引書卷十七〈後洞山師虔禪師傳〉，頁141。
〔註130〕《祖堂集》卷第八〈青林和尚傳〉，頁165～166。
〔註131〕《五燈會元》卷第十三〈青林師虔禪師傳〉，頁302～303。
〔註132〕《景德傳燈錄》卷十七〈後洞山師虔禪師傳〉，頁141。
〔註133〕《五燈會元》卷第十三〈青林師虔禪師傳〉，頁303。
〔註134〕《景德傳燈錄》卷二十〈青林師虔禪師法嗣〉，頁194。另參見《五燈會元》

的門下，出石門山第二世慧徹禪師。〔註135〕石門慧徹的門下，有石門山紹遠、潭州北禪懷感、鄂州靈竹守珍、舒州四面山津、嘉州承天義懃、鳳翔府青峰義誠、襄州廣德山智端與石門山筠禪師等六人。〔註136〕石門紹遠的門下，有潭州道吾契詮、懷安軍雲頂山鑒、鄧州廣濟方與果州清居山昇禪師等四人。〔註137〕北禪懷感的法嗣，有濠州南禪聰禪師。〔註138〕道吾契詮的法嗣，有相州天平山契愚禪師。〔註139〕青林師虔的法脈，到青原下十世的天平契愚為止，即不見記載。

六、北院通禪師

通禪師在洞山，隨眾參請，未契旨，遂辭別洞山，擬入嶺去。洞山曰：「善為，飛猿嶺峻好看。」通禪師沉吟良久，洞山曰：「通闍黎。」師應諾，洞山曰：「何不入嶺去？」通禪師因此省悟，更不入嶺，師事於洞山。住益州北院後，上堂示眾曰：「諸上座有什麼事出來論量取。若是上上根，不假如斯，若是中下之流，直須團削門戶，索索地莫教入泥水。第一速疾省事，應須無心，若不無心，舉得千般萬般，只成知解，與衲僧門下有什麼交涉。」〔註140〕北院通禪師的法嗣，有京兆香城和尚。〔註141〕京兆香城的法嗣，有鄧州羅紋和尚。〔註142〕北院通禪師的法系，經二傳到青原下第七世的鄧州羅紋，後即不見燈錄。

七、華嚴休靜

休靜禪師得洞山法後，住福州東山華嚴寺。後唐莊宗召至輦下大闡玄風，徒常三百餘人。〔註143〕據《祖堂集》〈華嚴和尚傳〉云：

> 師諱休靜，大化東都，禪林獨秀。住花嚴寺時，有人問：「未出時如
> 何？」師云：「國亂思明主，道泰則尋常。」師在京中赴內齋，他諸

　　　卷第十三〈青林虔禪師法嗣〉，頁291。

〔註135〕《景德傳燈錄》卷二十三〈襄州石門山獻禪師法嗣〉，頁46。

〔註136〕《五燈會元》卷第十四〈石門徹禪師法嗣〉，頁319。

〔註137〕前引書卷第十四〈石門遠禪師法嗣〉，頁319。

〔註138〕前引書卷第十四〈北禪感禪師法嗣〉，頁319。

〔註139〕前引書卷第十四〈道吾銓禪師法嗣〉，頁320。

〔註140〕《景德傳燈錄》卷十七〈益州北院通禪師傳〉，頁143。

〔註141〕前引書卷二十〈益州北院通禪師法嗣〉，頁194。

〔註142〕前引書卷二十三〈京兆香城和尚法嗣〉，頁46。

〔註143〕前引書卷十七〈京兆華嚴寺休靜禪師傳〉，頁140。

名公悉皆轉經，唯有師與弟子不轉經。帝問師：「師也且從不轉經，
弟子爲什麼不轉經？」師云：「道泰不傳天子令，時人盡唱泰平歌。」
〔註144〕

休靜後遊河北，返錫平陽示滅，敕諡寶智大師。〔註145〕其徒有鳳翔府紫凌匡
一、饒州北禪院惟直與維州化城和尙。〔註146〕其中僅紫陵匡一有徒并州廣福
道隱、紫陵第二世微、興元府大浪與洪州東禪和尙。〔註147〕華嚴休靜的法脈，
經二傳到青原下七世即斷絕。

八、白水本仁

本仁禪師自洞山得旨後，初住浙西，後避眾遊方，參學之徒奔湊。唐天
復中（901～904），住高安縣白水禪院，數年間眾盈三百。〔註148〕禪門中人重
視根器與佛法因緣，不作無謂的開示。據《祖堂集》〈本仁和尙傳〉云：

洪州西山諸行者來問：「今日不爲別事，乞師指示。」師云：「汝等諸
人求指示耶？」對曰：「是也。」師曰：「教我分付阿誰得？」〔註149〕

雖然，本仁對眾已直指「誰得」。雪峰義存的法嗣鏡清道付與長生皎然，前
來參學，兩人風範有別。本仁與鏡清賓主間，交談甚契合。而本仁與皎然，
則機鋒相對，本仁預記皎然：「盜法之人終不成器。」後果如其言。〔註150〕
本仁有徒京兆重雲山智暉（873～956）與杭州瑞龍院幼璋禪師（841～927）。
〔註151〕智暉禪師在終南重雲山長興寺，闡法四十五年，度弟子一千五百人，
永興節度使王彥超常從遊並申弟子之禮，以周顯德三年（956年）七月二十
四日寂。〔註152〕

幼璋年二十五遊諸禪會，南嶽下三世吉州薯山慧超禪師與白水本仁咸授
其心訣。咸通十三年（872年）至江陵，因五祖法孫騰騰和尙的囑付，抵天
台山靜安鄉創福堂院，眾又請住隱龍院。中和四年（884年）浙東饑疫，幼

〔註144〕《祖堂集》卷第八〈華嚴和尙傳〉，頁164。
〔註145〕前引書卷第八〈華嚴和尙傳〉，頁165。
〔註146〕《景德傳燈錄》卷二十〈京兆華嚴寺休靜禪師法嗣〉，頁194。
〔註147〕《五燈會元》卷第十四〈紫陵一禪師法嗣〉，頁319。
〔註148〕《祖堂集》卷第八〈本仁和尙傳〉，頁165。
〔註149〕同前註。
〔註150〕《景德傳燈錄》卷十七〈高安白水本仁禪師傳〉，頁144。
〔註151〕前引書卷二十〈高安白水本仁禪師法嗣〉，頁195。
〔註152〕前引書卷二十〈京兆重雲智暉禪師傳〉，頁208～209。

璋於溫、台、明三郡收瘞遺骸數千，時謂悲增大士。乾寧中（894～898 年），雪峰經遊，遺之稜欏拂子。天祐三年（906 年），錢尙父鏐遣使童建齎衣服香藥入山致請，師領徒至府庭，署志德大師，就功臣堂安置，日請說法要。右璋禪師請每年於天台山建金光明道場，諸郡黑白大會，逾月而散。後辭歸山，錢王戀慕，於府城建瑞龍院，延請開法，時禪門興盛。其上堂謂眾曰：「老僧頃年遊歷江外嶺南荊湖，但有知識叢林，無不參問來。蓋爲今日與諸人聚話，各要知個去處，然諸方終無異說，只教當人歇卻狂心，休從他覓。但隨方任眞，亦無眞可任，隨時受用，亦無時可用。設垂慈苦口，且不可呼晝作夜，更饒善巧，終不能指東爲西，脫或能爾，自是神通作怪，非干我事。若是學語之輩，不自省己知非，直欲向空裏采花，波中取月，還著得心力麼？汝今各且退思，忽然肯去，始知瑞龍老漢事不獲己，迂迴太甚。還肯麼？」以天成二年（927 年）寂。〔註153〕其法嗣僅見西川德言禪師一人。〔註154〕白水本仁的法脈，僅二傳到青原下七世即斷絕。

　　另洞山門下筠州九峰普滿禪師的法嗣，有洪州鳳棲山同安院威禪師。〔註155〕同安威禪師有法嗣陳州石鏡與中同安志和尙。〔註156〕九峰普滿的法脈，經二傳到青原下七世即斷絕。洞山的另一法嗣洛京白馬遁儒禪師，有徒興元府青剉山如觀與京兆保福和尙。〔註157〕洞山的門下欽山文邃禪師，則有徒洪州上藍院自古禪師與澧州太守雷滿。〔註158〕白馬遁儒與欽山文邃的法脈，皆僅一傳到青原下六世即斷絕。

第三節　曹山與雲居會下

　　洞山門下，以雲居道膺爲上首，且其門下隆盛，然此宗卻稱曹洞宗，是依洞山、曹山的師資而說。據《五燈會元》〈瑞州洞山良价悟本禪師傳〉云：

　　　价師自唐大中末，於新豐山接誘學徒，厥後盛化豫章高安之洞山。

　　　權開五位，善接三根，大闡一音，廣弘萬品，橫抽寶劍，剪諸見之

〔註153〕前引書卷二十〈杭州瑞龍院幼璋禪師傳〉，頁 209～210。
〔註154〕前引書卷二十三〈杭州瑞龍院幼璋禪師法嗣〉，頁 47。
〔註155〕前引書卷二十〈筠州九峰普滿大師法嗣〉，頁 194。
〔註156〕前引書卷二十三〈洪州同安威禪師法嗣〉，頁 46。
〔註157〕前引書卷二十〈洛京白馬遁儒禪師法嗣〉，頁 194。
〔註158〕前引書卷二十〈澧州欽山文邃法嗣〉，頁 195。

稠林，妙葉弘通，截萬端之穿鑿。又得曹山深明的旨，妙唱嘉猷，
道合君臣，偏正回互。由是，洞上玄風播於天下，故諸方宗匠咸共
推尊之曰曹洞宗。〔註159〕

雲居雖被「洞山許為室中領袖，初止三峰其化未廣，後開法雲居，四眾臻萃」。
〔註160〕其出世三十年（873～902 年）間，〔註161〕並不唱導五位之說，而五
位之說，係因曹山而大成。據《五燈會元》〈撫州曹山本寂禪師傳〉云：

> （洞）山深器之，自此入室。盤桓數載，乃辭去，山遂密授洞山宗
> 旨，復問曰：「子向甚麼處去？」師曰：「不變異處去。」山曰：「不
> 變異處豈有去邪？」師曰：「去亦不變異。」遂往曹溪禮祖塔，回
> 吉水，眾嚮師名乃請開法，師志慕六祖，遂名山為曹。尋值賊亂，
> 乃之宜黃，有信士王若一，捨何王觀清請師住持，師更何王為荷玉，
> 由是法席大興，學者雲萃，洞山之宗至師為盛。師因僧問五位君臣
> 旨訣，師曰：「正位即空界，本來無物。偏位即色界，有萬象形。
> 正中偏者，背理就事。偏中正者，舍事入理。兼帶者，冥應眾緣，
> 不墮諸有，非染非淨，非正非偏，故曰虛玄大道、無著真宗；從上
> 先德推此一位，最妙最玄，當詳審辨。明君為正位，臣為偏位，臣
> 向君是偏中正，君視臣是正中偏，君臣道合是兼帶語。」僧問：「如
> 何是君？」師曰：「妙德尊寰宇，高明朗太虛。」曰：「如何是臣？」
> 師曰：「靈機弘聖道，真智利群生。」曰：「如何是臣向君？」師曰：
> 「不墮諸異趣，凝情望聖容。」曰：「如何是君視臣？」師曰：「妙
> 容雖不動，光燭本無偏。」曰：「如何是君臣道合？」師曰：「混然
> 無內外，和融上下平。」師又曰：「以君臣偏正言者，不欲犯中，
> 故臣稱君不敢斥言是也，此吾法宗要。」〔註162〕

曹山洞山門下，深受器重，辭別時洞山密授洞上宗旨，而曹山又加以發揚，
其與僧侶問答且唱導〈五位君臣〉。故《景德傳燈錄》云：「及受洞山五位詮
量，特為叢林標準。」〔註163〕

〔註159〕《五燈會元》卷第十三〈瑞州洞山良价悟本禪師傳〉，頁 293。

〔註160〕《五燈會元》卷第十三〈洪州雲居道膺禪師傳〉，頁 299。

〔註161〕《祖堂集》卷第八〈雲居和尚傳〉，頁 156。

〔註162〕《五燈會元》卷第十三〈撫州曹山本寂禪師傳〉，頁 296。

〔註163〕《景德傳燈錄》卷十七〈撫州曹山本寂禪師傳〉，頁 138。

一、曹山的法系

曹山本寂的門下，依據《景德傳燈錄》卷第二十所載，有十四人，分別是撫州荷玉光慧、筠州洞山道延、衡州育王山弘通、撫州金峰從志、襄州鹿門處眞、撫州曹山慧霞、衡州華光範處州廣利容、泉州廬山小溪院行傳、西川布水巖、蜀川西禪、華州草庵法義、韶州華嚴與廬山羅漢池隆山主和尚。〔註164〕然依《五燈會元》卷第十三所載，另有曹山智炬禪師。〔註165〕

曹山門下生平多不詳，其中法運較榮者，爲鹿門處眞。鹿門處眞的法嗣，有益州崇眞、襄州鹿門山第二世譚、襄州古隱智靜、廬山佛手巖行因、襄州靈溪山明與洪州大安寺眞和尚等六人。〔註166〕六人中僅佛手行因的事跡較詳，傳法爲盛者是古隱智靜。行因禪師自鹿門處眞得旨後，居廬山佛手巖，不度弟子，有鄰庵僧爲之供侍。江年國主李氏嚮仰，三遣使徵召不起，堅請就棲賢寺開法，不踰月潛歸巖室。〔註167〕谷隱智靜的法嗣，有谷隱知儼與襄州普寧院法顯禪師等二人。〔註168〕谷隱知儼的法嗣，有谷隱契崇。〔註169〕鹿門處眞的法系，經三傳到青原下九世即斷絕。

曹山門下的法系，僅一傳到青原下七世即斷絕的有荷玉光慧、洞山道延、金峰從志、曹山慧霞與草庵法義禪師等人。荷玉光慧下出荷玉山福禪師，洞山道延下出筠州上藍院慶與洞山敏禪師。〔註170〕金峰從志下出洪州大寧神降、澧州藥山彥〔註171〕與廬山天池智隆禪師。〔註172〕曹山慧霞下出嘉州東汀和尚、雄州華嚴正慧大師與泉州招慶院堅上座，〔註173〕草庵法義下出泉州龜洋庵慧忠禪師。〔註174〕當中，上藍慶禪師曾參雪峰，問：「如何是雪峰的的意？」雪峰以杖子敲其頭，師應諾，雪峰大笑。〔註175〕龜洋慧忠則曾遇會昌法難，

〔註164〕前引書卷二十〈撫州曹山本寂禪師法嗣〉，頁193～194。

〔註165〕《五燈會元》卷第十三〈曹山寂禪師法嗣〉，頁291。

〔註166〕《景德傳燈錄》卷二十三〈襄州鹿門山處眞禪師法嗣〉，頁45。

〔註167〕前引書卷二十三〈廬山佛手巖行因禪師傳〉，頁63。

〔註168〕前引書卷二十四〈襄州谷隱智靜禪師法嗣〉，頁72。

〔註169〕《五燈會元》卷第十四〈谷隱儼禪師法嗣〉，頁319。

〔註170〕《景德傳燈錄》卷二十三〈撫州荷玉山光慧禪師法嗣〉、〈筠州洞山道延禪師法嗣〉，頁45。

〔註171〕前引書卷二十三〈撫州金峰從志大師法嗣〉，頁45。

〔註172〕《五燈會元》卷十四〈金峰志禪師法嗣〉，頁318。

〔註173〕《景德傳燈錄》卷二十三〈撫州曹山慧霞禪師法嗣〉，頁45～46。

〔註174〕前引書卷二十三〈華州草庵法義禪師法嗣〉，頁46。

〔註175〕前引書卷二十三〈筠州上藍院慶禪師傳〉，頁62。

避難五六年後，待至宣宗興佛乃回六眸峰，仍著白衣，過中不食不宇而禪，終於山門。〔註176〕

二、雲居的法系

洞山良价的宗風，到曹山本寂而大盛，但曹山的法系經四傳到青原下九世即斷絕，唯有洞山法嗣雲居道膺一派得以綿傳。雲居道膺的法嗣，依據《景德傳燈錄》卷第二十所載，有二十八人，分別是杭州佛日本空、蘇州永光院眞、洪州鳳棲山同安丕、廬山歸宗寺澹權、池州廣濟、潭州水西南臺、歙州朱溪謙、揚州豐化、雲居山道簡、廬山歸宗寺懷惲、洪州大善慧海、朗州德山第七世、衡州南嶽南臺、雲居山昌、池州稀山章、晉州大梵、新羅雲住、雲居山懷岳、嶺玨、潭州龍興寺悟空、建昌白雲減、潭州幕輔山和尚、舒州白水山瑋、廬山冶父山和尚、南嶽法志、新羅慶猷、新羅慧與洪州鳳棲山慧志禪師等人。〔註177〕

雲居門下的法系，僅同安僧丕一系，法運盛隆，其他則至二、三代即斷絕。同安僧丕下出同安觀志，觀志下出梁山緣觀，緣觀下出大陽警玄（943～1027），致使洞下宗風次第流傳。洪州鳳棲山同安院僧丕禪師的法嗣，有同安觀志與袁州仰山和尚。〔註178〕同安僧丕的門下，以同安觀志禪師爲上首，其生平事跡不詳，僅留傳其機緣語句。據《五燈會元》〈洪州同安志禪師傳〉所載：先同安將示寂，上堂曰：「多子塔前宗子秀，五老峰前事若何？」如是三舉，未有對者，末後師出曰：「夜明簾外排班立，萬里歌謠道太平。」安曰：「須是這驢漢始得。」住後僧問：「二機不到處如何舉唱。」師曰：「遍處不逢，玄中不失。」問：「凡有言句盡落今時，學人上來請師直指。」師曰：「目前不現，句後不迷。」曰：「向上事如何？」師曰：「迥然不換，標的即乖。」〔註179〕

同安觀志所言不離中道，當下即是，一有提舉則失本然。同安觀志的法嗣，有朗州梁山緣觀與陳州靈通和尚兩人。〔註180〕靈通和尚無機緣語句傳世，而梁山緣觀則嘆知音難逢，被問及家風則謂：「龍生龍子，鳳生鳳兒。」僧問衲衣下事，則不予之說破。據《五燈會元》〈鼎州梁山緣觀禪師傳〉云：

　　僧問：「如何是和尚家風？」師曰：「資陽水急魚行澀，白鹿松高鳥

〔註176〕《祖堂集》卷第十五〈陳禪師傳〉，頁295。
〔註177〕《景德傳燈錄》卷第二十〈杭州雲居山道膺禪師法嗣〉，頁193。
〔註178〕《五燈會元》卷第十四〈同安丕禪師法嗣〉，頁318。
〔註179〕前引書卷第十四〈洪州同安志禪師傳〉，頁322。
〔註180〕《景德傳燈錄》卷第二十四〈洪州同安志和尚法嗣〉，頁72。

難泊。」……問：「師唱誰家曲？宗風嗣阿誰？」師曰：「龍生龍子，
鳳生鳳兒。」……問：「如何是衲衣下事？」師曰：「密。」……有
偈曰：「梁山一曲歌，格外人難和；十載訪知音，未嘗逢一個。」……
上堂：「垂鉤四海，只釣獰龍；格外玄機，爲尋知己。」上堂：「垂
絲千尺，意在深潭；一句橫空，白雲自異。孤舟獨棹，不犯清波；
海上橫行，罕逢明鑒。」〔註181〕

梁山緣觀的法嗣，有郢州大陽山警玄（943～1027）、鼎州梁山巖、澧州藥山
利昱與鼎州羅紋得珍等四人。〔註182〕以大陽警玄禪師爲上首。據《五燈會元》
〈郢州大陽山警玄禪師傳〉云：

初到梁山，問：「如何是無相道場？」山指觀音曰：「這個是吳處士
畫。」師擬進語，山急索曰：「這個是有相底，那個是無相底？」師
遂有省，便禮拜。山曰：「何不道取一句？」師曰：「道即不辭，恐
上紙筆。」山笑曰：「此語上碑去在。」師獻偈曰：「我昔初機學道
迷，萬水千山覓見知；明今辨古終難會，直說無心轉更疑。蒙師點
出秦時鏡，照見父母未生時；如今覺了何所得，夜放烏雞帶雪飛。」
山曰：「洞山之宗可倚。」一時聲價籍籍。〔註183〕

警玄初參緣觀，發問時緣觀使用「問東指西」截其執著而回心，警玄不覺，
墮入知見，被緣觀一笑，乃有省悟。梁山緣觀歿後，警玄辭塔至大陽山謁疏
山法孫慧堅禪師，慧堅讓出法席使主之。上堂曰：「巍峨萬仞，鳥道難通；劍
刃輕水，誰當履踐；宗乘妙句，語路難陳；不二法門，淨名杜口。所以達磨
西來九年面壁，始遇知音，大陽今日也大無端，珍重。」其開示諸禪德，須
明平常無生句、妙玄無私句與體明無盡句，並嘗釋曹山三種墮。其德性高邁，
年八十無後繼者，乃託臨濟宗首山省念法孫浮山法遠（991～1067）代求法器，
傳續洞山宗風。據《五燈會元》〈郢州大陽山警玄禪師傳〉云：

師神觀奇偉有威重，從兒稚中日祇一食，自以先德付授之重，足不
越限，脅不至席。年八十，嘆無可以繼者，遂作偈并皮履布直綴寄
浮山遠禪師，使爲求法器。偈曰：「楊廣山頭草，憑君待價烹；異苗
飛茂處，深密固靈根。」偈尾云：「得法者潛衆十年，方可闡揚。」

〔註181〕《五燈會元》卷第十四〈鼎州梁山緣觀禪師傳〉，頁325。
〔註182〕前引書卷第十四〈梁州觀禪師法嗣〉，頁319。
〔註183〕前引書卷第十四〈郢州大陽山警玄禪師傳〉，頁327。

遠拜而受之。〔註184〕

宋仁宗天聖五年（1027 年）七月十九日，大陽警玄歸寂。後投子義青（1032
～1083 年）遊方到浮山參法遠，經三年了然開悟，又服侍三年，法遠不時舉
示洞下宗旨，悉皆妙契；法遠乃將大陽頂相、皮履與直綴交付他，囑其續傳
警玄的宗風。〔註185〕如此曹洞已墜之宗風又得傳世。

第四節　曹洞的門庭

　　曹洞宗起於會昌法難後的咸通年（860～874 年）間，經晚唐五代，洞山、
曹山與雲居門下法席鼎盛，法運凌駕臨濟與雲門，但到宋初則次第衰微，僅
雲居道膺一派次第傳授，到大陽警玄雖有弟子多人，仍託臨濟宗浮山法遠代
覓法器，而得投子義青，投子義青門下芙蓉道楷（1032～1083）出世後，大
展洞下宗風。此宗的宗主洞山與曹山，皆勤於參遊諸方，洞山且習慣坐禪，
知從上宗風乃「無功之功」，其付授心要乃〈寶鏡三昧〉，又創〈君臣五位〉、
〈三滲漏〉、〈三路〉，來勘驗來機，不行臨濟的棒喝，彌補潙仰眞悟得本的「深
密」。此宗雖重視事理之回互，而使知見穩實，但以不言實行爲尙，切忌說著，
而落入功勳邊事。所以洞創〈功勳五位〉，使學者知己所落階位，而行解相應，
由「無功之功」直趨佛果。曹山又創〈三種墮〉、〈正偏五位〉來光大師說見，
其中〈正偏五位〉融和了洞山的〈君臣五位〉與臨濟的〈賓主句〉。可見曹洞
宗是融會諸方門庭施設而立說，致使在晚唐五代間法運隆盛。惠洪在《禪林
僧寶傳》卷第六〈贊〉曰：

> 洞山价、夾山會皆藥山的骨孫，其鍛鍊鉗錘可謂妙密。然价之宗至
> （道）膺纔有同安察（當爲丕）、後雲居（道）簡而已，會之宗遂止
> 於洛浦（元）安公。莊子曰：「北溟有魚其名曰鯤，化爲鵬，九萬里
> 風斯在下。」然聽其自化也，使之化則非能鵬也。膺、安似之，其
> 絕也理之固然。〔註186〕

學雖有師承宗旨，爲人師者貴能隨其根器設教，而弟子又隨己之根性敷揚，
宗風乃能不墜。所以此宗繁複方便之繼承與光大，實有賴大根器、能勤參方

〔註184〕同前註。
〔註185〕《五燈會元》卷第十四〈舒州投子義青禪師傳〉，頁 328。
〔註186〕《禪林僧寶傳》卷第一〈撫州本寂禪師傳〉（新文豐出版公司，民國 62 年 6
　　　　月初版），頁 1。

且縱橫自在者出世。承當「大事」已屬不易，更何況創些迎合且能正確引導更多習禪者趨入自心之「穿鑿附會」的「爪牙」。從慧能起，禪師們所已體得「法本一宗」、「見有遲、疾」，乃創各種施設以接引學人，使其能縱橫自得，但法非其人不傳，乃有「密付授」產生，其用心良苦，反對盜法。據《禪林僧寶傳》〈撫州本寂禪師傳〉云：

> 公依止（洞山）十餘年，（良）价以爲類己，堪任大法，於是名冠叢林。將辭去，价曰：「三更當來，授汝曲折。」時矮師叔者（疏山匡仁）知之，蒲伏繩床下，价不知也，中夜授章，先雲巖所付〈寶鏡三昧〉，〈五位顯訣〉、〈三種滲漏〉畢，再拜趨出。矮師叔引頸呼曰：「洞山禪入我手矣。」价大驚曰：「盜法倒屙無及矣。」後皆如所言。
> 〔註187〕

一個宗派的興衰，關鍵在得其人，法因得其人乃能傳之久遠。所以契嵩云：「而曹洞者僅存，綿綿然猶大汗之引孤泉。然其勝衰豈法有強若也，蓋後世相承得人與不得人耳。書不云乎，苟非其人道不虛行。」〔註188〕此宗由隨根器方便接化，而人才匯集，盛極一時。且對後事理學的影響是深遠的，潘桂明在〈曹洞禪的世界觀和解脫論〉文中說：

> 世界觀上，洞山良价和曹山本寂通過〈五位君臣〉說，以「回互」學說爲核心，詳細論述了本體界和現象界的相互關係，建立起系統的宗教哲學思想體系，予世俗折學以深遠影響。解脫論上，他們提出了〈五位功勳〉、〈五位王子〉、〈內紹外紹〉、〈三路接人〉等學說，以分別說明悟解的深淺、解脫的依據，以接引禪眾的方式。〔註189〕

曹洞的施設也可謂巧妙，但受南方玄學的影響、其法要之密授以及靠臨濟宗人來續傳，所以給後世臨濟宗人口舌。臨濟宗人湛愚在《心燈錄》卷四上說：「余何敢謂洞山之非，因見洞山所傳之人，其沾滯隔礙，引人入雲入霧，不能不令人罪其所從來也。大慧杲在當時見洞下皆入室密傳，且發誓不敢明說，則世尊當人天拈花示眾，則罪如山矣，杲深恨之。而幻寄說妙喜親見洞下諸

〔註187〕前引書卷第六，頁8上。
〔註188〕《大正藏》第五十一卷，頁783。
〔註189〕潘桂明《中國禪宗思想的歷程》（今日中國出版社，民國80年11月第一版），頁348。有關〈五位君臣〉等學說，參見《人天眼目》卷之三。

尊宿，嘗受室中密傳等語，且稱尊宿以妙喜爲證。殊不知大慧最惡洞下之人，蓋因子孫不肖，致遺祖父之憂，所以中斷，虧臨濟宗有人續之，接其宗旨。」〔註190〕臨濟宗禪風強毅，不喜曹洞施設之審密，而謂此宗「不知口裏是那裏來的許多咬文嚼字不著邊位的話」而「都說有密傳」。〔註191〕至於曹洞宗何以後靠雲居道膺一系而得流傳，覺範在《石門文字禪》卷第二十五〈題雲居弘覺禪師語錄〉云：

> 余常怪洞山嗣法者，如本寂、道全、居遁、休靜之徒，光大於世者三十餘人。觀其施爲提演宗脈，無敢冒規秩之外者，而膺公乃爾殊異，豈所謂得所以言，言不必同歟。余追躡其意，以謂大法本體，離言句相。宗師設立，蓋一期救學，苟簡不審，專己臆斷之，敝而已，法久必壞，使天下後學眩疑。自退守言，而失宗無所質辨，爲可惜也。故其超然法立如此，而公之子簡，亦相與振成之，是知俾明悟者，知大法非拘於言語，而借言以顯發者也。〔註192〕

洞山悟得透徹，施設也就圓通，曹洞宗因在「審密」與「簡要」兩系風格的互相激盪下，而使學人奔湊參訪，即使後來施設乏人爲繼，但「從上宗旨」未墜，施設可以拾起再造。此正是洞山法要之高明。

〔註190〕《心燈錄》卷四，頁274。
〔註191〕前引書卷四，頁220。
〔註192〕覺範《石門文字禪》，頁278～279。

附表六：曹洞宗師資傳承

（本表依據《景德傳燈錄》、《五燈無元》諸書，並參考釋明復《中國佛學人名辭典》所附圖表而作）

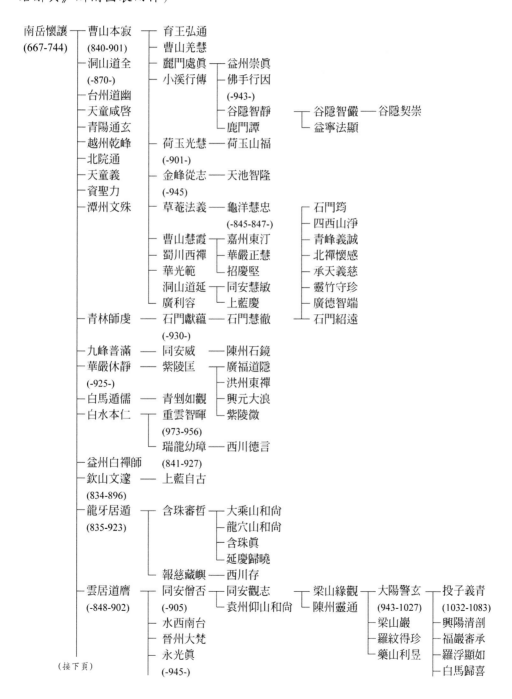

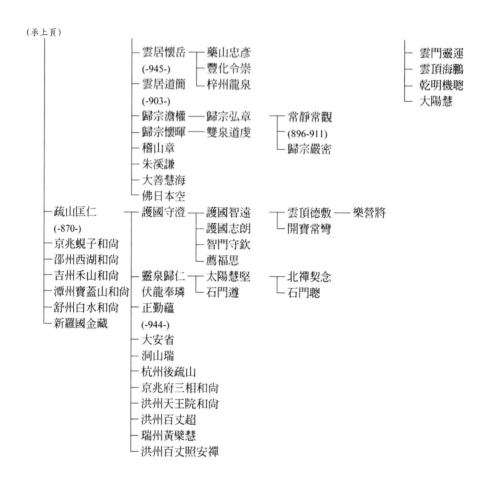

（承上頁）

疏山匡仁
(-870-)
京兆蜆子和尚
邵州西湖和尚
吉州禾山和尚
潭州寶蓋山和尚
舒州白水和尚
新羅國金藏

雲居懷岳 ── 藥山忠彥
(-945-) 　　　豐化令崇
雲居道簡 ── 梓州龍泉
(-903-)
歸宗澹權 ── 歸宗弘章 ── 常靜常觀
歸宗懷暉 ── 雙泉道虔 (896-911)
稽山章 　　　　　　　　歸宗嚴密
朱溪謙
大善慧海
佛日本空

護國守澄 ── 護國智遠 ── 雲頂德敷 ── 樂營將
　　　　　　　護國志朗 ── 開寶常彎
　　　　　　　智門守欽
　　　　　　　薦福思

靈泉歸仁 ── 太陽慧堅 ── 北禪契念
伏龍奉璘 ── 石門遵 ── 石門聰
正勤蘊
(-944-)
大安省
洞山瑞
杭州後疏山
京兆府三相和尚
洪州天王院和尚
洪州百丈超
瑞州黃檗慧
洪州百丈照安禪

雲門靈運
雲頂海鵬
乾明機聰
大陽慧

第七章　雲門宗的師資

　　雲門宗由與臨濟義玄、洞山良价同時代的德山宣鑒（782～865 年）而出。德山下出雪峰義存（822～908），義存參學諸方，受洞山指點緣契德山，在德山處發問遭棒打，在德山一句：「我宗無語句，實無一法與人。」言下，才有覺省，但疑情尚在，離德山遊方，打坐而心不穩，經嚴頭點撥，乃大悟而能發明心地。後得上足文偃，雲門由南嶽系睦州道明處已悟入，受指引參雪峰乃得發明心地。雲門融合了睦州不容擬議的「險峻」、「以勢表義」與雪峰的「用語示理」而貴「實得」的禪風，開創了與其他師家不同的門風。

　　雲門宗興起於晚唐五代之間，由於此宗的開創者文偃禪師在韶州雲門山（廣東乳源縣北）光泰院，揚舉一家宗風。在南漢王國（905～971 年）的扶持下，「其風教峭迅，趨道益至」，〔註1〕「其道大振，天下學者，望風而至，號雲門宗。」〔註2〕從五代到宋代，本宗之隆盛非他宗能及，禪德輩出且聲名遠播，門下以香林澄遠一系傳法最為綿長。

第一節　雲門文偃的禪風

一、遊方明大事

　　文偃（864～949 年）禪師生於唐懿宗咸通三年，姑蘇嘉興人，俗姓張，

〔註1〕契嵩《傳法正宗記》卷第八〈正宗分家略傳下〉，《大藏經》第四十八卷，頁757。
〔註2〕智昭集《人天眼目》卷第二〈雲門宗〉，《大藏經》第四十八卷，頁311～312。

幼年入空王寺就志澄律師落髮。慧辯縱橫，深通律乘，但以己事未明，往睦州（今浙江建德縣）參南嶽下四世、黃蘗希運法嗣道明，損一足而得悟入。據《五燈會元》〈韶州雲門山光奉院文偃禪師傳〉云：

> 侍澄數年，探窮律部，以己事未明，往參睦州。州纔見來便閉卻門，師乃扣門，州問曰：「誰？」師曰：「某甲。」州曰：「作甚麼？」師曰：「己事未明，乞師指示。」州開門一見便閉卻，師如是連三日扣門，至第三日州開門，師乃拶入，州便擒住曰：「道！道！」師擬議，州便推出曰：「秦時䡩轢鑽。」遂掩門，損師一足，師從此悟入。〔註3〕

文偃到睦州龍興寺，見南嶽系曾在百丈會下上首的陳尊宿，欲以疑情申問，刹那間被擒住、推出而足被夾住，在睦州以「勢」（閉門、擒住、推出）及「無理路語句」（秦時䡩轢鑽）的化導下頓時默契從上宗風「深密」的玄旨，也見識了「勢」、「語」的妙用。參諮數載，睦州知其爲法器堪任大事，指示其到福州去參訪雪峰義存，〔註4〕文偃藉僧寄一則佛法因緣問雪峰，被雪峰識破非僧自得，雪峰讚師爲五百人善知識，要大眾去迎請，文偃見雪峰後益資其玄要。據《五燈會元》〈韶州雲門山光奉院文偃禪師傳〉云：

> 州指見雪峰，師到雪峰莊見一僧，迺問：「上座今日上山去那？」僧曰：「是。」師曰：「寄一則因緣問堂頭和尚，祇是不得道是別人語。」僧曰：「得。」師曰：「上座到山中見和尚上堂，眾纔集便出握腕立地曰『這老漢項上鐵枷何不脫卻？』」其僧一依師教，雪峰見這僧與麼道，便下座攔胸把住曰：「速道！速道！」僧無對，峰拓開曰：「不是汝語。」僧曰：「是某甲語。」峰曰：「侍者將繩棒來。」僧曰：「不是某語，是莊上一浙中上座教某甲來道。」峰曰：「大眾去莊上迎取五百人善知識來。」師次日上雪峰，峰纔見便曰：「因甚麼得到與麼地？」師乃低頭。從茲契合，溫研積稔，以宗印授焉。〔註5〕

禪門重視師友之交遊，并審慎選覓法器以傳正法。文偃在道明處，初因「意識椿立」，不能悟自心，因道明有識人之明且善化導而得密傳，且遣使謁雪峰，

〔註3〕 《五燈會元》卷第十五〈韶州雲門山光奉院文偃禪師傳〉，頁347。另見守堅集《雲門匡眞禪師廣錄》卷下〈遊方遺則〉，《禪宗語錄輯要》頁79。

〔註4〕 《雲門匡眞禪師廣錄》卷下雷岳錄〈雲門山光泰禪院匡眞大師行錄〉，《禪宗語錄輯要》頁81。

〔註5〕 《五燈會元》卷第十五〈韶州雲門山光奉院文偃禪師傳〉，頁347。

以文偃爲法嗣。據覺範《石門文字禪》〈陳尊宿影堂序〉云：

> 臨濟至黃蘗，眾未有知之者，而公獨先知之。嘗指似斷際曰：「大黃
> 之門，必此兒也。」雲門秘傳於公，人所知之。而公更使謁雪峰曰：
> 「當嗣之，不然吾道終不振矣。」雲門、臨濟能不忘其言，故宗一
> 代，天下古今依此以揚聲其德澤，方進未艾也。夫二子方其匭耀也，
> 其施爲未有以異於人，而卒不能逃公之言，何也？古之人篤聞其信
> 己，故其處心也，公惟其公，是以自知之，審而知人之詳也。……
> 其臨濟必大黃蘗之門，而其嗣方大盛，知人之詳也。祝雲門嗣雪峰，
> 庶其未詰，自知之審也。〔註6〕

文偃在睦州處數載諮參，「深入淵到」，睦州指示其參承雪峰。〔註7〕文偃到雪峰處，因能自在發言而受器重。據《禪林僧寶傳》卷第二〈韶州雲門大慈雲弘明禪師傳〉云：「存曰：『因甚到與麼？』偃以手自拭其目趨去，存心異之。明日陞座曰：『南山有鱉鼻蛇，諸人出入好看。』偃以拄杖攛出，又自驚慄。自是輩流改觀。〔註8〕文偃以「勢」表義，如「以手自拭其目趨去」表達「自心自度」，「以拄杖攛出」表達「無住」而得「隨緣自在」，是典型的洪州系禪法。其參雪峰多年，「道與存契，遂密以宗印付師」。〔註9〕

　　文偃隨雪峰義存禪師多年，而益資玄要，後遍訪諸方，以增長見識。當時洞上玄風播天下，爲諸方宗匠咸共推尊，雪峰及其會下僧侶曾到洞山與曹山門下參學。文偃到撫州參曹山本寂處參問（840～901年），據《五燈會元》〈撫州曹山本寂禪師傳〉云：

> 雲門問：「不改易底人來師還接否？」師曰：「曹山無恁麼閑工夫。」
> 〔註10〕……雲門問：「如何是沙門行？」師曰：「喫常住苗稼者是。」
> 曰：「便恁麼去時如何？」師曰：「你還畜得麼？」曰：「畜得。」師
> 曰：「你作麼生畜？」曰：「著衣喫飯有甚麼難？」師曰：「何不道披
> 毛戴角。」〔註11〕

〔註6〕 釋覺範《石門文字禪》卷二十三〈陳尊影堂序〉，頁251下。
〔註7〕 《雲門匡眞禪師廣錄》卷下雷岳錄〈雲門山光泰禪院匡眞大師行錄〉，《禪宗語錄輯要》頁81下。
〔註8〕 《禪林僧寶傳》卷第二〈韶州雲門大慈雲弘明禪師傳〉，頁1下。
〔註9〕 《雲門匡眞禪師廣錄》卷下雷岳錄〈雲門山光泰禪院匡眞大師行錄〉，《禪宗語錄輯要》頁81下。
〔註10〕 前引書卷第十三〈撫州曹山本寂禪師傳〉，頁297。
〔註11〕 前引書卷第十三〈撫州曹山本寂禪師傳〉，頁298。

禪門接機是重視揀擇根機與時節因緣的，所以曹山云沒閑工夫去接引已悟或深迷的「不改易底人」（隨緣任運而薦直去的人）。至於披毛戴角，是指三種墮（類墮、隨墮、尊貴墮）中之「類墮」，僅冥合初心而知有（本分事），此乃是沙門行。文偃於處曹山處，見識到曹山接機之審密而不漏絲毫，乃禮敬。

〔註12〕另據《雲門匡眞禪師廣錄》卷下〈遊方遺錄〉云：

> 師到曹山，山示眾云：「諸方盡把格則，何不與他道一轉語，教伊莫疑去？」師便問：「密密處爲甚麼不知有？」山曰：「祇爲密密所以不知有。」師曰：「此人作麼生親近？」山曰：「不向密密處。」師云：「不向密密處，還得親近也無？」山曰：「始解親近。」師應喏喏。〔註13〕

曹山認爲不向密密處（無住）乃能知有（本分事），意仍不離《金剛經》「應無所住而生其心」。文偃應許。曹山被謂爲「啓發上機曾無軌轍可尋」，〔註14〕然由上述機語顯現其接引學人甚爲婆心。文偃亦曾到撫州參疏山匡仁，正值疏山上堂，談其咸通年（860～874）前後的體悟，文偃因之出眾問話。據《五燈會元》〈撫州疏山匡仁禪師傳〉云：

> 後遷疏山，上堂：「病僧咸通年會得法身邊事，咸通年後會得法身向上事。」雲門出問：「如何是法身邊事？」師曰：「枯椿。」曰：「如何是法身向上事？」師曰：「非枯椿。」曰：「還許某甲說道理也無？」師曰：「許。」曰：「枯椿豈不是明法身邊事？」師曰：「是。」曰：「非枯椿豈不是明法身向上事？」師曰：「是。」曰：「祇如法身還該一切也無？」師曰：「法身周遍豈得不該。」門指淨瓶曰：「祇如淨瓶還該法身麼？」師曰：「闍黎莫向淨瓶邊覓。」門便禮拜。

〔註15〕

疏山匡仁在洞山時，以精辯冠眾聞名，而文偃到疏山與之交鋒，佩服禮拜。禪者常以概念或東西，來顯現不可宣說的「自性」，如在概念或東西上作解，去道則遠。疏山以「枯椿」表示心妄而受境轉，用「非枯椿」以示「無住」。文偃用「指境勢」來勘驗疏山，疏山一轉語「莫向淨瓶中覓」，直讓文偃心服

〔註12〕《雲門匡眞禪師廣錄》卷下〈遊方遺錄〉，《禪宗語錄輯要》頁80上。
〔註13〕同前註。
〔註14〕《景德傳燈錄》卷十七〈撫州曹山本寂禪師傳〉，頁138。
〔註15〕《五燈會元》卷第十三〈撫州疏山匡仁禪師傳〉，頁302。

禮拜。文偃亦到越州參乾峰和尚，據《五燈會元》〈越州乾峰和尚傳〉云：

> 上堂：「法身有三種病、二種光，須是一一透得，始解歸家穩坐。須
> 知更有向上一竅在。」雲門出問：「庵內人爲甚麼不知庵外事？」師
> 呵呵大笑，門曰：「猶是學人疑處。」師曰：「子是甚麼心行？」門曰：
> 「也要和尚相委。」師曰：「直須與麼始解穩在。」門應諾諾。上堂：
> 「舉一不得，舉二放過，一著落在第二。」雲門出眾曰：「昨日有人
> 從天台來，卻往徑山去。」師曰：「典座，來日不得普請。」便下座。
> 〔註16〕

越州乾峰上堂，用開示學人，以待來機，而文偃出問則語帶鬥機，被乾峰勘
破。雲門緣心未息，謙虛請教，乃深合乾峰心意。後雲門宗人常開示學人，
莫帶話頭去諸方驗取，此乃「緣心」所成，莫自欺欺人。後有僧問乾峰：「十
方薄伽梵，一路涅盤門，未審路頭在甚麼處？」乾峰以拄杖畫云：「在這裏。」
僧後請益雲門，門拈起扇子云：「扇子脖跳上三十三天，築著帝釋鼻孔；東海
鯉魚打一棒，雨似盆傾。會麼？」〔註17〕兩師以分別以動作與無關言語，即
以「勢」、以「語」讓人起疑情而轉向悟入「自性」。

文偃到明州天童山，天童和尚曰：「你還定當得麼？」文偃曰：「和尚道甚
麼？」和尚曰：「不會則目前包裹。」文偃曰：「會則目前包裹。」〔註18〕就禪
門而言，「會」與「不會」都是兩頭語，落入分別。兩師賓主間交峰深嚴，「明
暗交馳」。文偃參謁諸方的情形，據《五燈會元》〈韶州雲門山光奉院文偃禪師
傳〉云：「師出嶺，遍謁諸方，蠡窮殊軌，鋒辯險絕，世所盛聞。」〔註19〕

文偃遍謁諸方，乃至江州見陳尚書。陳尚書問僧侶行腳事，而文偃則問
陳尚書教意，兩人因所依、所好實有差別而針鋒相向。據《五燈會元》〈韶州
雲門山光奉院文偃禪師傳〉云：

> 師到江州，有陳尚書者請齋，纔見便問：「儒書中即不問，三乘十二
> 分教自有座座，作麼生是衲僧行腳事？」師曰：「曾問幾人來？」書
> 曰：「即今問上座。」師曰：「即今且置，作麼生是教意？」書曰：「黃
> 卷赤軸。」師曰：「這個是文字語言，作麼生是教意？」書曰：「口

〔註16〕前引書卷第十三〈越州乾峰和尚傳〉，頁306。
〔註17〕同前註。
〔註18〕前引書卷第十五〈韶州雲門山光奉院文偃禪師傳〉，頁352。
〔註19〕前引書卷第十五〈韶州雲門山光奉院文偃禪師傳〉，頁347。

欲談而辭喪，心欲緣而慮忘。」師曰：「口欲談而辭喪，為對有言；心欲緣而慮忘，為對妄想。作麼生是教意？」書無語。師曰：「見說尚書看法華經是否？」書曰：「是。」師曰：「經中道一切治生產業者，皆與實相不相違背，且道非非想天有幾人退位。」書無語，師曰：「尚書且莫草草三經五論，師僧拋卻特入叢林十年二十年尚不奈何，尚書又爭得會？」書禮拜曰：「某甲罪過。」〔註20〕

文偃認為儒家與佛家中人，各有其本份事在，己事不明莫妄談他事。文偃亦點出師僧為明己事，拋卻一切特入叢林經歷十年二十年的參學，尚且無可奈何，凡夫草草看經論豈能體會教意。

二、接物以利生

文偃與南嶽百丈系下中人，因緣殊勝。其先訪道明有省，後受靈樹器重。文偃後「藏器混眾」於韶州靈樹院如敏禪師法席，居第一座。〔註21〕靈樹如敏參長慶大安得法，為南嶽下四世，善占卜有奇應，為廣主劉氏奕世欽重，署知聖大師。〔註22〕其與文偃間有一段因緣，據《五燈會元》〈韶州雲門山光奉院文偃禪師傳〉云：

初知聖住靈樹二十年，不請首座，常云：「我首座生也，我首座牧牛也，我首座行腳也。」一日，令擊鐘三門外接首座，眾出迓，師果至，直請入首座寮解包。〔註23〕

靈樹如敏四十餘年行化嶺南，南漢諸主時迎入宮，決疑難事，臨入滅時遺書於廣主，請文偃接踵住持靈樹院。據《景德傳燈錄》〈韶州靈樹如敏禪師傳〉云：

師四十餘年化被嶺表，頗有異跡。廣主將興兵，躬入院請師決臧否，師已先知，怡然坐化。主怒知事云：「和尚何時得疾？」對曰：「師不曾有疾，適封一函子令伺王來呈之。」主開函得一帖子，書云：「人天眼目，堂中上座。」主悟斯旨，遂寢兵，乃召第一座開堂說法。〔註24〕

〔註20〕 前引書卷第十五〈韶州雲門山光奉院文偃禪師傳〉，頁352。
〔註21〕 《景德傳燈錄》卷十九〈韶州雲門山文偃禪師傳〉，頁183。
〔註22〕 前引書卷十一〈韶州靈樹如敏禪師傳〉，頁13。
〔註23〕 《五燈會元》卷第十五〈韶州雲門山光奉院文偃禪師傳〉，頁347。
〔註24〕 前引書卷二十四〈漳州報劬院玄應定慧禪師傳〉，頁81～82。

文偃禪師「不忘本，以雪峰爲師。」開堂日，廣主親臨問曰：「弟子請益。」
文偃曰：「目前無異路。」〔註25〕文偃仍以「無住」爲宗本。據〈雲門山光泰
禪院匡眞大師行錄〉云：「上由是欣美之，累召至闕。每所顧問，酬答響應，
帝愈揖服，遂賜紫袍師名。」〔註26〕據《祖堂集》載，廣主欽崇玄化，賜紫
號匡眞大師。〔註27〕其上堂云：

> 莫道今日謾諸人好，抑不得己向諸人前作一場狼籍，忽遇明眼人見，
> 謂之一場笑具，如今亦不能避得也。且問你諸人從上來有什麼事？
> 欠少什麼？向你道無事，亦是謾你也，須到這田地始得。亦莫趁口
> 亂問，自己心裏黑漫漫地，明朝後日大有事在。你若是根性遲迴，
> 且向古人建化門庭東覷西去覷看是個什麼道理，汝欲得會麼，都緣
> 是自家無量劫來妄想濃厚，一期聞人說著，便生疑心，問佛問祖，
> 向上向下求覓解會，轉沒交涉。擬心即差，況復有言，莫是不擬心
> 是麼？更有什麼事？珍重。〔註28〕

文偃所強調的是「直下無事」、有事即妄，向外覓求轉沒交涉；擬心已差，何
況是言語，但也不是不擬心。充份表現出，其著重在直指「一切現成」與「即
事而眞」。《景德傳燈錄》〈韶州雲門山文偃禪師傳〉云：

> 師上堂云：「我事不獲己，向你諸人道直下無事，早是相埋沒了也。
> 你諸人更擬進步，向前尋言逐句求覓解會，千差萬巧廣設問難，只是
> 贏得一場口滑，去道轉遠，有什麼休歇時。此個事若在言語上，三乘
> 十二分教豈是無言語，因什麼更道教外別傳。若從學解機智得，只如
> 十地聖人說法，如雲如雨猶被呵責，見性如隔羅縠。以此故知，一切
> 有心，天地懸殊。雖然如此，若是得底人，道火不可燒口，終日說事
> 不曾掛著脣齒，未曾道著一字，終日著衣喫飯未嘗觸著一粒米掛一縷
> 線。雖然如此，猶是門庭之說也，得實得恁麼始得。若約衲僧門下，
> 句裏呈機，徒勞佇思，直饒一句下承當得，猶是瞌睡漢。〔註29〕

文偃的見解是，三乘十二分教橫說暨說、天下老和尚縱橫十字說，僅是垂慈

〔註25〕《景德傳燈錄》卷十一〈韶州靈樹如敏禪師傳〉，頁13。
〔註26〕《雲門匡眞禪師廣錄》卷下雷岳錄〈雲門山光泰禪院匡眞大師行錄〉，《禪宗
　　　　語錄輯要》頁81下。
〔註27〕《祖堂集》卷第十一〈雲門和尚傳〉，頁216。
〔註28〕《景德傳燈錄》卷十九〈韶州雲門山文偃禪師傳〉，頁183～184。
〔註29〕前引書卷十九〈韶州雲門山文偃禪師傳〉，頁184。

方便之慈，若從學解機智得，難得見性，直下無事雖是門庭之說，但須是實到「無事道人」的境地始得。文偃並指示學人，莫以食人牙膾而自得，當仔細思量古德的方便設教，自然得個入處，如此行腳才有利益並且省力。文偃且示眾，古聖因學人問超佛越祖之談，不得已乃云：「舉體全真，物物睹體不可得。」其向諸人說直下有什麼事早是相埋沒，但若實未有入頭處，當獨自參詳日常行履之外更有何事。〔註30〕文偃乃開示學人，莫犯空記人說的毛病，而當篤實參學。據《景德傳燈錄》〈韶州雲門山文偃禪師傳〉云：

> 更有一般底恰似等閑相似，聚頭學得個古人話路，識性記持，妄想卜度，道我會佛法了也，只管說葛藤取性過時；更嫌不稱意，千鄉萬里拋卻老爺孃師長和尚作這般底去就，這打野埋漢有什麼死急行腳。……設使有三個兩個枉學多聞，記持話頭，到處覓相似言語印可老宿，輕忽上流，作薄福業，他日閻羅王釘你之時，莫道無人向你說。若是初心後學，直須著精神，莫空記人說。多虛不如少實，向後只是自賺。〔註31〕

文偃苦口婆心返復開示學人，莫因到處行腳而記持些話路，便道會佛法，實不知行腳到何年纔得個休歇處；甚至有人聞說休歇處，便在黑山裏作活記，便道得個入頭路。文偃認為打殺這些人不為過，因這些人僅在打底階段，「不遇作家，至竟只是掠虛漢。」〔註32〕文偃曾作「宗脈頌」，表明從上以來的宗風。據《祖堂集》〈雲門和尚傳〉云：

> 宗脈頌曰：「如來一大事，出現於世間；五千方便教，流傳幾百年。四十九年說，未曾忏出言；如來滅度後，付囑伽葉邊。西天二十八祖，祖佛印相傳；達摩觀東土，五葉氣相連。九年來面壁，唯有喫茶言；二祖為上首，達摩迴西天。六祖曹溪住，衣缽後不傳；派分三五六，各各達真源。七八心忙亂，空花墜目前；苦哉明眼士，認得止啼錢。外道多毀謗，弟子得生天；昔在靈山上，今日獲安然。六門俱休歇，無心處處閑；如有玄中客，但除人我山。一味醍醐藥，萬病悉皆安；因緣契會者，無心便安禪。」〔註33〕

〔註30〕前引書卷十九〈韶州雲門山文偃禪師傳〉，頁185～186。
〔註31〕引書卷十九〈韶州雲門山文偃禪師傳〉，頁186～187。
〔註32〕前引書卷十九〈韶州雲門山文偃禪師傳〉，頁188。
〔註33〕《祖堂集》卷第十一〈雲門和尚傳〉，頁217。

其「宗脈頌」中，也充份表現「直下無事」的理念。但學人要到「直下無事」的境地，還得苦下功夫。所以文偃一日上堂云：「平地上死人無數，過得荊棘林是好手。」〔註34〕其行腳時，曾參洞山門下越州乾峰和尚，乾峰上堂云：「法身有三種病、二種光，須是一一透得，始解歸家穩坐在。須知，更有向上一竅在。」〔註35〕其當時仍須乾峰解說，住山後上堂示眾則已不同。據《五燈會元》〈韶州雲門山光奉院文偃禪師傳〉云：

> 上堂：「光不透脫有兩般病。一切處不明，面前有物，是一；又透得一切法空，隱隱地似有個物相似，亦是光不透脫。又法身亦有兩般病。
> 得到法身爲法執，不忘己見，猶存坐在法身邊，是一；直饒透得法身去，放過即不可，子細點檢將來有甚麼氣息，亦是病。」〔註36〕

文偃上堂開示徒眾，既明確又婆心。他簡潔地說從上以來的宗風，難用言語道，不得已乃說「直下無事」；但恐斷學人的法性慧命，又謙虛地說怕相埋沒，而廣設言教去道轉遠，讓明眼人笑。文偃重視實得不貴虛掠，所以其上堂開示，則不忘提醒學人：「莫道今日謾諸人好。」〔註37〕或云：「莫道無人向你說。」〔註38〕或云：「莫道無道。」〔註39〕

　　文偃接引學人有其獨到的思想與方法。其上堂云：「函蓋乾坤，目機銖兩，不涉世緣，作麼生承當？」眾無對，其自代曰：「一鏃破三關。」〔註40〕關於一鏃破三關，杜繼文、魏道儒在《中國禪宗通史》〈雲門三句話〉文中云：

> 從字面上看，函蓋乾坤是形容某種至大無外、包容天地、一切俱足的本體；就禪宗史考察，這本體或指心，或指智，或指理（道），由此形成諸多種不同的哲學體系。雲門用「函蓋乾坤」一詞，將禪宗內部的這些差別模糊起來，變成了可以蘊含多種義理的籠統譬喻，這是使他在禪宗範圍能夠擒縱舒卷、縱橫變化的重要原因。……目機銖兩、不涉萬緣，則是禪者普遍追求的境界。前一句表示要明察秋毫，後一句表示要不被心境左右。……不過對後來影響大的，還

〔註34〕《五燈會元》卷第十五〈韶州雲門山光奉院文偃禪師傳〉，頁 351。
〔註35〕前引書卷第十三〈越州乾峰和尚傳〉，頁 306。
〔註36〕前引書卷第十五〈韶州雲門山光奉院文偃禪師傳〉，頁 351。
〔註37〕《景德傳燈錄》卷十九〈韶州雲門山文偃禪師傳〉，頁 183。
〔註38〕前引書卷十九〈韶州雲門山文偃禪師傳〉，頁 186。
〔註39〕前引書卷十九〈韶州雲門山文偃禪師傳〉，頁 188。
〔註40〕《五燈會元》卷十五〈韶州雲門山光奉院文偃禪師傳〉，頁 350。

是由緣密解釋的那三句語。〔註41〕

雲門的思想，後來其法嗣德山緣密把其所說分爲函蓋乾坤句、截斷眾流句與隨波逐浪句。〔註42〕至於「截斷眾流」與「隨波逐浪」，杜繼文、魏道儒著《中國禪宗通史》中云：「當指他用以教化的方法，前一句是制止學者不得繼續如此思維下去，必須改變思維方式；後一句是要求適應學者的水平，案不同情況，加以引導。」〔註43〕雲門的禪思想是圓融的，其教法也甚審密，但後來的臨濟宗人湛愚爲突顯「自我」，乃斷章取義甚詆毀雲門。據《心燈錄》卷二云：

> 如果人人皆明得「獨尊」之義，天下那有不太平之理。必打殺此語，而後太平，不亦更擾乎？因此語出後，人遂總不理論世尊之直指，誤卻多少豪傑之士，都離卻此我，而別尋生路。瑯琊覺還讚他能報佛恩，可恨！可恨！惟雪峰悅云：「雲門雖有定亂之謀，且無出身之路。」可憐後人，被雲門一打，將此吾字，都拋向大洋裏去，入於邪道，無出身之路。皆係雲門所誤。我若在雲門時，一棒將雲門打殺與狗子吃，才是報佛恩，才是定亂之謀。〔註44〕

據《景德傳燈錄》所載，文偃示徒之所重，在體取「自性」實無有不足之處，大用現前實不煩氣力，觸目承當而不著，便不受人欺謾、受人處分。其不貴重句裏呈機，因徒勞神思，即使聞舉而直下承當，實仍未澈在。這已明示不離從上宗風，那像湛愚所輕垢的。〔註45〕其上堂云：

> 盡乾坤一時把將來著汝眼睫上。你諸人聞恁麼道，不敢望你出來性躁把老漢打一摑，且緩緩子細看是有是無，是個什麼道理，直饒向這裏明得。若遇衲僧門下，好槌折兩腳。汝若是個人，聞說道什麼處有老宿出世，便好驀面唾污我耳目。汝若不是個腳手，纔聞人舉便當荷得，早落第二機也。汝且看德山和尚纔見僧上來，拽拄杖便打趁；睦州和尚纔見僧入門來，便云：「現成公案，放汝三十棒。」……諸兄弟！若是得底人，他家依眾遣日，若也未得，切莫容易過時，大須子細。

〔註41〕杜繼文、魏道儒著《中國禪宗通史》〈雲門三句語〉，頁356。
〔註42〕前引書卷十五〈鼎州德山緣密圓明禪師傳〉，頁353。
〔註43〕杜繼文、魏道儒著《中國禪宗通史》〈雲門三句語〉，頁356。
〔註44〕《心燈錄》卷二，頁89。另杜繼文、魏道儒可能受限於中共的馬列主義，在分析雲門禪思想與化門後，在所著《中國禪宗通史》中（頁357）不得不貶之云：「不過總體來說，思想含混，精采的東西不多。」
〔註45〕《景德傳燈錄》卷十九〈韶州雲門山文偃禪師傳〉，頁184～185。

古人大有葛藤相為處，即如雪峰和尚道：「盡大地是汝。」夾山云：「百草頭上薦取老僧，鬧市裏識取天子。」樂普云：「一塵纔舉大地全收，一毛頭師子全身總是。」汝把取翻覆思量，日久歲深，自然有個入路。此事無你替代處，莫非各在當人分上，老和尚出世，只是為你證明。若若有少許來由，且昧你亦不得，你若實未得，方便撥汝則不可。兄弟，一等是躝破草拋卻師長父母行腳，直須著些子精彩始得。實若有個入頭處，遇著咬豬狗腳手，不惜性命入泥水相為，有可咬嚼，眨上眉毛，高掛缽囊，拗折拄杖，十年二十年辦取徹頭，莫愁不成辦。直是今生未得徹頭，來生亦不失人身，向此個門中亦乃省力，不虛孤負平生，亦不孤負師長父母十方施主。直須在意，莫空遊州獵縣，橫擔拄杖一千二千里走，趁這邊經冬，那邊過夏，好山水堪取性，多齋供易得衣缽，若屈！圖他一粒米，失卻半年糧，如此行腳，有什麼利益，信心檀越把菜粒米作麼生消得。直須自看，時不待人，忽然一日眼光落地，前頭將什麼抵擬？莫一似落湯螃蟹，手腳忙亂，無你掠虛說大話處。莫前等閒空過時光，一失人生萬劫不復，不是小事。莫據目前，俗子尚道朝聞道夕死可矣，況我沙門日夕合履踐個什麼事，大須努力！努力！珍重。〔註46〕

文偃指示學人「直須自看」，莫掠虛說話頭，「然雖據實，實是諦見也未。」〔註47〕且自云其出世，乃是為學人證明有否實得入頭處，若些來由，想埋沒亦不得，若實不得入路，方便點撥則不可。據《五燈會元》〈韶州雲門山光奉院文偃禪師傳〉云：

問：「如何是道？」師曰：「去。」曰：「學人不會，請師道。」師曰：「公驗分明，何在重判。」〔註48〕

文偃示眾很婆心，反覆述說，層次分明；其接機則森嚴，所謂「公驗分明」。其指示學人，賓主交鋒時須實到何種情境始得，以及如何才是大用現前。據《景德傳燈錄》〈韶州雲門山文偃禪師傳〉云：

舉一則語教汝直下承當，早是撒屎著汝頭上。直然拈一毫頭盡大地一時明得，也是剜肉作瘡。雖然如此，汝亦須實到這個田地始得。若

〔註46〕前引書卷十九〈韶州雲門山文偃禪師傳〉，頁185～186。
〔註47〕前引書卷十九〈韶州雲門山文偃禪師傳〉，頁187。
〔註48〕《五燈會元》卷十五〈韶州雲門山光奉院文偃禪師傳〉，頁350。

未切，不得掠虛，卻退步向自己根腳下推尋，看是個甚麼道理。實
無絲髮與汝作解會，與汝作疑惑。汝等各各且當人一段事大用現前，
更不煩汝一毫頭氣力，便與佛祖無別。〔註49〕

文偃是一位「行解」並重的禪師，其上堂先引言指示學人，盼能句下承當，
學人不理解時，其且己身示範。據《五燈會元》〈韶州雲門山光奉院文偃禪師
傳〉云：

示眾：「大用現前，不存軌則。」時有僧問：「如何是大用現前？」
師拈起拄杖高聲唱曰：「釋迦老子來也。」〔註50〕

文偃的總體思想，建築在華嚴宗關於「道」的遍在性，「理」在「事」上，事
事具理。所以常用「總在這裏」或如「釋迦老子來也」，這種「以勢」、「以語」
來貫徹「理事無礙」、「觸目是道」的禪理。

文偃接引學人，每每用一語、一字，驀然地截斷葛藤，使問者無所用心，
從而悟得世諦門中無一法可立，發揮了「無住」的思想。據《景德傳燈錄》〈韶
州雲門山文偃禪師傳〉云：

問：「如何是雲門一曲？」師曰：「臘月二十五。」問：「如何是雪嶺
泥牛吼？」師曰：「天地黑。」曰：「如何是雲門木馬嘶？」師曰：「山
河走。」問：「從上事請師提綱？」師曰：「朝看東南，暮看西北。」
曰：「便恁麼領會時如何？」師曰：「東屋裏點燈，西屋裏闇坐。」問：
「十二時中如何不空過？」師曰：「向什麼處著此一問？」曰：「學人
不會，請師舉。」師曰：「將筆硯來。」僧取筆硯來，師作一頌曰：「舉
不顧即差互，擬思量何劫悟。」問：「如何是學人自己？」師曰：「遊
山翫水。」曰：「如何是和尚自己？」師曰：「賴遇維那不在。」問：
「一口吞盡時如何？」師曰：「我在汝肚子裏？」曰：「和尚爲什麼在
學人肚子裏？」師曰：「還我話頭來。」問：「如何是道？」師曰：「去。」
曰：「學人不會，請師道。」師曰：「闍黎，公憑分明，何得重判。」
問：「生死到來如何排遣？」師展手曰：「還我生死來。」問：「如何
是父母不聽不得出家？」師曰：「淺。」曰：「學人不會。」師曰：「深。」
問：「如何是學人自己？」師曰：「汝怕我不知。」問：「萬機俱盡時
如何？」師曰：「與我拈卻佛殿來與汝商量。」曰：「佛殿豈關他事。」

〔註49〕《景德傳燈錄》卷十九〈韶州雲門山文偃禪師傳〉，頁184～185。
〔註50〕《五燈會元》卷第十五〈韶州雲門山光奉院文偃禪師傳〉，頁351。

師喝曰：「這譠語漢。」問：「如何是教外別傳一句？」師曰：「對眾問將來。」曰：「直得恁麼時如何？」師曰：「照從何立？」問：「如何是和尚家風？」師曰：「門前有讀書人。」問：「如何是透法身句？」師曰：「北斗裏藏身。」問：「如何是西來意？」師曰：「久雨不晴。」又曰：「粥飯氣。」問：「古人橫說豎說猶未知向上一關捩子，如何是向上一關捩子？」師曰：「西山東嶺青。」問：「如何是西來意？」師曰：「河裏失錢河裏摝。」師有時坐良久，僧問：「何似釋迦當時？」師曰：「大眾立久，快禮三拜。」師嘗有頌曰：「雲門聲峻白雲低，水急遊魚不敢棲；入戶已知來見解，何煩再舉轢中泥。」〔註51〕

文偃唱道於靈樹院與雲門山，凡三十載，以後漢隱帝乾祐二年（949年）四月十日順寂。〔註52〕文偃於晚唐時，與雪峰座下之玄沙師備、長慶慧稜、鼓山神晏等人為同一時代有名禪宗師匠，與大法眼文益禪師互揚舉一家宗風，而先法眼前九年圓寂。

第二節　雲門的門下

文偃的知名門徒很多，主要分布在嶺南、湖南、江西、江蘇諸地。唯獨福建不見，這或與文偃在雪峰處得密付宗印後，所標舉的門風與雪峰有別，而不受盛行於福建的雪峰同門所承認。如同羅漢桂琛曾參雪峰，嗣法與雪峰禪法異路的玄沙師備時，遭到雪峰門徒神晏國師所譖，獨居古寺而乏人問津，苟非文益偶遇而默契，則斯道陵替，玄沙正宗無得開展。此或晚唐五代時各家標舉化門，導致宗派主義的熾盛，而以福建雪峰系為盛，所以法眼宗後在吳越弘化，雲門宗人的勢力也始終未達福建。這種情況，或可由釋贊寧《宋高僧傳》卷十二〈唐福州雪峰廣福院義存傳〉與卷十三〈後唐漳州羅漢桂琛傳〉可見端倪。

文偃禪師的法嗣，據《五燈會元》所載有法嗣七十六人，分別是韶州白雲子祥實性大師、鼎州德山緣密圓明禪師、岳州巴陵新開院顯鑒禪師、隨州雙泉山師寬明教禪師、益州青城香林院澄遠禪師、香州洞山守初宗慧禪師、洪州泐潭道謙禪師、金陵奉先深禪師、隨州雙泉郁禪師、韶州披雲智寂禪師、韶州舜

〔註51〕《景德傳燈錄》卷十九〈韶州雲門山文偃禪師傳〉，頁188～189。
〔註52〕《五燈會元》卷十五〈韶州雲門山光奉院文偃禪師傳〉，頁352。另見《雲門匡真禪師廣錄》卷下雷岳錄〈雲門山光泰禪院匡真大師行錄〉，《禪宗語錄輯要》頁82上。

峰義韶禪師、南嶽般若寺啓柔禪師、潞府妙勝殊禪師、饒州薦福承古禪師、金陵清涼智明禪師、潭州南臺道遵法雲禪師、韶州雙峰竟欽禪師、韶州資福詮禪師、廣州黃雲元禪師、廣州龍境倫禪師、韶州雲門山爽禪師、韶州白雲聞禪師、韶州淨法禪想章禪師、韶州溫門山滿禪師、黃州大容諲禪師、廣州羅山崇禪師、韶州雲門常實禪師、鄂州林溪竟脫禪師、韶州廣悟禪師、廣州華嚴慧禪師、英州觀音和尚、韶州林泉和尚、韶州雲門煦禪師、瑞州黃蘗法濟禪師、信州康國耀禪師、潭州谷山豐禪師、潁州羅漢匡果禪師、鼎州滄溪璘禪師、瑞州洞山清稟禪師、蘄州北禪悟通寂禪、廬州南天王永平禪師、湖南永安朗禪師、湖南湘潭明照禪師、西川青城大面山乘禪師、興元府普通封禪師、韶州燈峰淨源眞禪師、韶州大梵圓禪師、灃州藥山圓光禪師、信州鵝湖雲震禪師、廬山開先清耀禪師、襄州奉國清海禪師、韶州慈光禪師、韶州雙峰慧眞禪師、潭州保安師密禪師、韶州雲門法球禪師、韶州佛陀山遠禪師、連州慈雲山深禪師、廬山化城鑒禪師、廬山護國和尚、廬州天王徽禪師、廬州慶雲和尚、岳州永福院朗禪師、鄂州芭蕉山弘義禪師、鄂州趙橫山和尚、信州西禪欽禪師、廬州南天王海禪師、桂州覺華普照禪師、益州鐵幢覺禪師、新州延長山和尚、眉州福化充禪師、眉州黃龍贊禪師、衡州大聖院守賢禪師、舒州天柱山和尚、韶州雲門山朗上座與鄂州鷟子山庵主。〔註53〕另據《景德傳燈錄》所載，尚有連州地藏院慧慈明識大師〔註54〕、韶州燈峰和尚、洪州雲居山融禪師、眉州福化院光禪師、廬州東天王廣慈禪師與筠州洞山凜禪師。〔註55〕上述諸人僅洪州雲居山融禪師、眉州福化院光禪師、廬州東天王廣慈禪師與筠州洞山凜禪師無機緣語句。

從五代到宋初，本宗極為隆盛，諸弟子之中優秀者有雙泉師寬、白雲子祥、洞山守初、德山緣密、雙泉仁郁、香林澄遠、雙峰竟欽、淨法章、洞山清稟、清涼智明、奉先深、薦福承古禪師、巴陵顥鑒與雲門朗上座。

一、雙泉師寬系下

雙泉師寬得法於雲門，後示寂於智門。〔註56〕門下福昌重善、乾明居信、五祖師戒等，均為當時傑出人才。〔註57〕特別是五祖師戒門下，有北塔思廣、

〔註53〕前引書卷第十五〈雲門偃禪師法嗣〉，頁344～345。
〔註54〕《景德傳燈錄》卷二十二〈韶州雲門山文偃禪師法嗣〉，頁25。
〔註55〕前引書卷二十三〈韶州雲門山文偃禪師法嗣〉，頁43。
〔註56〕前引書卷二十二〈隨州雙泉山師寬明教大師〉，頁41。
〔註57〕《五燈會元》卷第十五〈雙泉寬禪師法嗣〉，頁345。

泐潭懷澄等禪將。〔註58〕泐潭懷澄下出育王懷璉（1007～1090）。懷璉隨侍泐潭法席十餘年，皇祐中（1049～1054）依仁宗皇帝命住淨因禪院，入宮中爲帝說法，賜號大覺禪師；帝且遣使賜龍腦鉢，懷璉謝恩罷鉢曰：「吾法以壞色衣，以瓦鐵食，此鉢非法。」遂焚之，中使回奏，帝聞之大爲嘆美，後被四明郡守迎住育王。〔註59〕時禪有懷璉、契嵩，講有辯才、南屏，號稱法門四傑。

二、白雲子祥系下

韶州白雲子祥（實性師），初住慈光院，爲廣主劉氏之所重，召其入府說法。〔註60〕其接引學人的風範，深得雲門文偃首肯。據《景德傳燈錄》云：

> 師問僧：「什麼處來？」曰：「雲門來。」師曰：「裏許有多少水牛？」
> 曰：「一個兩個。」師曰：「好水牛。」師問僧：「不壞假名而譚實相
> 作麼生？」僧曰：「這個是椅子。」師以手撥云：「將鞋袋來。」僧
> 無對。雲門和尚聞之，乃云：「須是他始得。」〔註61〕

師僧問話之間，以不令「意識根」樁立始得。子祥初用「隨波逐流式」問僧，後一轉語而問從上玄旨，僧以「託情勢」（這個是椅子）表示，師兼用「勢」（手撥）與「無理路語句」截斷僧人的心機意識。子祥的言句，不僅「絕滲漏」，而合乎雲門宗風，乃爲雲門所贊許。子祥師將示滅，白眾曰：「某甲雖提祖印，未盡其中。諸仁者且道其中事作麼生？莫是無邊、中間、內外已否？如是會解，即大地如鋪殺去。此即他方相見。」言訖，告寂。〔註62〕門下得法者有韶州大歷和尚、連州寶華和尚、韶州月華山月禪師、南雄州地藏和尚、英州樂淨含匡禪師、韶州後白雲和尚與韶州白雲福禪師。〔註63〕

三、洞山守初系下

襄州洞山守初宗慧大師，初參雲門，雲門問：「近離什麼處？」師曰：「查渡。」雲門曰：「夏在什麼處？」師曰：「湖南報慈。」雲門曰：「甚時離彼？」師曰：「去年八月。」雲門曰：「放汝三頓棒。」師至明日卻上問訊：「昨日蒙

〔註58〕前引書卷第十五〈五祖戒禪師法嗣〉，頁346。
〔註59〕前引書卷第十五〈明州育王山懷璉大覺禪師傳〉，頁373。
〔註60〕《景德傳燈錄》卷二十二〈韶州白雲和尚實性大師傳〉，頁35。
〔註61〕前引書卷二十二〈韶州白雲祥和尚實性大師傳〉，頁36。
〔註62〕同前註。
〔註63〕《五燈會元》卷第十四〈白雲祥禪師法嗣〉，頁345。

和尚放三頓棒，不知過在什麼處？」雲門曰：「飯袋子，江西湖南便與麼去。」
師於此大悟。〔註64〕雲門接引守初用隨流句，一轉語截其流識（放汝三頓棒），
而守初不解，心生疑情。翌日問過患，雲門「用語表義」（飯袋子，江西湖南
便與麼去）使守初頓見本心。遂曰：「他後向無人煙處，不蓄一粒米，不種一
莖菜，接待十方往來，盡與伊抽釘拔楔，拈卻炙脂帽子，脫卻骨臭布衫，教
伊洒洒地作個無事衲僧，豈不快哉！」雲門曰：「你身如椰子大，開得如許大
口。」師便禮拜。〔註65〕師之法嗣有潭州福嚴良雅、荊南府開福德賢、潭州
報慈嵩、岳州乾明睦、鄧州廣濟院同、韶州東平山洪教〔註66〕與潭州道崧禪
師。〔註67〕六人之中僅潭州道崧禪師無機緣語句，而福嚴良雅則居洞山第一
座。〔註68〕福嚴良雅依次傳北禪智賢〔註69〕、廣因擇要〔註70〕到青原下十一
世的福州妙峰如璨禪師。〔註71〕

四、德山緣密系下

朗州德山第九世緣密圓明大師，門下出有文殊應眞等十一人。〔註72〕文
殊應眞下有洞山曉聰，曉聰曾在雲居作燈頭，見僧說泗州大聖近在揚州出現，
有設問曰：「既是泗州大聖，爲甚麼卻向揚州出現？」師曰：「君子愛財，取
之以道。」後僧舉似蓮花峰祥菴主（雲門法嗣奉先深公的法子），主大驚曰：
「雲門兒孫猶在！」中夜望雲居拜之。〔註73〕洞山曉聰下出有雲居曉舜、佛
日契嵩、大潙懷宥、洪州太守許氏等人。〔註74〕雲居曉舜卜出金陵蔣山法泉
佛慧禪師，〔註75〕蔣山法泉下出清原下十二世居士趙抃。〔註76〕杭州靈隱寺
之佛日契嵩，作《原教論》十餘萬言，明儒釋之道一貫，以斥韓愈排佛之說，

〔註64〕《景德傳燈錄》卷二十三〈襄州洞山守初宗慧大師傳〉，頁48。
〔註65〕《五燈會元》卷第十五〈襄州洞山守初宗慧禪師傳〉，頁355。
〔註66〕前引書卷第十五〈洞山初禪師法嗣〉，頁345。
〔註67〕《景德傳燈錄》卷二十四〈襄州洞山守初禪師法嗣〉，頁71。
〔註68〕《五燈會元》卷第十五〈潭州福嚴良雅禪師傳〉，頁365。
〔註69〕前引書卷第十五〈福嚴雅禪師法嗣〉，頁346。
〔註70〕前引書卷第十六〈北禪賢禪師法嗣〉，頁376。
〔註71〕前引書卷第十六〈廣因要禪師法嗣〉，頁377。
〔註72〕前引書卷第十五〈德山密禪師法嗣〉，頁345。
〔註73〕前引書卷第十五〈瑞州洞山曉聰禪師傳〉，頁367。
〔註74〕前引書卷第十五〈洞山聰禪師法嗣〉，頁347。
〔註75〕前引書卷第十六〈雲居舜禪師法嗣〉，頁377。
〔註76〕前引書卷第十六〈蔣山泉禪師法嗣〉，頁378。

讀者畏服。後居永安蘭若，著作《禪門定祖圖》、《傳法正宗記》、《輔教篇》，上進宋仁宗，帝閱之歡賞有加，命編於大藏中，且賜號爲明教大師。當時宰相韓琦、大參歐陽修等人均受師之教誨，以熙寧四年（1071 年）六月四日寂。〔註77〕

五、原雙泉仁郁系下

雲門法子雙泉仁郁下有德山慧遠，〔註78〕慧遠下出開先善暹。〔註79〕開先善暹有法子南康軍雲居山了元佛印禪師（1032～1098），師出世後九坐道場，名動朝野，神宗賜高麗磨衲金鉢以旌師德，師與東坡居士互相應酬，交情甚篤。〔註80〕門下有青原下十一世百丈淨悟、善權慧泰、崇福德基、寶林懷吉與資福宗誘。〔註81〕

六、香林澄遠系下

雲門會下法緣最長者，爲香林澄遠（907～987）一系。澄遠在眾日，一回普請除草，時有一僧曰：「看，俗家失火。」師曰：「那裏火。」僧曰：「不見那？」師曰：「不見。」僧曰：「這瞎漢。」是時一眾皆言遠上座敗闕。後明教師寬聞舉，嘆曰：「須是我遠兄始得。」〔註82〕澄遠在對答中，不失宗風（以不見表示無住），而僧謂其：「瞎漢。」乃著境又起妄心。所以師寬贊許澄遠。澄遠初住西川導江縣迎祥寺天王院弘化，後住青城香林院，師之接引學人，似雲門一句一語，但較雲門婆心。據《景德傳燈錄》云：

> 問：「如何是香林一泳泉？」師曰：「念無間斷。」曰：「飲者如何？」
> 師曰：「隨方斗稱。」問：「如何是衲僧正眼？」師曰：「不分別。」
> 曰：「照用事如何？」師曰：「行路人失腳。」問：「萬機俱泯跡方識
> 本來人時如何？」師曰：「清機自顯。」曰：「恁麼即不別人。」師
> 曰：「方見本來人。」問：「魚游陸地時如何？」師曰：「發言必有後
> 救。」僧曰：「卻下碧潭時如何？」師曰：「頭重尾輕。」問：「但有

〔註77〕前引書卷第十五〈杭州佛日契嵩禪師傳〉，頁 373。
〔註78〕前引書卷第十五〈雙泉郁禪師法嗣〉，頁 345～346。
〔註79〕前引書卷第十五〈德山遠禪師法嗣〉，頁 346。
〔註80〕前引書卷第十六〈南康軍雲居山了元佛印禪師傳〉，頁 384。
〔註81〕前引書卷第十六〈雲居元禪師法嗣〉，頁 377。
〔註82〕前引書卷第十五〈益州青城香林院澄遠禪師傳〉，頁 354。

言句盡是賓，如何是主？」師曰：「長安城裏。」曰：「如何領會？」
師曰：「千家萬戶。」〔註83〕

師上堂示眾的見地，與雲門的宗旨亦雷同，教學人當體取自性，如買田要真
實收得元本契約書，如此才不受欺謾，學人苟確有見地，不妨道出來看看，
其願與學人勘驗。據《五燈會元》〈益州青城香林院澄遠禪師傳〉云：

> 上堂：「是汝諸人盡是擔缽囊向外行腳，還識得性也未？若識得試出
> 來道看，若識不得祇是被人熱謾將去。且問汝諸人，是汝參學日久
> 用心掃地、煎茶、遊山、玩水，汝且釘釘喚甚麼作自性？諸人且道
> 始終不變不異、無高無下、無好無醜、不生不滅究竟歸於何處？諸
> 人還知得下落所在也未？若於這裏知得所在，是諸佛解脫法門，悟
> 道見性始終不疑不慮，一任橫行一切人不奈汝何，出言吐氣實有來
> 處。如人買田須是收得元本契書，若不得他元本契書終是不穩遮，
> 莫經官判狀亦是不得其奈，不收得元本契書終是被人奪卻。汝等諸
> 人參禪學道亦復如是，還有人收得元本契書麼？試拈出看，汝且喚
> 甚麼作元本契書？諸人試道看，若是靈利底纔聞與麼說著便知去
> 處，若不知去處向外邊學得千般巧妙記持解會，口似傾河終不究竟，
> 與自己天地差殊，且去衣缽下體當尋覓看，若有個見處上來這裏道
> 看，老僧與汝證明，若覓不得且依行隊去。〔註84〕

「理雖頓悟，事要有漸」，所以師自謂「四十年方打成一片」，〔註85〕會下有隨
州智門光祚〔註86〕光祚下得法者甚眾，著名者有南華寶緣、百丈智映、延慶子
榮、雪竇重顯等禪德。〔註87〕延慶子榮下出圓通居訥。〔註88〕居訥初住廬山歸
宗寺，歐陽修來見與之論道，肅然心服。〔註89〕蘇洵亦登廬山謁師問法。師後
遷圓通寺，宋仁宗聞其名詔住十方淨因禪院，師稱疾舉懷璉應詔。〔註90〕此後
禪宗行於京師，據《佛祖統紀》〈皇祐元年〉條云：

> 自周朝毀寺，建隆興復，京師兩街唯南山律部、賢首慈恩義學而已。

〔註83〕《景德傳燈錄》卷第二十二〈益州青城香林院澄遠禪師傳〉，頁42。
〔註84〕《五燈會元》卷第十五〈益州青城香林院澄遠禪師傳〉，頁354～355。
〔註85〕前引書卷第十五〈益州青城香林院澄遠禪師傳〉，頁355。
〔註86〕前引書卷第十五〈香林遠禪師法嗣〉，頁345。
〔註87〕前引書卷第十五〈智門祚禪師法嗣〉，頁346。
〔註88〕前引書卷第十六〈延慶榮禪師法嗣〉，頁376。
〔註89〕《佛祖統紀》卷第四十五〈慶歷四年〉條，《佛教大藏經》第七十五冊，頁755。
〔註90〕《佛祖統紀》卷第四十五〈慶歷五年〉條，《佛教大藏經》第七十五冊，頁756。

　　士夫聰明超軼者，皆厭聞名相之談，而天台止觀、達磨禪宗未之能
　　行。淳化以來，四明天竺行道，東南觀心宗眼映照天下，楊億晁迥
　　有以發之，眞宗嘉獎錫以法智慈雲之號，雖一時朝野爲之景慕，而
　　終未能行其說於京邑。至是内侍李允寧奏，以汴京第宅創興禪席，
　　因賜額爲十方淨因，上方留意空宗，詔求有道者居之，歐陽修等請
　　以圓通居訥應命，訥以疾辭，因舉懷璉以爲代。〔註91〕

師年老退居寶積巖，於神宗熙寧四年（1071年）三月十六日示寂，世壽六十二
歲。〔註92〕雲門宗傳至智門光祚門下的雪竇重顯，宗風大振，號稱中興。〔註93〕
雪竇重顯依次傳法天衣義懷〔註94〕、慧林宗本，大興雲門宗風。神宗元豐五年
（1082年），帝下詔闢相國寺六十四院爲八禪二律，召宗本爲慧林第一祖，帝
召至延和殿問道，帝曰：「禪宗方興，宜善開導。」師奏曰：「陛下知有此道，
如日照臨臣，豈敢自怠。」帝贊其爲福慧僧。〔註95〕

七、竟欽與清稟

　　韶州雙峰山興福院竟欽禪師，開堂日雲門和尚躬臨證明，廣主嘗親問法
要，賜慧眞廣悟號。〔註96〕以太平興國二年（978年）五月二十五日，與雲門
爽、溫門舜峰等七人夜話，侍者報三更，師索香焚之合掌而逝。〔註97〕廣主
劉氏亦曾問雲門的法嗣淨法章禪師：「如何是禪師？」師乃良久，廣主罔測因
署其號禪想。〔註98〕章禪師以「語默勢」（良久）來彰顯「自性」，這是禪門
中人慣常使用的教學法。清稟初詣南嶽，參惟徑頭陀，未染指，及造雲門，
雲門問：「今日離什麼處？」清稟曰：「慧林。」雲門舉拄杖曰：「慧林大師恁
麼去，汝見麼？」清稟曰：「深領此問。」雲門顧左右微笑而已，師自此入室
印悟。後往金陵，國主李氏請居光睦，未幾復命入澄心堂集諸方語要，經十

〔註91〕《佛祖統紀》卷第四十五〈皇祐元年〉條，《佛教大藏經》第七十五冊，頁758。
〔註92〕《佛祖歷代通載》卷第二十八〈辛亥〉條，《佛教大藏經》第七十五冊，頁1217。
〔註93〕《佛祖歷代通載》卷第二十七〈雪竇顯禪師傳〉，《佛教大藏經》第七十五冊，頁1213。
〔註94〕《五燈會元》卷第十六〈越州天衣義懷禪師傳〉，頁380。
〔註95〕前引書卷第十六〈東京慧林宗本圓照禪師傳〉，頁387。
〔註96〕前引書卷第十五〈韶州雙峰竟欽禪師傳〉，頁357。
〔註97〕《景德傳燈錄》卷第二十二〈韶州雙峰山興福院竟欽和尚慧眞廣悟禪師傳〉，頁37～38。
〔註98〕前引書卷第二十二〈韶州淨法章和尚禪想大師傳〉，頁39。

稔迎住洞山。〔註 99〕由竟欽與清稟事跡，足見雲門傳法之愼重以及接機之簡便與善巧。

八、智明與深公

受江南國主禮遇而開堂者，另有金陵清涼智明〔註 100〕與奉先深禪師。〔註 101〕深禪師機鋒凜冽，得理不饒，曾與法眼宗相較量，據《五燈會元》〈金陵奉先深禪師傳〉云：

> 師同（智）明和尚在眾時，聞僧問法眼：「如何是色？」眼豎起拂子，或曰雞冠花，或曰貼肉汗衫。二人特往請益，問曰：「承聞和尚有三種色語是否？」眼曰：「是。」師曰：「鷂子過新羅。」便歸眾。時李王在座下，不肯乃白法眼曰：「寡人來日致茶筵請兩人重新問話。」明日茶罷，備絲一箱、劍一口謂二師曰：「上座若問話得是，奉賞雜絲一箱，若問不是，祇賜一劍。」法眼陞座，師復出問：「今日奉敕問話，師還許也無？」眼曰：「許。」曰：「鷂子過新羅。」捧絲便行。大眾一時散去，時法燈作維那，乃鳴鐘集眾，僧堂前勘師。眾集，燈問：「承聞二上座久在雲門，有甚奇特因緣，舉一兩則來商量看。」師曰：「古人道：『白鷺下田千點雪，黃鸝上樹一枝花。』維那作麼生商量？」燈擬議，師打一座具便歸眾。〔註 102〕

雲門宗是不強調以「方便」為機，望學人能「直下」本源去會取，所以深禪師破斥法眼立「聲色」語句為多餘，且其問話簡潔不落入「根識」。又雲門宗的門風，強調「語下薦得亦不許」，所以深禪師以詩句引法燈的心機意識，法燈擬議，深禪師用「指境勢」（打一座具便歸眾）化導法燈，謂其「性海」中正流出「此我」。

深禪師同智明和尚到淮河，見人牽網，有魚從網透出，深禪師曰：「明兄俊哉，一似箇衲僧相似。」明曰：「雖然如此，爭如當初不撞入網羅好。」深禪師曰：「明兄你欠悟在。」明至中夜方省。〔註 103〕深禪師謂智明，雖初心已發但「緣心」（撞入羅網，指處境）未息而不知有（透出網而自在），未徹從

〔註99〕前引書卷第二十二〈筠州洞山普利院第八世住清稟禪師傳〉，頁49～50。
〔註100〕前引書卷第二十三〈金陵清涼明禪師傳〉，頁50。
〔註101〕前引書卷第二十三〈金陵奉先深禪師傳〉，頁51。
〔註102〕《五燈會元》卷第十五〈金陵奉先深禪師傳〉，頁355～356。
〔註103〕前引書卷第十五〈金陵奉先深禪師傳〉，頁356。

上「無住」宗風，明深夜自省乃悟前旨。奉先深禪師有法嗣天台蓮華峰祥庵主與江州崇勝御禪師兩人。〔註104〕清涼明禪師有法嗣吉州西峰雲豁禪師，真宗皇帝曾遣使召問，賜號圓淨。〔註105〕

九、薦福承古系下

雲門的另一法師饒州薦福承古禪師，曾參大光敬玄禪師，乃曰：「祇是箇草裡漢。」遂參福嚴雅和尚，又曰：「祇是箇說灑衲僧。」由是終日默然，深究先德洪規，一日覽雲門語，忽然發悟，自此韜藏不求名聞，棲止雲居弘覺禪師塔所，四方學者奔湊，因稱古塔主。宋景祐四年（1037年）范仲淹出守鄱陽，聞師道德，請居薦福開闡宗風。師上堂云：「夫出家者為無為法，無為法中無利益無功德。近來出家人貪著福慧，與道全乖，若為福慧須至明心，若要達道無汝用心處。所以常勸諸人，莫學佛法，但自休心，利根者畫時解脫，鈍根者或三五年，遠不過十年，若不悟去，老僧與你入拔舌地獄參。」〔註106〕薦福承古有法嗣和州淨戒守密禪師。〔註107〕

一〇、巴陵顥鑒與朗公

嶽州巴陵新開院顥鑒禪師初在雲門，雲門舉雪峰和尚云：「開卻門，達磨來也。」問師意作麼生？師曰：「築著和尚鼻孔。」雲門曰：「修羅王發業，打須彌山一摑，抈跳上梵天報帝釋，你為什麼卻去日本國裏藏身？」師曰：「莫恁麼心行好。」雲門曰：「汝道築著又作麼生？」〔註108〕師無語，雲門曰：「將知你祇是學語之流。」〔註109〕但師後有三轉語，深得雲門首肯，據《五燈會元》〈岳州巴陵新開院顥鑒禪師傳〉云：

> 師住後，更不作法嗣書，祇將三轉語上雲門。僧問：「如何是道？」師曰：「明眼人落井。」問：「如何是吹毛劍？」師曰：「珊瑚枝枝撐著月。」問：「如何是提婆宗？」師曰：「銀碗裏盛雪。」雲門曰：「他後老僧忌日，祇消舉此三轉語，足以報恩。」自後忌辰果如所囑。

〔註104〕前引書卷第十五〈奉先深禪師法嗣〉，頁345。
〔註105〕前引書卷第十五〈吉州西峰雲豁禪師傳〉，頁367。
〔註106〕前引書卷第十五〈饒州薦福承古禪師傳〉，頁356。
〔註107〕前引書卷第十五〈饒州薦福承古禪師法嗣〉，頁346。
〔註108〕《景德傳燈錄》卷二十二〈嶽州巴陵新開顥鑒大師傳〉，頁39。
〔註109〕《五燈會元》卷第十五〈岳州巴陵新開院顥鑒禪師傳〉，頁353。

〔註110〕

顯鑒這些無理路的語句，正是雲門宗慣用來截斷人識流而使學人反觀「自性」的教法。巴陵顯鑒與僧侶對答中，有一則機語恍似神秀與慧能大師所引發出來的拂拭與本性清淨的問題。據《景德傳燈錄》云：

> 師將拂子遺人，人問曰：「本來清淨，用拂子作什麼？」師曰：「既知清淨，莫忘卻。」〔註111〕

由「理」上知「本來清淨」，但還得保任才不失宗風。顯鑒的意思，有見拂子似見從上宗風的味道。巴陵顯鑒有法嗣渤潭靈澄散聖與襄州興化院興順禪師二人。〔註112〕雲門的另一弟子韶州雲門山朗上座，自幼肄業講肆，聞僧問雲門：「如何是透法身句？」雲門曰：「北斗裡藏身。」師罔測微旨，遂造雲門，雲門纔見便把住曰：「道，道。」師擬議，雲門拓開乃示頌曰：「雲門聳峻白雲低，水急遊魚不敢棲；入戶已知來見解，何勞再舉轢中泥。」師因斯大悟，即便禮拜，自此依雲門爲上座。〔註113〕由雲門與朗上座的事跡，可見不僅門風險峻高岸，學人在來參在發問間即知來處，雲門也能把握時節因緣予與化導。

第三節　雲門宗的門庭

在禪門五家之中，僅雲門宗與法眼宗的宗主未逢會昌法難，但兩宗的祖師雪峰義存（822～908）生逢武宗毀佛。雲門文偃得初得黃蘗會下睦州道明的法要，而道明初在黃蘗會下爲首座，黃蘗門下多遭武宗法難。文偃亦在靈樹如敏（？～878～918）下當首座，如敏師事百丈下長慶大安，大安與潙仰宗宗主靈祐在大潙山同遭會昌毀佛。而師遊方所參僧家，如曹山與疏山等皆會昌法難後才出世。所以雲門宗與會昌法難前後的諸家師說，有很密切關係。

雲門宗的宗主文偃禪師，初悟玄旨於道明，體取險峻家風。在雪峰處益資法要，又遊方增廣見聞，至洞山法嗣曹山與疏山會下參問，不契曹洞審密回互的道法，但由曹山善誘下體會應無所住始解親近「密密」。在疏山處，體得莫在言語作解，莫向它處覓「法身」。在乾峰處學得如何引話頭接機，且知不當以話頭隨處去驗取。後得長慶大安靈樹如敏的器重，迎爲首座，繼踵說

〔註110〕同前註。
〔註111〕《景德傳燈錄》卷二十二〈嶽州巴陵新開院顯鑒大師傳〉，頁39。
〔註112〕《五燈會元》卷第十五〈巴陵鑒禪師法嗣〉，頁345。
〔註113〕《五燈會元》卷第十五〈韶州雲門山朗上座傳〉，頁362。

法。文偃在廣南靈樹院、雲門山兩處開法三十年（910～949 年），其上堂開示學人，直道究竟及入頭門路，甚爲婆心，然接機則森嚴，有「雲門一句」及「一鏃破三關」等門庭施設。學人臨機，言前薦得亦不肯，雲門且云：「公驗分明，何在重判。」門庭深嚴險峻，接機不容湊泊。其法嗣德人緣密與巴陵顥鑒，亦各有三句語接引學人。雲門讚許巴陵三轉語，圓悟〈五家宗要〉乃曰：「北斗藏身，金風體露，三句可辨，一鏃遼空。」〔註114〕其宗風，另據晦巖《人天眼目》〈雲門宗要訣〉云：

> 韶陽一派，出於德嶠之源。初見睦州，推出秦時之鑽。寄聲象骨，脫卻項上之枷。使南蠻鼻擽向面前，打東鯉魚雨下傾盆。稱提三句關鍵，拈掇一字機鋒。藏身北斗星中，獨步東山水上。端明顧鑒，不犯毫芒。格外縱擒，言前定奪。直是劍峰有路，鐵壁無門。打翻路布葛藤，剪卻常情見解。烈燄寧容湊泊，迅雷不及思量。蓋見其諦寬通，自然受用廣大。花開靈樹，子結香林。振佛祖權橫，開人天眼目。夫何源清流濁，根貌枝枯。妄立道眼因緣，謬爲聲色差別。互相穿鑿，滯著語言，取辱先宗，過在後學。此雲門宗風也。〔註115〕

此宗門庭施設活潑，接機似臨濟之「不容擬議」的施設，不涉方便而直指諸法源底。與曹洞宗人則大相逕庭，曹洞門庭施設審密回互，此宗則見諦簡明而廣通，受用廣大。「雖其風教峭迅，趨道益至。」〔註116〕由《人天眼目》〈雲門宗要訣〉中可覰知，本宗的發展，乃「源清流濁，根茂枝枯，妄立道眼因緣，謬爲聲色差別，互相穿鑿，滯於言語，起辱先宗，過在後學。」係指雲門會下宗人，不契師門宗旨與門庭要訣，迷於法眼之聲色，滯於曹洞之回互，有衰竭之勢。此乃「雲門宗風，孤危聳峻，人難湊泊，非上上根，熟能窺其彷彿。」〔註117〕其法運險被曹洞、法眼所轉，賴香林澄遠（907～987 年）出世，乃得承嗣宗本與門庭。香林澄遠遞傳智門光祚、雪竇重顯、天衣義懷、慧林宗本、法雲善本，雲門宗風乃大興。所以，南宋理宗寶祐四年（1258 年）大觀爲重修《人天眼目集》後序云：「清石天龍接德山，雪峰雲門香林遠，北

〔註114〕智昭《人天眼目》〈圓悟五家宗要〉，《大藏經》第四十八卷，頁331。
〔註115〕智昭《人天眼目》〈雲門宗要訣〉，《大藏經》第四十八卷，頁313。
〔註116〕契嵩《傳法正宗記》卷第八〈正宗分家略傳下〉，《大藏經》第四十八卷，頁757。
〔註117〕《人天眼目》卷第八〈雲門門庭〉，《大藏經》第四十八卷，頁313。

塔雪竇付天衣，二本從茲門大顯。」〔註118〕此宗自雲門「辯慧渦旋」、「波險
如河漢之無極」，且能「全機大用」，〔註119〕所以此宗門人有其獨特的風格。
大抵格高機險，所以宋初士夫好相與往來。然後世雲門宗法緣斷絕，臨濟宗
人如湛愚望文生義謂其因在雲門沒重視「直指自性」的法要。〔註120〕豈不誣、
妄之至。至於雲門法系歸屬石頭之青原系或南嶽系，如同釋贊寧在《宋高僧
傳》中未列文偃，是禪宗史上的公案，據杜繼文、魏道儒著《中國禪宗通史》
〈文偃的生平和宗系〉文中云：

> 按文偃法系，實屬百丈懷海，在雪峰門下時間不長。後來「據聖（如
> 敏）筵，說雪峰法」，全然拋開百丈血脈，是禪宗史上洪州系向石頭
> 系統的一個重要標誌。這種轉變，很難找出理論或宗旨上的原因。《宋
> 高僧傳》未給文偃這樣重要的人物作傳，是很奇怪的，贊寧對神晏
> 頗有微言，也未單獨列傳。〔註121〕

釋贊寧《宋高僧傳》中未列文偃，已成懸案。但文偃的宗系屬於石頭系則不
必多辯，據〈雲門山光泰禪院匡眞大師行錄〉所云，文偃以雪峰爲師，且得
雪峰密付宗印。〔註122〕其後在如敏會下爲首座，且接續如敏法座說法，但據
法眼宗人釋道原《景德傳燈錄》載，「師不忘本，以雪峰爲師」。〔註123〕至於
雲門的禪思想與禪法，則無失從上宗風「無住」，而融會了石頭系「以語表理」
與洪州系「以勢表義」的禪風，而創「一簇破三關」的化門。但上堂則說，「直
下無事」、「莫空記人說」、「雖據實實是諦見也未」。〔註124〕似主張頓悟後頓修，
似潙仰宗，但接機則更直截學人來處，叫人擬議不得，如是個漢則當下默契。
此禪法較似洪州系，但禪思想深含玄學氣息，如用「無事」字眼。而雲門之
風範，據宋朝釋惠洪《禪林僧寶傳》云：

> 余讀雲門語句，驚其辯慧渦旋波險，如河漢之無極也，想見其人奇
> 偉傑貌，如慈恩大達輩。及見其像，頹然傴坐胡床，廣顙平頂，類
> 宣律師奇智盛德。果不可以相貌得耶！公之全機大用，如月臨眾水，

〔註118〕《大藏經》第四十八卷，頁336。
〔註119〕《禪林僧寶傳》卷第二〈贊〉，頁7。
〔註120〕《心燈錄》卷四，頁223。
〔註121〕杜繼文、魏道儒著《中國禪宗通史》，頁355。
〔註122〕《禪宗語錄輯要》，頁81上。
〔註123〕《景德傳燈錄》卷十九〈韶州雲門山文偃禪師傳〉，頁183。
〔註124〕參見《景德傳燈錄》卷十九〈韶州雲門山文偃禪師傳〉，頁183～188。

波波頓見，而月不分如春行萬國，處處同至，而春無跡。蓋其妙處，
不可得而名狀，所可知而言者，春容月影耳。嗚呼！豈所謂命世亞
聖大人者乎。〔註125〕

釋惠洪爲臨濟宗人，對文偃讚歎倍至。對文偃法孫蓮花祥公之驗人，亦有佳
言，據《禪林僧寶傳》卷十一〈洞山聰禪師傳〉云：「聰答所問兩句耳（君子
愛財取之有道），而蓮華祥公便知是雲兒孫，古人驗人何其明也？如此予留洞
山最久，……嗚呼！聰爲蓮花峰、汾陽所知，則其人品，要當從玄沙（師備）、
（慧）稜道者輩中求也。〔註126〕不僅宋代士夫好與雲門中人遊，連臨濟宗人
都好學深思，到洞山發思古之幽情，想見其人。

〔註125〕釋惠洪《禪林僧寶傳》卷二〈韶州雲門大慈雲弘明禪師傳〉贊，頁7。
〔註126〕前引書卷十一〈洞山聰禪師傳〉贊，頁2下～3上。

附表七：雲門宗師資傳承

（本表依據《景德傳燈錄》、《五燈無元》諸書，並參考釋明復《中國佛學人名辭典》所附圖表而作）

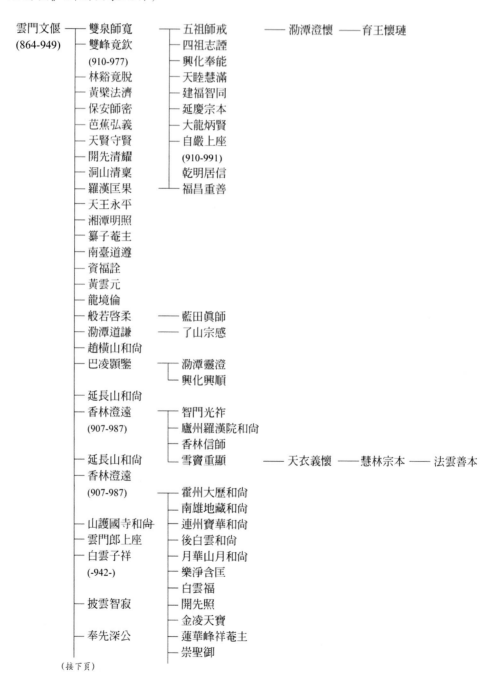

（接下頁）

（承上頁）

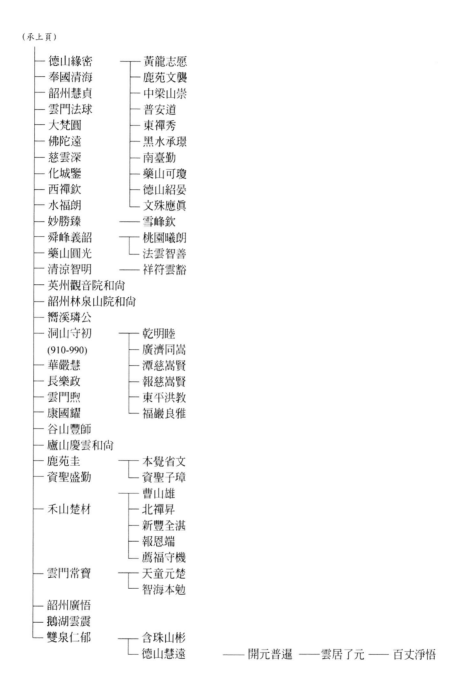

　德山緣密　　　黃龍志愿
　奉國清海　　　鹿苑文襲
　韶州慧貞　　　中梁山崇
　雲門法球　　　普安道
　大梵圓　　　　東禪秀
　佛陀遠　　　　黑水承璟
　慈雲深　　　　南臺勤
　化城鑒　　　　藥山可瓊
　西禪欽　　　　德山紹晏
　水福朗　　　　文殊應眞
　妙勝臻　　　　雪峰欽
　舜峰義韶　　　桃園曦朗
　藥山圓光　　　法雲智善
　清涼智明　　　祥符雲豁
　英州觀音院和尚
　韶州林泉山院和尚
　嶠溪璘公
　洞山守初　　　乾明睦
　（910-990）　廣濟同嵩
　華嚴慧　　　　潭慈嵩賢
　長樂政　　　　報慈嵩賢
　雲門煦　　　　東平洪教
　康國耀　　　　福嚴良雅
　谷山豐師
　廬山慶雲和尚
　鹿苑圭　　　　本覺省文
　資聖盛勤　　　資聖子璋
　　　　　　　　曹山雄
　　　　　　　　北禪昇
　禾山楚材　　　新豐全湛
　　　　　　　　報恩端
　　　　　　　　薦福守機
　雲門常寶　　　天童元楚
　　　　　　　　智海本勉
　韶州廣悟
　鵝湖雲震
　雙泉仁郁　　　含珠山彬
　　　　　　　　德山慧遠　── 開元普遍 ── 雲居了元 ── 百丈淨悟

第八章　法眼宗的師資

　　晚唐最後成立的宗門是法眼宗，此宗係由雪峰義存（822～908 年）的旁枝玄沙師備（835～908）而衍生出。漳州羅漢院桂琛密承自玄沙師備的宗旨，到其弟子文益輩，于南唐、吳越國得到很大的發展，成爲五代末期影響最大的宗派，後被稱爲法眼宗。而雪峰義存行化福建雪峰山四十餘年，禪徒不減一千五百，得上足玄沙，擁徒於福州玄沙院。可休擁徒於越州洞巖，智孚擁徒於信州鵝湖。慧稜（854～932）擁徒於泉州招慶，而神晏住福州之鼓山。然雪峰在晚唐之際，法緣盛極，然未蔚成一個獨特的宗系，反而由與雪峰義存思想異路的玄沙師備系下開出法眼宗。據釋贊寧《宋高僧傳》〈唐福州雪峰廣福院義存傳〉系曰：

> 雪峰道也恢廓乎，駿奔四海學人。所出門生形色不類，何邪？玄沙承棱嚴而入道見天殊，其猶諺曰：「青成藍，藍謝青。」師何嘗在明經，故有過師之説。一則雪峰自述塔銘，已盡其致也。一則玄沙安立三句，決擇群見，極成洞過歟。今江表多尚斯學，此學盧通，無繫了達，逍遙勿拘，知乘急也。雪峰化眾，切乎杜嘿禪坐，知戒急也。其能各捨一緩，以成一全，則可乎。〔註1〕

雪峰常坐禪不通經教，而玄沙雖亦坐禪也看經教，并建立化門來接引學人。玄沙有眾七百多人，以羅漢桂琛爲上足。〔註2〕門下出文益禪師，初住撫州崇聖院，次住金陵報恩院，後住建康清涼寺，大振玄沙法要，文益示寂後李後主諡爲大法眼。〔註3〕法眼出世時，潙仰、臨濟、曹洞、雲門四家已成立。法眼宗

〔註 1〕　《高僧傳三集》卷第十二〈福州雪峰廣福院義存傳〉，頁 310～311。
〔註 2〕　前引書卷第十三〈梁福州玄沙院師備傳〉，頁 324。
〔註 3〕　《高僧傳三集》卷第十三〈周金陵清涼文益傳〉，頁 335。

爲禪門五家中最後形成，經清涼文益、天台德韶、永明延壽三代在江南嫡嫡相傳，得國主護持到宋初法緣仍甚隆盛，到宋代中葉法脈斷絕。由此宗的繁落，可顯示出「不依國主佛法難存」與「融會宗、教誠難」這一事實。此宗自永明延壽之後，乏「英靈」宗匠來扶豎門風，致使法緣不過百多年即告沒落。

第一節　玄沙師備與羅漢桂琛

一、玄沙師備及其法嗣

　　師備禪師（835～908 年），福州閩縣人，好泛舟垂釣。唐咸通五年（864年），甫三十歲忽慕出塵，乃棄舟投南嶽下三世芙蓉靈訓禪師落髮，往豫章開元寺受具。布衲芒屨，食纔接氣，終日宴坐，眾皆異之。與雪峰義存本法門昆仲，而親近若師資，雪峰以其苦行，呼爲頭陀。一日雪峰問曰：「阿那箇是備頭陀？」對曰：「終不敢誑於人。」異日雪峰召曰：「備頭陀何不復參去？」師曰：「達磨不來東土，二祖不往西天。」暨雪峰登象骨山，乃與師同力締構，玄徒臻萃，師入室咨決，罔替晨昏，又閱《楞嚴經》，發明心地，由是應機敏捷，與修多羅冥契。諸方玄學有所未決，必從之請益，至若與雪峰徵詰，亦當仁不讓。〔註4〕其雖參雪峰，但與雪峰思想異路，已漸見端倪，據《景德傳燈錄》〈福州玄沙宗一大師傳〉云：

> 一日雪峰上堂曰：「要會此事，猶如古鏡當臺，胡來胡現，漢來漢現。」師曰：「忽遇明鏡破時如何？」雪峰曰：「胡漢俱隱。」師曰：「老和尚腳跟猶未點地。」……雪峰因普請畬田，見一蛇，以杖挑起召眾曰：「看看以刀芟爲兩段。」師以杖拋於背後，更不顧視，眾愕然，雪峰曰：「俊哉。」師一日隨侍雪峰遊山，雪峰指一片地曰：「此處造得一所無縫塔。」師曰：「高多少？」雪峰乃顧視上下，師曰：「人天依報只不如和尚，若是靈山受記，大遠在。」雪峰曰：「世界闊一尺，古鏡闊一尺；世界闊一丈，古鏡闊一丈。」師指火爐曰：「火爐闊多少？」雪峰曰：「如古鏡闊。」師曰：「老和尚腳跟未點地在。」〔註5〕

雪峰雖贊揚師備「無住」的行持，但師備卻認爲義存重「理入」，仍有虛境在，

〔註 4〕《景德傳燈錄》卷第十八〈福州玄沙宗一大師傳〉，頁 155。
〔註 5〕同前註。

所以不贊同義存，這與師備所依經解禪有關。據杜繼文、魏道儒著《中國禪宗通史》〈師備的唯識空觀和金剛眼睛〉文中云：

> 所謂「明境」，是對心本體的譬喻。義存的意思是，心隨境轉，故故有影像差別；若境界無相，即無差別映現。因此，在禪行上必然強調對境界要作佛教的認識。然而從唯識家看，境依心生，一切影像分別，全是識的內在作用，與義存承認有識外之境的主張大不相同。
>
> 且不管這裏的記述是否為義存的本意，但通過這個典故，突出了師備將「唯識無境」貫徹其全部禪行，則異常明顯。〔註6〕

雪峰參訪過諸方，所以出言超群拔萃，明暗交馳，廓然無惑。師備亦了然，所以「一再相逢，存多許與」。雪峰對師備的行持深表贊許，雪峰曾曰：「備頭陀其再來人也。」〔註7〕然師備僅認同雪峰體會「深密」，但與「涅槃妙心、正法眼藏」仍未夢見在。南際長老到雪峰，雪峰令參於師備。師備問曰：「古人道：『此事唯我能知。』長老作麼生？」南濟曰：「須知有不求知者。」師備曰：「山頭和尚喫許多辛苦作麼？」〔註8〕師備認為要體會自心，要費很多精神與喫很多苦始得，不是光憑口說即得。然雪峰的侍者則謂師備學不會禪。據《五燈會元》〈福州玄沙師備宗一禪師傳〉云：

> 師在雪峰時，光侍者謂師曰：「師叔若學得禪，某甲打鐵船下海去。」師住後，問光曰：「打得鐵船也未？」光無對。師一日遣僧送書上雪峰，峰開緘見白紙三幅，問僧：「會麼？」曰：「不會。」峰曰：「不見道：『君子千里同風。』」僧回舉似師，（師）曰：「山頭老漢蹉過也不知。」（僧）曰：「和尚如何？」師曰：「孟春猶寒也不解道。」
>
> 〔註9〕

師備後出世住福州玄沙院，回舉光侍者，光無語。雪峰身旁如光侍者多，贊寧在《宋高僧傳》卷第十二〈唐福州雪峰廣福院義存傳〉中云：「徒之環足其趨也，馳而愈離，辯而愈惑。」〔註10〕雪峰以為師備定承嗣其道法，然師備認為雪峰不識其行持，錯過了還不知。

師備與雪峰其他弟子長慶慧棱（854～932）、鏡清道付、鼓山神晏、長生

〔註6〕杜繼文、魏道儒著《中國禪宗通史》，頁349。
〔註7〕《高僧傳三集》卷第十三〈梁福州玄沙院師備傳〉，頁324。
〔註8〕《景德傳燈錄》卷第十八〈福州玄沙宗一大師傳〉，頁158。
〔註9〕《五燈會元》卷第七〈福州玄沙師備宗一禪師傳〉，頁155。
〔註10〕《高僧傳三集》卷第十二〈福州雪峰廣福院義存傳〉，頁310。

皎然等有所往來并流傳機語。〔註11〕師備初受請住梅溪場普應院，後遷止玄沙山，天下叢林海眾望風賓之，閩帥、王公請演無上乘，待以師禮，學徒餘八百，室戶不閉。〔註12〕師備認為「道本如如，法爾天然，不同修證，祇要虛閑。不昧作用，不涉塵泥，個中纖毫道不盡。」「若向句中作意，則沒溺殺人；若向外馳求，又落魔界；如如向上，沒可安排，恰似焱爐不藏蚊蚋。此理本來平坦，何用剗除。動靜揚眉，是真解脫道，不強為意度，建立乖真。若到這裏，纖毫不受，指意則差，便是千聖出頭來也，安一字不得。」〔註13〕師備上堂且開示學人何謂沙門眼、什麼是佛法、身為沙門承當個什麼事、如何在世界安身立命。據《景德傳燈錄》〈福州玄沙宗一大師傳〉云：

> 師有時云：「諸禪德，……我今問汝諸人還有眼麼？若有，即今便合識得。還識得麼？若不識，便被我喚作生盲生聾底人，還是麼？肯恁麼道麼？諸禪德亦莫自屈，是汝真實何曾是恁麼人，十方諸佛把汝向頂上著，不敢錯誤著一分子，只道此事唯我能知，會麼？如今相紹繼盡道承他釋迦，我道釋迦與我同參，汝道參誰？會麼？大不容易知，莫非大悟始解得知，若是限劑所悟，亦莫能覷。汝還識大悟麼？不可是汝骷髏前認他鑒照，不可是汝說空說無說遮邊那邊有世間法、有一個不是世間法。和尚子，虛空猶從迷妄幻生，如今若是大肯去，何處有遮個稱說。尚無虛空消息，何處有三界業次父母緣生與汝椿立前後。如今道無，尚是誑語，豈況是有，知麼？是汝多時行腳，和尚子稱道有覺悟底事，我今問汝，只如巔山巖崖迥絕人處還有佛法麼？還裁辦得麼？若辦不得，卒未在。我尋常道：『亡僧面前正是觸目菩提，萬里神光頂後相。』若人覷得，不妨出得陰界，脫汝骷髏前意想都來，只是汝真實人體，何處更別有一法解蓋覆汝，知麼？還信得麼？解成當得麼？大須努力。」師又云：「我今問汝諸人且承得個什麼事？在何世界安身立命？還辦得麼？若辦不得，恰似捏目生花，見事便差，知麼？如今現前見有山河大地色空明闇種種諸物，皆是狂勞花相，喚作顛倒知見。夫出家人識心達本，

〔註11〕參見《景德傳燈錄》卷第十八〈福州玄沙宗一大師傳〉與《五燈會元》卷第七〈福州玄沙師備宗一禪師傳〉。
〔註12〕《景德傳燈錄》卷第十八〈福州玄沙宗一大師傳〉，頁159。
〔註13〕《五燈會元》卷第七〈福州玄沙師備宗一禪師傳〉，頁152。

故號沙門，汝今既已剃髮披衣爲沙門相，即合有自利利他分，如今
看著盡黑漫漫地如黑汁相似，自救尚不得，爭解爲得他人。仁者，
佛法因緣事大，莫作等閑相聚頭亂說雜話趁過時，光陰難得，可惜
許。大丈夫兒何不自省察，看是什麼事？只如從上宗風是諸佛頂族，
汝既承當不得，所以我方便勸汝，但從迦葉門接續頓超去。此一門
超汝凡聖因果，超他毗盧妙莊嚴世界，超他釋迦方便門，直下永劫
不敎有一物與汝作眼見，何不急急究取，未必道我且待三生兩生久
積淨業。仁者，汝宗乘是什麼事？不可由汝身心用工莊嚴便得去，
不可他心宿命便得去，會麼？……莫只長戀生死愛網被善惡業拘將
去，無自由分。饒汝鍊得身心同空去，饒汝得到精明湛不遙處，不
出他識陰，古人喚作如急流水，水流急不覺，妄爲澹淨。憑麼修行，
盡不出他輪迴際，依前被輪轉去。所以道諸行無常，直是三乘功果
如是可畏，若無道眼亦不爲究竟。〔註14〕

師備從「唯識無境」立場，否認一切客觀（境）的眞實性，認爲出家沙門應
該超出境識，善自體察「識心達本」。而「識心達本」有兩個途徑：其一是，
從上宗風是諸佛頂族所出，這是一般人承當不得的；其二是，從迦葉門接續
頓超所出，是他要弘揚的。所以師備反覆指示學人，要有道眼，則不落入識
陰。或云「但識取汝金剛眼睛，若識得不曾敎汝有纖塵可得露現。」或云「沙
門眼把定世界函蓋世界不漏絲髮，何處更有一物爲汝知見……學般若菩薩，
是大根器有大智慧始得……莫只是記言記語，恰似念陀羅尼相似，躡步向前
來，口裏哆哆和和地，被人把住詰問著沒去處，便嗔道和尚不爲我答話。」
莫學「一般坐繩床和尚稱善知識，問著便動身動手點眼吐舌瞪視。更有一般
便說昭昭靈靈靈臺智性能見能聞，向五蘊身田裏作主宰……但識取汝秘密金
剛體……業識茫茫，無本可據……若是了去，直下永劫不曾敎汝有遮個消息；
若不了此，煩惱惡業因緣未是一劫兩劫得休，直與汝金剛齊壽。」〔註15〕他
所講的「金剛眼睛」，係建立在「唯識無境」的空觀上，此等眼睛，他或稱「沙
門眼」，亦稱「道眼」、「法眼」，乃人人本有，不必外求。正因如此，無須加
功鍊行，只要絲毫無漏，此即頓超。

　　師備禪師初住普應院，次住玄沙山，後閩王王審知迎居安國寺，禮重爲

〔註14〕《景德傳燈錄》卷第十八〈福州玄沙宗一大師傳〉，頁 155～157。
〔註15〕前引書卷第十八〈福州玄沙宗一大師傳〉，頁 157～158。

師，奏錫紫衣，號宗一大師。其應機接物凡三十年，以梁開平二年（908 年）十一月二十七日寂，壽七十四，臘四十有四，閩帥爲之樹塔。〔註 16〕法嗣有漳州羅漢院桂琛禪師、福州臥龍山安國院慧球寂照禪師、杭州天龍寺重機明眞大師、福州僊宗院契符清法大師、婺州金華山國泰院滔禪師、衡嶽南臺誠禪師、福州升山白龍院道希禪師、福州螺峰沖奧明法大師、泉州睡龍山和尙、天台山雲峰光緒至德大師、福州大章山契如庵主、福州蓮華山永興神祿和尙與天台山國清寺師靜上座等十三人。〔註 17〕玄沙師備的嗣法弟子，大抵在福建、吳越活動，對後來法眼宗的成立起了很大作用。

諸弟子中以安國慧球居參訊之首，後閩帥王氏依師備遺言請慧球禪師擔任臥龍山法席繼踵說法，以乾化三年（913 年）八月十七日無疾而逝。〔註 18〕重機自玄沙得法後，迴入浙中，錢武肅王請說法住持杭州天龍寺。〔註 19〕天龍重機有法嗣高麗雪嶽令光禪師一人。〔註 20〕僊宗契符的法嗣有福州僊宗洞明眞覺大師與泉州福清行欽廣法大師二人。〔註 21〕國泰滔有法嗣婺州齊雲寶勝禪師。〔註 22〕白龍道希的法嗣有福州廣平玄旨禪師、福州昇山白龍清慕禪師、福州雪峰志恩禪師、福州東禪玄亮禪師與漳州報劬院玄應定慧禪師等五人。〔註 23〕諸人之中以報劬玄應禪師（910～975 年）生平較詳，師泉州晉江縣人，俗姓吳，於本州開元寺九佛院稟具，探律乘且閱大藏終秩，得白龍道希印可後歸本州清溪。會清溪長老罷唱保福庵，於貴湖一見相契，乃命檀信於庵之西青陽山創室，請師宴處二十餘載。開寶三年（970 年），漳州刺使陳文顯於水南創大禪院曰報劬，屢請師住持，固辭不住，師之兄吳仁濟爲軍校應命入山懇請，師不得已出山，參學中有千五百人隨從入院，大啓法筵。陳帥以師之道德聞於太祖，皇帝賜紫衣師號，以開寶八年（975 年）辭書太守并誡諸門人後坐化。〔註 24〕報劬玄應的法嗣有報劬第二世仁義禪師一人。〔註 25〕

〔註 16〕《祖堂集》卷第十〈玄沙和尚傳〉，頁 189～191。
〔註 17〕前引書卷第二十一〈福州玄沙師備禪師法嗣〉，頁 1。
〔註 18〕前引書卷第二十一〈福州臥龍山安國院慧球寂照禪師傳〉，頁 5～6。
〔註 19〕前引書卷第二十一〈杭州天龍寺重機明眞大師傳〉，頁 6。
〔註 20〕前引書卷第二十四〈杭州天龍重機大師法嗣〉，頁 69。
〔註 21〕前引書卷第二十四〈福州僊宗契符大師法嗣〉，頁 69。
〔註 22〕前引書卷第二十四〈婺州國泰滔禪師法嗣〉，頁 69。
〔註 23〕前引書卷第二十四〈福州昇山白龍道希禪師法嗣〉，頁 69。
〔註 24〕前引書卷二十四〈漳州報劬院玄應定慧禪師傳〉，頁 81～82。
〔註 25〕《景德傳燈錄》卷第二十六〈漳州報劬院玄應禪師法嗣〉，頁 122。

　　玄沙師備的另一法嗣契如庵主，初於泉州百丈村兜率院受業，素蘊孤操，志探祖道，預玄沙之室，穎悟幽旨。玄沙記曰：「子禪已逸格，則他後要一人侍立也無。」師自此不務聚徒，不畜童侍，隱於小界山，剖大朽杉若小庵，但容身而已。凡經遊僧至，隨扣而應，無定開示。清豁、沖煦二長老響師名，未嘗會遇，一日同訪之，值師採粟，清豁問曰：「道者，如庵主在何處所？」師曰：「從什麼處來？」清豁曰：「山下來。」師曰：「因什麼得到這裏？」清豁曰：「這裏是什麼處所？」師揖曰：「去那下喫茶去。」二公方省是師，遂詣庵所，頗味高論，晤坐於左右，不覺及夜，睹豺虎奔至庵前，自然馴擾。二公尋於福州大章山創庵請師居之，師於兩處孤坐，垂五十二載而卒。清豁雖承指喻，而後於睡龍道溥處得印可，乃嗣睡龍，住漳州保福院。〔註26〕

　　另有國清師靜，始遇玄沙，聞玄沙示眾曰：「如諸人但能一生如喪考妣，但保汝究得徹去。」師乃躡前語而問曰：「只如教中不得以所知心徹度如來無上知見，又作麼生？」師從此信入，後居天台三十餘載，不下山，博綜三學，操行孤立，禪寂之餘，常閱龍藏，遐爾欽重，時謂大靜上座。嘗有人問曰：「弟子每當夜坐，心念紛飛，未明攝伏之方，願垂示誨。」師答曰：「如或夜間安坐心念紛飛，卻將紛飛之心以究紛飛之處，究之無處，則紛飛之念何存。反究究心，則能究之心安在，又能照之智本空，所緣之境亦寂。寂而非寂者，蓋無能寂之人也，照而非照者，蓋無所照之境也。境智俱寂，心慮安然，外不尋枝，內不住定，二途俱泯，一性怡然，此乃還源之要道也。」師因睹教中幻義，乃述一偈問諸學流，偈曰：「若道法皆如幻有，造諸過惡應無咎，云何所作業不忘，而藉佛慈興接誘？」時有小靜上座答曰：「幻人興幻幻輪圍，幻業能招幻所治；不了幻生諸幻苦，覺知如幻幻無為。」二靜上座並終於本山。〔註27〕師備所說法要，與經籍冥合，乃能決諸方未明者，所以歸依者多。至於玄沙師備及其門下弘化之盛，據贊寧《宋高僧傳》云：

> 備三十年演化，禪侶七百許人，得其法者，眾推桂琛為神足矣。至今浙之左右山門，盛傳此宗，法嗣繁衍矣。其於建立，透過大乘初門，江表學人無不乘風偃草歟。〔註28〕

〔註26〕 前引書卷第二十一〈福州大章山契山如庵主傳〉，頁8～9。清豁於大章契如得個信處後得睡龍印可事，參見《五燈會元》卷第八〈漳州保福院清豁禪師傳〉，頁188。

〔註27〕 前引書卷第二十一〈天台山國清寺師靜上座傳〉，頁9～10。

〔註28〕 《高僧傳三集》卷第十三〈梁福州玄沙師備傳〉，頁325。

玄沙得神足桂琛，密授法要，桂琛潛行多年，後出世領眾。但因其曾參雪峰，不嗣雪峰而承玄沙，受神晏讒言於閩王，玄沙道法因此頓挫。贊寧都爲之惋惜。〔註29〕

二、羅漢桂琛及其法嗣

玄沙師備諸弟子之中，以羅漢桂琛（867～928 年）爲上首。桂琛，常山人，俗姓李，爲童兒時，日一素食，「調息終日，稟心唯確。」〔註30〕既冠，辭親事本府萬歲寺無相大師，披削登戒，學毗尼。一日爲眾升臺宣戒本布薩已，乃曰：「持犯但律身而已，非眞解脫也。依文作解，豈能發聖乎。」於是訪南宗，初謁青原下五世雲居道膺（？～902 年）與雪峰義存（822～908 年），參訊勤恪，然猶未有所見。〔註31〕後訪玄沙師備（835～908 年），玄沙問：「三界唯心，汝作麼生會？」師指椅子曰：「和尚喚這個作甚麼？」玄沙曰：「椅子。」師曰：「和尚不會三界唯心。」玄沙曰：「我喚這個作竹木，汝喚作甚麼？」師曰：「桂琛亦喚作竹木。」玄沙曰：「盡大地覓一個會佛法底人不可得。」〔註32〕玄沙與桂琛師徒間，箭鋒相拄，一句便見。桂琛在「境」上作解，被玄沙所破斥，後得密授。

玄沙每誘迪學者，流出諸三昧，皆命桂琛爲其助發，師雖處眾韜晦，然聲譽日遠，遂爲漳牧王公懇請住於地藏精舍。〔註33〕師駐錫一紀有半，來往二百眾，師以秘重妙法，罔輕示徒，有密學懇求者，時爲開演。〔註34〕後遷止漳州羅漢院，大闡玄要，學徒臻湊。師上堂開示學人，宗門何有其奇特處以及宗乘與教乘的作用何在。據《景德傳燈錄》云：

> 師上堂曰：「宗門玄妙，爲當只恁麼耶，更別有其特。若別有其特，
> 汝且舉個什麼？若無去，不可將三個字便當卻宗乘也。何者三個字？
> 謂宗教乘也。汝纔道著宗乘，便是宗乘。道著教乘，便是教乘。禪德，
> 佛法宗乘元來由汝口裏安立名字作取說取便是也，斯須向這裏說平說
> 實說圓說常。禪德，汝喚什麼作平實？把什麼作圓常？傍家行腳，理

〔註29〕前引書卷第十三〈後唐漳州羅漢院桂琛傳〉，頁 328。
〔註30〕前引書卷第十三〈後唐漳州羅漢院桂琛傳〉，頁 328。
〔註31〕《景德傳燈錄》卷第二十〈漳州羅漢院桂琛禪師傳〉，頁 2。
〔註32〕《五燈會元》卷第八〈漳州羅漢院桂琛禪師傳〉，頁 174。
〔註33〕《景德傳燈錄》卷第二十一〈漳州羅漢院桂琛傳〉，頁 2～3。
〔註34〕《高僧傳三集》卷第十三〈後唐漳州羅漢院桂琛傳〉，頁 329。

須甄別，莫相埋沒，得些聲色名字貯在心頭，道我會解，善能揀辨。汝且會個什麼？揀個什麼？記持得底是名字，揀辨得底是聲色。若不是聲色名字，汝又作麼生記持揀辨？風吹松樹也是聲，蝦蟆老鴉也是聲，何不那裏聽取揀擇去？若那裏有個意度模樣，只如老師口裏又有多少意度與上座？莫錯。即今聲色擬擬地，為當相及不相及。若相及，即汝靈性金剛秘密應有壞滅去也。何以如此？為聲貫破汝耳，色破汝眼，緣即塞卻汝幻妄，去殺汝聲色，體爾不容也。若不相及，又什麼處得聲色來？會麼？試裁辨看。〔註35〕

羅漢桂琛開示學人，安立圓、常、平、實，「是他古聖垂發些子相助顯發」，自謂別無有宗風玄妙，學人誤解不會過在化主。〔註36〕其接引學人的作風，與其上堂所開示的精神吻合。據《景德傳燈錄》〈漳州羅漢院桂琛禪師傳〉云：

僧問：「如何是羅漢一句？」師曰：「我若向你道，成兩句也。」問：「不會底人來，師還接否？」師曰：「誰是不會底人？」曰：「適來道了也。」師曰：「莫自屈。」……問：「如何是羅漢家風？」師曰：「不向你道。」曰：「為什麼不道？」師曰：「是我家風。」問：「如何是法王身？」師曰：「汝今是什麼身？」曰：「恁麼即無身也。」師曰：「若痛深。」……問：「如何是羅漢家風？」師曰：「表裏看取。」……師又見僧來，舉拂子曰：「還會麼？」僧曰：「謝和尚慈悲示學人。」師曰：「見我豎拂子，便道示學人。汝每日見山見水，可不示汝。」師又見僧來，舉拂子，其僧讚歎禮拜。師曰：「見我豎拂子便禮拜讚歎，那裏掃地豎起掃帚，為什麼不讚歎？」〔註37〕

從思想上看，桂琛主要是繼承玄沙的「唯識無境」說，所以大凡言句要絕滲漏，學人言句上作解，或著於聲色，即遭桂琛破赤。桂琛以後唐天成三年（928年）寂，壽六十二，僧臘四十。其道德雖為時人所欽仰，但正值雪峰義存的法嗣鼓山神晏為王氏所重，使玄沙道法待到法眼文益出世方為宏盛。據贊寧《宋高僧傳》〈後唐漳州羅漢院桂琛傳〉云：

後詣雪峰、玄沙兩會，參訊勤恪，良以嗣緣有在，得旨於宗一大師。……勤州太保瑯琊公志請於羅漢院為眾宣法，諱讓不獲，遂開

〔註35〕《景德傳燈錄》卷第二十一〈漳州羅漢院桂琛禪師傳〉，頁3。
〔註36〕同前註。
〔註37〕《景德傳燈錄》卷第二十一〈漳州羅漢院桂琛禪師傳〉，頁3～4。

方便。不數載，南北參徒喪疑而往者，不可殫數。有角立者，撫州
曹山文益、江州東禪休復咸傳琛旨，各爲一方法眼，視其子，則知
其父矣。……琛得法密付授耳，時神晏大師王氏所重，以言事脅捨
玄沙嗣雪峰，確乎不拔，終爲晏讒而凌聞，惜哉！〔註38〕

羅漢桂琛的法嗣有金陵清凉文益、襄州清溪洪進、金陵清凉休復、撫州龍濟紹
修、杭州天龍寺秀、潞州延慶傳殷與衡嶽南臺守安禪師。〔註39〕其中以法眼文
益禪師爲上首，下開法眼宗。清溪洪進有法嗣相州天平山從漪與廬山圓通緣德
禪師二人。〔註40〕圓通源德於臨安朗瞻院出家，依年往天台山受具，習禪那於
天龍順德大師，尋往江表問道，值洪進山主印心，時江南國主於廬山建院，請
師開法。〔註41〕宋朝遣帥問罪江南，後主納土，而胡則者據守九江不降，大將
軍曹翰部曲渡江，入寺禪者驚走，師淡坐如平日，曹翰至不起不揖，曹翰怒訶
曰：「長老不聞殺人不眨眼將軍乎？」師熟視曰：「汝安知有不懼生死和尚耶！」
曹翰大奇增敬而已曰：「禪者何爲而散？」師曰：「擊鼓自集。」曹翰遣裨校擊
之，禪者無至者，曹翰曰：「不至何也？」師曰：「公有殺心故爾。」師自起擊
之，禪者乃集，曹翰再拜問決勝之策，師曰：「非禪者所知也。」以太平興國二
年（976 年）十月七日寂。〔註42〕清凉休復的法嗣有金陵奉先慧同、廬山寶慶
庵道旨禪師二人。〔註43〕龍濟紹修有法嗣河東廣原和尚一人。〔註44〕南臺守安
有襄州鷲嶺善美與安州慧日院明禪師二人。〔註45〕

第二節　法眼文益及其法嗣

羅漢桂琛的法嗣有七人，以法眼文益（885～958）爲上首。文益禪師生
於唐僖宗光啓元年（885 年），餘杭人，俗姓魯，七歲時依新定智通院全偉禪
師落髮，受具於越州開元寺，遊明州鄮山王寺，入希覺律師之門，究研毗尼，
旁探儒典，文章秀麗。希覺師歎稱曰：「我門之游夏也。」師以因緣成熟，玄

〔註38〕《高僧傳三集》卷第十三〈後唐漳州羅漢院桂琛傳〉，頁 328～329。
〔註39〕《景德傳燈錄》卷第二十四〈漳州羅漢院桂琛禪師法嗣〉，頁 69。
〔註40〕前引書卷第二十六〈襄州清溪洪進禪師法嗣〉，頁 121。
〔註41〕前引書卷第二十六〈廬山圓通院緣德禪師傳〉，頁 128。
〔註42〕《五燈會元》卷第八〈廬山圓通緣德禪師傳〉，頁 195～196。
〔註43〕《景德傳燈錄》卷第二十六〈金陵清凉休復禪師傳〉，頁 121。
〔註44〕前引書卷第二十六〈撫州龍濟山紹修禪師法嗣〉，頁 121。
〔註45〕前引書卷第二十六〈衡嶽南臺守安禪師法嗣〉，頁 122。

機一發，雜務俱捐，抵南方福州，初參長慶慧稜法會，已決疑滯。〔註46〕雖緣心未息，而海眾推之。後與洪進、休復與少紹修等擬往湖外，值逢天雨憩城西地藏院，因參訪桂琛禪師，桂琛問曰：「此行何之？」文益曰：「行腳去。」桂琛曰：「如何是行腳事作麼生？」文益答：「不知。」桂琛曰：「不知最親切。」文益心疑之。〔註47〕所謂「不知」，與玄沙提唱的頓超「見聞覺知」的主張貼切，所以深得桂琛讚許。因桂琛出語不凡，文益疑其或為高士。

　　又論及《肇論》至「天地與我同根處。」，桂琛問曰：「山河大地與上座自己是同是別？」師答曰：「別。」桂琛禪師豎兩指，師曰：「同。」桂琛又豎起兩指便起去。臨別，桂琛門送之指庭下片石問曰：「上座尋常說三界唯心萬法唯識，且道此石在心內在心外？」師曰：「在心內。」桂琛曰：「行腳人，著甚麼來由安片石在心頭？」師窘無以對，遂放包依席下求抉擇，月餘後呈見解說道理。桂琛曰：「佛法不恁麼。」師曰：「某甲辭窮理絕也。」桂琛曰：「若論佛法，一切現成。」師於言下大悟。〔註48〕由桂琛與文益問答，可知依「唯識無境」立場，不能使「意根」著於「聲色」「外境」上始得。時桂琛因受讒居破廟，知文益從長慶會下來，欲導之由雪峰異路的玄沙法要。桂琛在禪法上的施設，誠如《人天眼目》卷第五〈法眼門庭〉云：

> 法眼宗者，箭鋒相拄，句意和機。始則行行如也，終則激發。漸除
> 人心，削除情解，調機順物，斥滯磨昏。〔註49〕

桂琛善於化導，使文益諸師俱求抉擇，後各行化一方。師後同洪進等往江表期歷覽叢林，至撫州臨川，州牧請住崇壽院開堂說法。〔註50〕文益禪師久參長慶慧稜（854～932年），後卻斷嗣桂琛禪師。長慶會下，有子昭（一作子方）首座，平昔與師商確古今言句，纔聞說心中憤憤，一日特領眾詣撫州，責問於師。師得知，遂舉眾出迎，特加禮待，賓主位上，各掛拂子一枝。茶次，子昭忽便色抗聲問：「長老開堂，的嗣何人？」師云：「地藏。」子昭曰：「何太孤長慶先師？某甲同在會下數十餘載，商量古今，曾無間隔，因何卻嗣地

〔註46〕《高僧傳三集》〈周金陵清涼文益傳〉，頁334。
〔註47〕《禪林僧寶傳》卷第四〈金陵清涼益禪師傳〉，頁7。另見《景德傳燈錄》卷第二十四〈昇州清涼院文益禪師傳〉，頁73。但《景德傳燈錄》云師言句下〈豁然開悟〉必有誤。
〔註48〕《五燈會元》卷第十〈金陵清涼院文益禪師傳〉，頁214。
〔註49〕《大正藏》第四十八卷，頁325。
〔註50〕《景德傳燈錄》卷第二十四〈昇州清涼院文益禪師傳〉，頁73。

藏？」師云：「長慶道萬象之中獨露身，意作麼生？」子昭豎起拂子，師便叱云：「首座，此是當年學得底，別作麼生？」子昭無語，師云：「只如萬象之中獨露身，是撥萬象不撥萬象？」子昭曰：「不撥。」師云：「兩個也。」於時參隨一眾連聲道：「撥萬象。」師云：「萬象之中獨露身，漸。」子昭與一眾摩羅而退，師指住示：「首座，殺父殺母，猶通懺悔，謗大般若，誠難懺悔。」子昭竟無對，自此卻參師，發明己見，更不開堂。〔註 51〕此則公案，涉及華嚴宗討論的「理事不二」說。「身」係指「法身」，即「心真如」；「萬象」指「心真如」的變現，「法身」只能在「萬象」中顯露出來，所以不能否定「萬象」，不能把「萬象」與「法身」分離為二。

由兩師交鋒情景，可見文益繼承桂琛禪師的法要與理事觀，臨機自信自得，展現全體大用。開悟者接機或開示，必斬釘截鐵，而非心識意識思量鬼窟裏作活計。子昭使用長慶的閑家俱（或云爪牙，或作方便），被文益勘破，且又墮入兩邊（明與暗、有與無），文益向子昭表示的是「不可謗毀般若而遭因果。」可見「大事因緣」不可隨意，這關係著「法性慧命」。由文益與子昭的交鋒，可窺知羅漢桂琛有識人之明。所以釋贊寧在《宋高僧傳》〈周金陵清涼文益傳〉中云：

> 羅漢素知益在長慶穎脫，銳意接之，唱導之由玄沙，與雪峰血脈殊異。益疑山頓摧，正路斯得，欣欣然挂囊栖止，變途迴軌，確乎不拔。〔註 52〕

自文益禪師與子昭（一作子方）交鋒之後，「諸方會下有存知解者翕然而至，始則行行如也，師微以激發，皆漸而服膺，海參之眾不減千記。」〔註 53〕師上堂示眾，念策子為名相所轉莫如觀因緣時節；並告誡學人莫墮入虛空，如「無想天修得經八萬大劫，一朝退墮，諸事儼然。」實因不知「根本真實。」師認為次第、累生、累劫修行，直到三祇果滿，不如「一念緣起無生」。此「一念緣起無生」雖超彼三乘權學等見，但若有人道：「彈指圓成八萬門，剎那滅卻三祇劫。」也須體究。因彈指圓成、剎那滅卻，要用多少氣力？〔註 54〕未幾，師之道行聞於江表，南唐國主重師之道，迎住報恩禪院，署淨慧禪師。〔註 55〕次遷清涼院。

〔註 51〕 語風圓信、郭凝之編集《金陵清涼院文益禪師語錄》，《禪宗語錄輯要》頁 100。
（上海古籍出版社，81 年 9 月第一版）
〔註 52〕《高僧傳三集》卷第十三〈周金陵清涼文益傳〉，頁 335。
〔註 53〕《景德傳燈錄》卷第二十四〈昇州清涼院文益禪師傳〉，頁 73。
〔註 54〕 前引書卷第二十四〈昇州清涼院文益禪師傳〉，頁 73～74。
〔註 55〕《高僧傳三集》卷第十三〈周金陵清涼文益傳〉，頁 335。

〔註56〕以周顯德五年七月十七日寂，壽七十四，臘五十五。〔註57〕文益禪師弘化的情形，據《景德傳燈錄》〈昇州清涼院文益禪師傳〉云：

> 師緣被於金陵，三坐大道場，朝夕演旨。時諸方叢林咸遵風化，異域有慕其法者，涉遠而至，玄沙正宗中興於江表。師調機順物，斥滯磨昏，凡舉諸方三昧，或入室呈解，或扣激請益，皆應病與藥，隨根悟入者，不可勝計。……嗣子天台山德韶、文遂、慧炬等一十四人先出世，並爲王侯禮重，次龍光泰欽等四十九人後開法各化一方。……三處法集及著偈頌眞讚銘記詮等數萬言，學者繕寫傳布天下。〔註58〕

由文益所作《三界維心頌》與《法嚴六相義頌》中，得窺知其繼承了玄沙的唯識論，并著重理事論，發展出「一切現成」的禪思想。

法眼文益的法嗣，據《景德傳燈錄》所載，有六十三人，分別是天台山德韶國師、杭州報恩寺慧明禪師、漳州羅漢智依大師、金陵報恩匡逸禪師、金陵報慈文遂禪師、漳州羅漢守仁禪師、杭州永明寺道潛禪師、撫州黃山良匡禪師、杭州靈隱清聳禪師、金陵報慈行言導師、金陵淨德志筠禪師、高麗道峰慧炬國師、金陵清涼泰欽禪師、杭州寶塔紹巖禪師、金陵報恩法安禪師、撫州崇壽契稠禪師、洪州雲居清錫禪師、洪州百丈道常禪師、天台般若敬遵禪師、廬山歸宗策眞、洪州同安紹顯禪師、廬山棲賢慧圓禪師、洪州觀音從顯禪師、廬州長安延規禪師、常州正勤希奉禪師、洛京興善棲倫禪師、洪州新興齊禪師、潤州慈雲匡達禪師〔註59〕、蘇州薦福紹明禪師、澤州古賢謹禪師、宣州興福可勳禪師、洪州上藍守訥禪師、撫州覆船和尚、杭州奉先法瑰禪師、廬山化城慧朗禪師、杭州永明道鴻禪師、高麗靈鑒禪師、荊門上泉和尚、廬山大林僧遁禪師、池州仁王緣勝禪師、廬山歸宗義柔禪師、泉州上方慧英禪師、荊州護國邁禪師、饒州芝嶺照禪師、廬山歸宗師慧禪師、廬山歸宗省一禪師、襄州延慶通性大師、廬山歸宗夢欽禪師、洪州舍利玄闡禪師、洪州永安明禪師、洪州禪溪可莊禪師、潭州石霜爽禪師、江西靈山和尚、廬山佛手嚴因禪師、金陵保安止和尚、昇州華嚴幽禪師、袁州木平道達禪師、

〔註56〕《景德傳燈錄》卷第二十四〈昇州清涼院文益禪師傳〉，頁 75。
〔註57〕《高僧傳三集》卷第十三〈周金陵清涼文益傳〉，頁 335。
〔註58〕《景德傳燈錄》卷第二十四〈昇州清涼院文益禪師傳〉，頁 76。
〔註59〕前引書卷第二十五〈金陵清涼文益禪師法嗣〉，頁 95。

洪州大寧道邁禪師、楚州龍興德賓禪師、鄂州黃龍仁禪師、洪州西山道聳禪師。〔註60〕

一、報恩慧明

慧明禪師幼年出家，三學精練，志探玄旨，乃南遊閩越間，歷諸禪會，莫契本心。後於撫州臨川謁文益禪，師資道合，尋迴大梅山庵居。時吳越部內禪學者雖盛，而以玄沙正宗置於閫外，師欲整而導之。尋遷於天台山白沙卓庵，博學強記的朋彥上座來論宗乘失對，自是他宗泛學來者皆服膺。漢乾祐中（948～950 年），吳越忠懿王延入王府說法，命住資崇院。師盛談玄沙宗一大師及地藏、法眼宗旨臻極，錢王因命雪峰義存法嗣翠嚴令參等諸禪匠及城下名公定勝負，群彥彌伏，錢王大喜署師號圓通普照禪師。〔註61〕報恩慧明的法嗣，僅福州長溪保明院通法大師道誠一人。〔註62〕

二、報慈文遂

報慈文遂導師，出家後禪，教俱習，嘗究《首楞嚴》，甄會眞妄緣起本末精博，於是節科注釋，文句交絡。謁文益禪師，懵然無對，文益禪師誡令焚其所注之文，初住吉州止觀。乾德二年（964 年），金陵國主延入居長慶，次遷報慈大道場，署號雷，音覺海大導師，禮待異乎他等。〔註63〕報慈文遂導師的法嗣，有常州齊雲慧禪師、常州雙嶺祥禪師、洪州觀音眞禪師、洪州龍沙茂禪師、洪州大寧獎禪師等五人，無機緣語句流世。〔註64〕

三、永明道潛

道潛禪師，初至撫州臨川謁文益禪師，文益異之便容入室，一日與文益論及華嚴六相義，得點撥而開悟。異日，因四眾士女入院，文益問曰：「律中道隔壁聞釵釧即名破戒，見睹金銀合雜朱紫駢闐，是破戒不是破戒？」師曰：「好個入路。」文益謂師曰：「子向後有五百毳徒，而為王侯所重。」師

〔註60〕前引書卷第二十六〈金陵清涼文益禪師法嗣〉，頁121。
〔註61〕前引書卷第二十五〈杭州報恩寺慧明禪師傳〉，頁102～103。
〔註62〕前引書卷第二十六〈杭州報恩寺慧明禪師法嗣〉，頁123。
〔註63〕前引書卷第二十五〈金陵報慈道場文遂導師傳〉，頁105。
〔註64〕前引書卷第二十六〈金陵報慈道場文遂導師傳〉，頁123。

尋禮辭，駐錫於衢州古寺，閱大藏經而已。後忠懿王錢氏命入府受菩薩戒，署慈化定慧禪師，建大迦藍號慧日永明，請師居之。師曰：「欲請塔下羅漢銅像過新寺供養，錢王曰：「善哉，予昨夜夢十六尊者乞隨禪師入寺，何昭應之若是？」仍於師號加應眞二字。師坐永明大道場，常五百眾。〔註65〕以建隆二年（961年）九月十八日寂。〔註66〕

　　永明道潛的法嗣，有杭州千光王寺瑰省禪師、衢州鎮靜志澄大師與明州崇福院慶祥禪師三人。〔註67〕瑰省禪師（906～972）幼年出家，精究律部，聽天台文句，棲心於圓頓止觀。後閱《楞嚴》，因文理宏濬，未能洞曉，一夕誦經既久，就案若假寐，夢中見日輪自空降，開口吞之，自是倏然發悟，差別義門，渙然無滯。後聞國城永明道潛禪師法席隆盛，專申參問，道潛禪師唯印前解，無別指喻，即以忠懿王所遺衲衣授之表信，後住湖西嚴淨院。開寶三年（970年），衢州刺使翁晟仰重師道，在杭州西山創大禪苑請師居之，學者臻萃。師上堂曰：「諸上座，佛法無事，昔之日月，今之日月，昔日風，今日風，昔日上座，今日上座。莫道舉亦了說亦了，一切成現好。珍重！」師開寶五年（972年）七月示寂，不求醫，卒前三日有寶樹浴池現，師曰：「凡所有相皆是虛妄。」二十七日晡時集眾言別，安坐而逝，壽六十有七，闍維舍利，門人建塔。〔註68〕衢州鎮境志澄大師，吳越國賜紫，署積善大師。僧問：「如何是定乾坤底劍？」師曰：「不漏斯髮。」僧又問：「用者如何？」師曰：「不知。」僧問：「或因普請鋤頭損傷蝦蟆蚯蚓，還有罪也無？」師曰：「阿誰是下手者？」僧曰：「恁麼即無罪過。」師曰：「因果歷然。」師後遷住杭州西山寶雲寺說法。慶祥禪師住明州崇福院，上堂曰：「諸禪德，見性周遍，聞性亦然，洞徹十方，無內無外。所以古人道隨緣無作，動寂眞常，如此施為，全眞智用。」僧問：「如何是本來人？」師曰：「堂堂六尺甚分明。」僧曰：「只如本來人還作如此相貌也無？」師曰：「汝喚什麼作本來人？」僧曰：「乞師方便。」師曰：「教誰方便？」〔註69〕這上述對話，即見本宗的宗風：「機鋒相拄，不涉方便。」

〔註65〕前引書卷第二十五〈杭州永明寺道潛禪師傳〉，頁107。
〔註66〕《高僧傳三集》卷第十三〈錢塘慧日永明寺釋道潛傳〉，頁337。
〔註67〕《景德傳燈錄》卷第二十六〈杭州永明道潛禪師法嗣〉，頁123。
〔註68〕前引書卷第二十六〈衢州鎮境志澄大師傳〉，頁145。
〔註69〕前引書卷第二十六〈明州崇福院慶祥禪師傳〉，頁145。

四、靈隱清聳

清聳禪師，初參文益禪師，文益指雨謂師曰：「滴滴落在上座眼裏。」師初不喻旨，後因閱華嚴經感悟，承文益印可。迴止明州四明山卓庵，節度使錢億執師事之以禮，錢忠懿王命於臨安兩處開法，後居靈隱上寺，署了悟禪師。師上堂示眾曰：

> 十方諸佛常在汝前，還見麼？若言見，將心見將眼見？所以道一切法不生，一切法不滅。若能如是解，諸佛常現前。……見色便見心，且喚什麼作心？山河大地萬象森羅青黃赤白男女等相，是心不是心？若是心，為什麼卻成物象去？若不是心，又道見色便見心。還會麼？只為迷此而成顛倒，種種不同，於無同異中強生同異。且如今直下承當，頓豁本心，皎然無一物可作見聞。若離心別求解脫者，古人喚作迷波討源，卒難曉悟。〔註70〕

這已很明顯指示不離心求解脫，但能直下體現明暗色空，則心地廓然而無惑，得大自在。靈隱清聳接引學人的風格，正符合其上堂對學人的開示。僧問：「牛頭未見四祖時如何？」師曰：「青山綠水。」僧曰：「見後如何？」師曰：「綠水青山。」師問僧：「汝會佛法麼？」僧曰：「不會。」師曰：「汝端的不會？」僧曰：「是。」師曰：「且去，待別時來。」其僧道珍重。師曰：「不是這個道理。」僧問：「如何是摩訶般若？」師曰：「雪落茫茫。」僧無語，師曰：「會麼？」僧曰：「不會。」師遂有頌曰：「摩訶般若，非取非捨。若人不會，風寒雪下。」〔註71〕學人不悟一切唯心所造，不是著境，就是覓境作解，苟知一切唯心所作，則體會一切現成，對境自然不取不捨。

靈隱清聳禪師的法嗣，有杭州功臣院道慈禪師、秀州羅漢願昭禪師、處州報恩師智禪師、衢州瀬寧可先禪師、杭州光孝道端禪師、杭州保清遇寧禪師、福州支提辯隆禪師、杭州瑞龍希圓禪師與杭州國泰德文禪師。〔註72〕當中僅杭州國泰德文禪師無機緣語句流傳，願昭與辯隆禪師生平較詳。願昭禪師初依杭州西山保清院受業，自靈隱道潛發明心地，眾請住秀州羅漢院。師上堂曰：「山河大地是真善知識，時常說法，時時度人，不妨諸上座參請。」無事，久立。僧問：「羅漢家風請師一句？」師曰：「嘉禾合穗，上國傳芳。」

〔註70〕前引書卷第二十五〈杭州靈隱山清聳禪師傳〉，頁108～109。
〔註71〕前引書卷第二十五〈杭州靈隱山清聳禪師傳〉，頁109。
〔註72〕前引書卷第二十六〈杭州靈隱清聳禪師法嗣〉，頁123～124。

僧曰：「此猶是嘉禾家風，如何是羅漢家風？」師曰：「或到諸方，分明舉似。」
師後住杭州香嚴寺，僧問：「不立纖塵，請師直道。」師曰：「眾人笑汝。」
僧曰：「如何領會？」師曰：「還我話頭來。」〔註73〕學人不體師意，仍在語
句上作解。辯隆禪師依靈隱道潛出家，遂受心印，後住福州支提山雍熙寺。
上堂所云，在開示學人不離玄沙的「金剛眼睛」或稱「秘密金剛體」，其云：

> 巍巍實相偪塞虛空，金剛之體無有破壞。大眾還見不見？若言見也，
> 且實相之體本非青黃赤白長短方圓，亦非見聞覺知之法，且作麼生說
> 見底道理？若言不見，又道巍巍實相偪塞虛空，為什麼不見？〔註74〕

支提辯隆禪師接引學人，依無知之體「金剛眼睛」立說，然學人仍難識取。
如僧問：「如何是向上一路？」師曰：「腳下底。」僧曰：「恁麼即尋常履踐。」
師曰：「莫錯認。」僧問：「如何是堅密身？」師曰：「裸裸地。」僧曰：「恁
麼即不密也？」師曰：「見什麼？」〔註75〕學人由話語作解，不由不假功行的
「自心」或「秘密金剛體」頓超。

六、報慈行言

　　行言禪師，得法於淨慧禪師後，江南國主新建報慈道場，命師大闡宗猷，
海會二千餘眾，別署導師之號。師上堂開示學人，亦直指人人一切俱足，何
必再到禪堂參問，學人參問時答當不離舊時行履。據《景德傳燈錄》〈金陵報
慈道場玄覺導師行言傳〉云：

> 上堂示眾曰：「凡行腳人參善知識，到一叢林，放下瓶缽，可謂行菩
> 薩之道，能事畢矣。何用來這裏舉論真如涅槃，此是非時之說。然
> 古人有言，譬如披沙識寶，沙礫若除，真金自現，便喚作常住世間，
> 具足僧寶。」……問：「遠遠投師，請垂一接。」師曰：「卻依舊處
> 去。」〔註76〕

行言由師說「一切現成」，發展出「無住」而「依舊處去」的禪思想。報慈行
言導師的法嗣，有洪州雲居義能禪師與饒州北禪清皎禪師二人，僅雲居山第
九世住持有機緣語句傳世。〔註77〕

〔註73〕前引書卷第二十六〈秀州羅漢院願昭禪師傳〉，頁145。
〔註74〕前引書卷第二十六〈杭州支提山雍熙寺辯隆禪師傳〉，頁146。
〔註75〕同前註。
〔註76〕前引書卷第二十五〈金陵報慈道場玄覺導師行言傳〉，頁110～111。
〔註77〕前引書卷第二十六〈金陵報慈行言導師法嗣〉，頁124。

七、清涼泰欽

　　法眼文益禪師會下傳法較久的，首推清涼泰欽。泰欽禪師，其人辯才無礙，入文益禪師之室，海眾歸之，咸曰敏匠。初受請住洪州幽古山雙林院，次住上藍護國院，再遷金陵龍光院。〔註78〕禪門中人雖說「法無殊味」且無一法可得，然古來即傳付授之說，泰欽乃遭申問其師法眼文益有何分付，泰欽則答其師既無分付也無錯指。據《景德傳燈錄》〈金陵清涼法燈禪師泰欽傳〉云：

> 問：「法眼一燈分照天下，和尚一燈分付何人？」師曰：「法眼什麼處分照來？」江南國主為鄭王時，受心法於文益禪師之室，暨文益禪師滅（958年）後，嘗問於師曰：「先師有什麼不了底公案？」師對曰：「見分析次。」異日又問曰：「承聞長老於先師有異聞底事？」師作起身勢，國主曰：「且坐。」師謂眾曰：「先師法席五百眾，今只有十數人在諸方為導首。你道莫有錯指人路底麼？若錯指，教他入水入火落坑落塹。然古人又道：我若向刀山，刀山自摧折；我若向鑊湯，鑊湯自消滅。且作麼生商量？言語即熟，及問著，便生疏去。何也？只為隔闊多時。上座，但會，我什麼處去不得，有去不得者，為眼等諸根色等諸法。諸法且置，上座開眼見什麼？所以道不見一法即如來，方得名為觀自在。珍重！」〔註79〕

泰欽所表達的，是實無一法可當情，無一法可立。直下就是。以顯示先師別無付授，僅是學人不是。所以先師有五百眾，而僅十數人在諸方為導首，非其師有所錯指，只因「隔闊多時」（意指離師說）。所以報慈行言有云：「顯明則海印光澄，冥昧則情迷自惑。苟非通心上士，逸格高人，則何以於諸塵中發揚妙極，卷舒物象，縱奪森羅，示生非生，應滅非滅，生滅洞已，乃曰真常。言假則影散千金，論真則一空絕跡。豈可以有無生滅而計之者哉！」〔註80〕清涼泰欽以開寶七年（974年）六月示寂，仍不忘訓勉眾人期得以開悟能弘法利生。其云：

> 老僧臥寂，強牽拖與汝相見。如今隨處道場，宛然化城，且道什麼生是化城？不見古導師云：寶所非遙，須在前進；及至城所，又道我所化作。今汝諸人試說個道理看，是如來禪祖師禪？還定得麼？汝等雖是晚生，須知饒忝我國主凡所勝地建一道場，所須不闕，只

〔註78〕前引書卷第二十五〈金陵清涼法燈禪師泰欽傳〉，頁112～113。
〔註79〕前引書卷第二十五〈金陵清涼法燈禪師泰欽傳〉，頁113。
〔註80〕前引書卷第二十五〈金陵報慈道場玄覺導師行言傳〉，頁110～111。

要汝開口。汝今不知阿那個是汝口，爭答效他四恩三有，欲得會麼？但識口，必無答，因汝有我。今火風相逼，去住是常道，老僧住持將逾一紀，每承國主助發，至千檀越十方道侶主事小師皆赤心爲我，默而難言，或披麻帶布，此即順俗，我道違眞。且道順好違好？然但順我道，即無顚倒。我之遺骸必於南山大智藏和尚左右乞一墳塚，升沉皎然，不淪化也。努力，努力，珍重！〔註81〕

清涼泰欽禪師以開寶七年六月二十四日安坐而終。法嗣有洪州雲居道齊禪師與廬山棲賢慧聰禪師二人，而棲賢慧聰無機緣語句傳世。〔註82〕道齊禪師禮百丈山明照禪師得度，遍歷禪會，學心未息，後遇泰欽禪師，機緣頓契，暨泰欽住上藍院，師主經藏。〔註83〕泰欽一日謂師曰：「有人問我西來意，答它曰不東不西，藏主作麼生會？」師對曰：「不東不西。」泰欽曰：「與麼會又爭得？」師曰：「道齊祇恁麼，未審和尚尊意如何？」泰欽曰：「他家自有兒孫。」師於是頓明厥旨，有頌曰：「接物利生絕妙，外生終是不肖；他家自有兒孫，將來用得恰好。」〔註84〕對於上述師徒間的話語，知學人不見於自心而起分別，悟了之後絕滲漏，而知自心之妙用自得。此誠如正果法師云：

> 這顯見法眼的宗風，簡明處似雲門，隱密處類曹洞。其接化之言句似
>
> 頗平凡，而句下藏機鋒，有當機睹面而能使學人轉凡入聖者。〔註85〕

道齊初住筠州東禪院，次住洪州雙林院，後住雲居山爲十一世主持，三處說法所著語要搜玄拈古代別等集盛行諸方。以至道三年（997年）九月八日集眾曰：「老僧三處住持三十餘年，十方兄弟相聚話道，主事頭首勤心贊助。老僧今日火風相逼，特與諸人相見，諸人還見麼？今日若見，是末後方便。諸人向什麼處見，爲向四大五陰處見，六入十二處見，這裏若見，便可謂雲居山二十年間後學有賴。吾去後，山門大眾付契瓌開堂住持，凡事更在勤而行之，各自努力。珍重！」大眾纔散，師歸西挾告寂，壽六十九，臘四十八。〔註86〕師之行持，惠洪在《禪林僧寶傳》卷第七〈贊〉曰：「夫自心非外有，妄盡而返照，則於生死之際，超然自得如此。」

〔註81〕前引書卷第二十五〈金陵清涼法燈禪師泰欽傳〉，頁113～114。
〔註82〕前引書卷第二十六〈金陵清涼泰欽禪師法嗣〉，頁124。
〔註83〕《景德傳燈錄》卷第二十六〈洪州雲居山第十一世住道齊禪師傳〉，頁147。
〔註84〕《五燈會元》卷第十〈洪州雲居道齊禪師傳〉，頁235。
〔註85〕《禪宗的歷史與文化》，頁234。
〔註86〕《景德傳燈錄》卷第二十六〈洪州雲居山第十一世注道齊禪師傳〉，頁147。

雲居道齊的法嗣，有南康雲居契瑰禪師、杭州靈隱文勝慈濟禪師、明州瑞巖義海禪師、明州廣慧志全禪師、明州大梅保福居煦禪師與荊門軍清溪禪師等七人。〔註87〕靈隱文勝的法嗣，有青原下十一世杭州靈隱延珊慧明禪師與常州薦福院歸則禪師。〔註88〕瑞巖義海的法嗣，有青原下十一世明州翠巖嗣元禪師。〔註89〕法眼宗從文益禪師起，經過四傳，至青原下十一世，法脈即斷絕。

八、報恩法安

法安禪師受法眼文益禪師印可後，初住撫州曹山崇壽院為第四世，上堂開示學人，不作方便更無漸次的道理。其云：

> 知幻即離幻，不作方便。離幻即覺，亦無漸次。諸上座，且什麼生會不作方便又無漸次？古人意在什麼處？若會得，諸佛常見前。若未會，莫向圓覺經裏討。夫佛法亙古亙今未嘗不見前。上座，一切時中咸承此威光，須具大信根荷擔得起始得。不見佛讚猛利底人堪為器用，亦不賞他向善久修淨業者，要他廣額屠兒拋下操刀便證阿羅漢果，直須恁麼始得。所以長者道如將梵位直授凡庸。〔註90〕

法安本師說主頓超，且云一切時中承此威光，有密教色彩。江南國主請入居報恩院，署號攝眾。師上堂亦直言直下無事好，但承王恩不得杜口，只得如達磨西來為諸人證明，但期當下認取。其云：

> 此日奉命令住持，當院為眾演法。適來見維那白槌了，多少好，令教當觀第一義，且作麼生是第一義者？若這裏參得，多少省要，如今更別說個什麼即得，然承恩旨不可杜默去。夫禪宗示要，法爾長規，圓明顯露，亙古亙今。至於達磨西來，也只與諸人證明，亦無法可得與人，只道直下是，便教立地觀取。古人雖道立地觀取，如今坐地還觀得也無？〔註91〕

報慈法安禪師上堂開示與接機的精神，是一貫的，強調「直下是」。所以僧問：「三德奧樞從佛演，一音玄路請師明。」師云：「汝道有也未？」僧問：「如何是報恩境？」師曰：「大家見汝問。」師以開寶中（968～976 年）卒於本院。

〔註87〕《五燈會元》卷第十〈雲居齊禪師法嗣〉，頁 213。
〔註88〕《五燈會元》卷第十〈靈隱勝禪師法嗣〉，頁 213。
〔註89〕《五燈會元》卷第十〈瑞巖海禪師法嗣〉，頁 213。
〔註90〕《景德傳燈錄》卷第二十五〈金陵報恩院法安慧濟禪師傳〉，頁 114。
〔註91〕前引書卷第二十五〈金陵報恩院法安慧濟禪師傳〉，頁 115。

〔註92〕

　　報恩法安的法嗣，有廬山棲賢寺道堅禪師與廬山歸宗寺第十四世慧誠禪
師。〔註93〕以慧誠禪師生平較詳，而道堅僅流傳機緣語句。慧誠禪師幼出家，
於撫州明水院受具，遊方緣契法安禪師，密承心印，庵於廬山之金鋒。宋高
宗淳化四年（993年）孟夏月，歸宗柔和尚歸寂，郡牧與山門徒眾三請師開法
住持。〔註94〕師上堂開示學人，仍強調一切具足，人人各有本分事，祖師西
來苟有奇特事，也只道「見性成佛」這個奇特方便，所以諸人莫自屈而窮問。
據《景德傳燈錄》卷第二十六云：

> 初上堂，未陞座，謂眾曰：「天人得道以此為證，恁麼便散去，已是
> 周遮，其如未曉，再為重數。」方乃陞座。僧問：「郡主臨筵，請師
> 演法。」師曰：「我不及汝。」問：「如何是佛？」師曰：「如何不是？」
> 問：「如何是祖師西來意？」師曰：「不知。」師又曰：「問話且住，
> 諸上座問到窮劫，問也不著，山僧答到窮劫，答也不及。何以故？
> 為上座各有本分事，圓滿十方互古互今，乃至諸佛也不敢錯誤上座，
> 謂之頂族，只助發上座。所以道：十方法界諸有情，念念以證善逝
> 果；彼既丈夫我亦爾，何得自輕而退屈。諸上座，不要退屈，信取
> 便休，祖師西來只道見性成佛，其餘所說不及此說更有個奇特方便。
> 舉似諸人，分明記取，到諸方莫錯舉。〔註95〕

由「唯識無境」，發展出「一切現成」，乃至知「本分事圓滿十方互古互今」，
頓時「見性成佛」。慧誠且援引諸佛護持入禪門，其接歸宗寺法席十有四載，
常聚五百餘眾，以宋真宗景德四年（1007年）三月十八日上堂辭眾，安然而
化，壽六十七，臘五十二，全身塔於本山。〔註96〕

九、雲居清錫

　　文益禪師的法嗣清錫禪師，初住龍須山廣平院。有僧問：「如何是廣平境？」
師曰：「識取廣平。」僧曰：「如何是境中人？」師曰：「驗取。」師次住雲居山，
僧問：「如何是雲居境？」師曰：「汝喚什麼作境？」僧曰：「如何是境中人？」

〔註92〕同前註。
〔註93〕前引書卷第二十六〈金陵報恩法安禪師法嗣〉，頁124。
〔註94〕前引書卷第二十六〈廬山歸宗寺第十四世慧誠禪師傳〉，頁147～148。
〔註95〕前引書卷第二十六〈廬山歸宗寺第十四世慧誠禪師傳〉，頁148。
〔註96〕同註86。

師曰：「適來向汝道什麼？」師後住泉州西明院，有廖天使入院，見供養法眼和尚寫眞，乃問：「眞前是什麼果子？」師曰：「假果子。」天使曰：「既是假果子，爲什麼將供養眞？」師曰：「也只要天使識取？」〔註97〕這也是「一切現成」的禪思想，不著境，貴人自識。雲居清錫禪師的法嗣，有台州般若從進禪師與越州清化志超禪師。〔註98〕兩人皆僅流傳機緣語句，生平不詳。

一〇、廬山延規

延規禪師自文益得法後，住廬山長安院，後以住持付門人辯實接武說法，乃歸本院西堂示滅。〔註99〕長安延規的法嗣，除長安院第二世辯實禪師之外，另有潭州雲蓋山海會寺用清禪師。〔註100〕用清禪師在河州出家，遠參延歸禪師，潛契宗旨，先住韶州東平山。宋太宗淳化二年（991年），知潭州張茂宗請居雲蓋山，爲第六世住持。師有頌曰：「雲蓋鎖口訣，擬議皆腦裂；拍手趁玄空，雲露西山月。」僧問：「如何是雲蓋鎖口訣？」師曰：「遍天遍地。」僧曰：「恁麼即石人點頭露柱拍手？」師曰：「一瓶淨水一鑪香。」僧曰：「此猶是井底蝦蟆。」師曰：「勞煩大眾。」師常節飲食，隨眾二時但展鉢而已，或逾年月亦不調練服餌，無妨作務，有請必開，即便飽食，而無拘執。以至道二年（996年）四月二日示寂而逝，闍維，建塔於本山。〔註101〕

一一、崇壽契稠

契稠禪師自法眼文益得法後，住撫州崇壽院。上堂開示學人，第一義現成，何勞更問，何勞更觀；欲知佛性義，則當觀時節因緣。據《景德傳燈錄》〈撫州崇壽院契稠禪師傳〉云：

> 上堂陞座，僧問：「四眾諦觀第一義，如何是第一義？」師曰：「何勞更問。」師又曰：「大眾欲知佛性義，當觀時節因緣。作麼生是時節因緣？上座，如今便散去，且道有也未？若無，因什麼散去。若有，作麼生是第一義。上座，第一義現成，何勞更觀。恁麼顯明得

〔註97〕前引書卷第二十五〈洪州雲居山眞如院清錫禪師傳〉，頁116。
〔註98〕《五燈會元》卷第十〈雲居錫禪師法嗣〉，頁213。
〔註99〕《景德傳燈錄》卷第二十五〈廬州長安院廷規禪師傳〉，頁119。
〔註100〕前引書卷第二十六〈廬山長安院廷歸禪師法嗣〉，頁124。
〔註101〕前引書卷第二十六〈潭州雲蓋山海會寺用清禪師傳〉，頁148～149。

佛性常照，，一切法常住。若見一切法常住，猶未是法之眞緣。作麼生是法之眞緣？上座，不見古人道：一人發眞歸源，十方虛空悉皆消殞。還有一法爲意解麼？古人有如是大事因緣，依而行之即是，何勞長老多說。眾中有未知者，便請相示。〔註102〕

師接引學人，著重在「一切現成」，實「無一法可得」，而領解即不是。如僧問：「淨慧之燈親然汝水，今日王侯請命，如何是淨慧之燈？」師曰：「更請一問。」僧問：「古人見不齊處，請師方便。」師喝：「古人見什麼處不齊？」僧問：「如何是佛？」師曰：「如何是佛？」僧曰：「如何領解？」師曰：「領解即不是。」僧問：「的的西來意，師當第幾人？」師曰：「年年八月半中秋。」僧問：「如何是和尚爲人一句？」師曰：「觀音舉上藍舉。」師以淳化三年（992年）示滅。〔註103〕崇壽契稠禪師的法嗣，有泉州雲臺山令岑禪師、杭州資國圓進山主與杭州臨安功臣山淨土院惟素禪師。〔註104〕淨土惟素的法嗣，僅杭州淨土院惟正禪師一人。惟正禪師（976～1049）幼從錢塘資聖院本如隸業，祥符中得度，厥後有願輸奉歲時用度俾繼本如之院務，師謝曰：「聞拓鉢乞食，未聞安坐以享；聞歷謁諸祖，未聞廢學自任。況我齒茂氣完，正在筋力爲禮，非從事屋廬之秋。」於是學三觀於天台，復旋徑山咨單傳之旨於惟素禪師。時惟素禪師董臨安功臣淨土院，師輔相之，久而繼席，因師爲人高簡、律身精嚴，爲名御巨公所推尊。有問曰：「師以禪師名，乃不談禪何也？」師曰：「徒費言語，吾懶寧假曲折，但日夜煩萬象爲敷演耳。言語有間而此法無盡，所謂造物無盡藏也。」師以皇祐元年（1049年）孟夏八日語眾曰：「夫動以對靜，未始有極，吾一動歷年六十有四，今靜矣，然動靜本何有哉。」於是泊然而逝。〔註105〕

一二、百丈道恆

道恆（一作道常）禪師於洪州出家，禮照明禪師被剃，尋參文益禪師，獲預函丈。因請益，問：「外道問佛，不問有言，不問無言，敘語未終。」文益曰：「住！住！汝擬向世尊良久處會去。」師從此悟入。後本山請歸住持，

〔註102〕前引書卷第二十五〈撫州崇壽院契稠禪師傳〉，頁115。
〔註103〕前引書卷第二十五〈撫州崇壽院契稠禪師傳〉，頁115～116。
〔註104〕《五燈會元》卷第十〈崇壽稠禪師法嗣〉，頁213。
〔註105〕前引書卷第十〈杭州淨土院惟正禪師傳〉，頁240～241。

當第十一世，學者尤盛。〔註106〕師上堂開示學人，實是無事，此是選佛道場，但且識心，心空及第歸。據《景德傳燈錄》〈洪州百丈山大智院道常禪師傳〉云：

> 上堂示眾曰：「乘此寶乘直到道場，每日勞諸上座訪及，無可祇延。時寒，不用久立，卻請迴車，珍重。」……師又謂眾曰：「實是無事，與上座各各事佛，更有何疑到得這裏。古人只道：『十方同聚會，個個學無為；此是選佛道場，心空及第歸。』心空是及第，且作麼生會心空？不是那裏閉目冷坐是心空，此正是識陰想解。上座要心空麼？但且識心。所以道：『過去已過去，未來更莫算；兀然無事坐，何曾有人喚。』設有人喚上座，應他好不應他好？若應，阿誰喚上座？若不應，不喚聾也？三世體空，且不是木頭，所以古人道：心空得見法王。還見法王麼？也只是病僧，又莫是渠自代麼？珍重！」〔註107〕

師亦示眾，不說而回已是重說，參他不如自參，且即使句下承當，仍未徹悟。據《五燈會元》〈洪州百丈道恒禪師傳〉云：

> 上堂：「諸上座，適來從僧堂裏出來腳未跨門限便回去，已是重說偈言了也，更來這裏不可重重下切腳也。古人云：參他不如自參。所以道：森羅萬象是善財之宗師，業惑塵勞乃普賢之境界。若恁麼參，得與善財同參，若不肯與麼參？卻歸堂向火參取勝熱婆羅門，珍重！
> 上堂，眾纔集便曰：「喫茶去。」或時眾集便曰：「珍重。」或時眾集便曰：「歇。」後有頌曰：「百丈有三訣，喫茶、珍重、歇，直下便承當，敢保君未徹。」〔註108〕

師接引學人，亦在自知而實得。如僧問：「古人有言：釋迦與我同參。未審參何人？」師曰：「唯有同參方得知。」僧曰：「未審此人如何親近？」師曰：「恁麼則不解參也。」〔註109〕至於學人問及祖師西來意的問題，仍本著禪門中人的一貫宗旨不說破，貴人會通宗旨。據《景德傳燈錄》〈洪州百丈山大智院道常禪師傳〉云：

〔註106〕《景德傳燈錄》卷第二十五〈洪州百丈山大智院道常禪師傳〉，頁116。
〔註107〕同前註。
〔註108〕《五燈會元》卷第十〈洪州百丈道恆禪師傳〉，頁222。
〔註109〕《景德傳燈錄》卷第二十五〈洪州百丈山大智院道常禪師傳〉，頁116。

問：「如何是祖師西來意？」師曰：「往往問不著。」……僧舉：「問
玄沙曰：三乘十二分教即不問，如何是祖師西來意？玄沙曰：三乘
十二分教不要。其僧不會，請師爲說？」師曰：「汝實不會。」曰：
「實不會。」師示偈曰：「不要三乘要祖宗，三乘不要與君同；君今
欲會通宗旨，後夜猿啼在亂峰。」〔註110〕

百丈道恆禪師以淳化二年（991 年）示滅。〔註111〕百丈道恆的法嗣，有盧山
棲賢澄偍禪師、蘇州萬壽德興與越州雲門雍熙永禪師。〔註112〕

一三、歸宗義柔

　　義柔禪師自文益禪師印可後，住盧山歸宗寺爲第十三世住持。師上堂開
示學人，若是第一義如何能說觀，又一問一答實無了期，佛法不是這些道理，
向來成佛亦無心，既然眾人誠請，總要能夠會取。據《景德傳燈錄》〈盧山歸
宗寺義柔禪師傳〉云：

師初上堂陞座，維那白槌曰：「法筵龍象眾，當觀第一義。」師曰：
「若是第一義，且作麼生觀？恁麼道，落在什麼處？爲是觀爲復不
許人觀？」先德上座，共相證明。後學初心，莫喚作返問語、倒靠
語。……又曰：「一問一答也無了期，佛法也不是恁麼道理。大眾，
此日之事，故非本心，實謂只個住山寧有意，向來成佛亦無心。蓋
緣是知軍請命，寺眾誠心，既到這裏，且說個什麼即得，還相悉麼？
此若不及，古人便道：相逢欲相喚，脈脈不能語。作麼生會？若會，
堪報不報之恩，足助無爲之化。若也不會，若道長老開堂只舉古人
語。此之盛事，天高海深，況喻不及，更不敢讚助皇風，迴向清列。
何以故？古人猶道：吾禱久已。豈況當今聖明者哉！」〔註113〕

歸宗義柔的法嗣，有南康軍羅漢行林祖印禪師、明州天童辛禪師、杭州功臣
覺軻心印禪師與明州天童清簡禪師。〔註114〕諸人中僅功臣覺軻有法嗣，分別
是蘇州堯峰顯暹禪師、蘇州吳江聖壽志昇與杭州功臣開化守如禪師。〔註115〕

〔註110〕前引書卷第二十五〈洪州百丈山大智院道常禪師傳〉，頁116～117。
〔註111〕前引書卷第二十五〈洪州百丈山大智院道常禪師傳〉，頁117。
〔註112〕《五燈會元》卷第十〈百丈恆禪師法嗣〉，頁213。
〔註113〕《景德傳燈錄》卷第二十六〈盧山歸宗寺義柔禪師傳〉，頁127。
〔註114〕《五燈會元》卷第十〈歸宗柔禪師法嗣〉，頁213。
〔註115〕前引書卷第十〈功臣軻禪師法嗣〉，頁213。

　　法眼文益禪師法嗣六十三人，以天台德韶傳法爲盛，其餘如報恩慧明、報慈文遂、永明道潛、靈隱清聳、淨德志筠、報慈行言、清涼泰欽、報恩法安、百丈道常、歸宗義柔等，均接眾甚廣，大揚一家的禪風。

第三節　天台德韶與永明延壽

一、天台德韶及其法嗣

（一）行方與化導

　　大法眼文益門下，悟道入室者有六十三人，而其生平、機緣傳至今日者四十三人之多，就中以天臺德韶國師（891～972 年）爲眾之上首。師係處州龍泉人，俗姓陳，年十五出家，十七歲受業於本州龍歸寺，十八歲於信州開元寺受戒。梁開平中（907～911 年），遊方詣投子山見青原下四世大同禪師（819～914 年），乃發心之始。次謁洞山門下、青原下五世的龍牙居遁禪師（835～923 年），因緣不契。〔註116〕龍牙不爲德韶說破，後德韶悟得對龍牙深爲讚仰。據《五燈會元》〈天台山德韶國師傳〉云：

> 次謁龍牙，乃問：「雄雄之尊，爲甚麼近之不得？」牙曰：「如火與
> 火。」師曰：「忽遇水來又作麼生？」牙曰：「去，汝不會我語。」
> 師又問：「天不蓋地不載，此理如何？」牙曰：「道者合如是。」師
> 經十七次問，牙祇如答，師竟不諭旨，再請垂誨，牙曰：「道者，汝
> 已後自會去。」師後於通玄峰浴次，忽省前話，遂具威儀，焚香遙
> 望龍牙禮拜曰：「當時若向我說，今日決定罵也。」〔註117〕

德韶在句理呈機，被龍牙駁斥，轉語已不落兩頭，仍沒悟得「自性」。次參洞山門下疏山匡仁，問：「百匝千重是何人境界？」疏山曰：「左搓芒繩縛鬼子。」師曰：「不落古今請師說。」疏山曰：「不說。」師曰：「爲什麼不說？」疏山

〔註116〕《景德傳燈錄》卷第二十五〈天台山德韶國師傳〉，頁 95。關於德韶遊方謁
　　　　投子大同事，《宋高僧傳》卷第十三〈宋天台山德韶傳〉、《五燈會元》卷第十
　　　　〈天台山德韶國師傳〉皆言後唐同光中（923～926 年），然據《祖堂集》卷
　　　　第六〈投子和尚傳〉與《景德傳燈錄》卷第十五〈舒州投子山大同禪師傳〉，
　　　　投子大同卒於唐乾化四年（914 年）。德韶後參龍牙居遁，據《祖堂集》卷第
　　　　八〈龍牙和尚傳〉，龍牙卒於後梁末帝龍德三年（923 年）9 月 13 日。所以
　　　　德韶遊方參投子、龍牙，不可能在龍牙卒後的唐同光中。
〔註117〕《五燈會元》卷第十〈天台山德韶國師傳〉，頁 216。

曰：「個中不辨有無？」師曰：「師今善說。」疏山駭之。〔註118〕師在疏山處，已不同凡響，與疏山機鋒相拄，不涉方便。實可謂：「句裏藏鋒，言中有響。」「德韶久依疏山，自謂得旨。乃集疏山平生文字頂相領眾行腳，至法眼會下，他亦不入室，只令參徒隨眾入室。」〔註119〕師歷參善知識，皆法緣未契，後至撫州臨川謁淨慧文益禪師，重了心要，遂承嗣之。〔註120〕文益安立「聲色句」以接引學人，但又隨根器，展其全機大用。德韶在文益處悟道的過程，據《景德傳燈錄》〈天台山德韶國師傳〉云：

> 師如是歷參五十四善知識，皆法緣未契，最後至臨川謁淨慧禪師，淨慧一見深器之。師以遍涉叢林，亦倦於參問，但隨眾而已。一日淨慧上堂，有僧問：「如何是曹源一滴水？」淨慧曰：「是曹源一滴水。」僧惘然而退，師於座側豁然開悟，平生凝滯渙若冰釋，遂以所悟聞於淨慧。淨慧曰：「汝向後當為國王所師，致祖道光大，吾不如也。」〔註121〕

德韶憑什麼在法眼一句之下便忽然大悟，據《佛果圜悟禪師碧巖錄》云：「恁麼悟去，是什麼道理？不可只教老僧說。須是自己二六時中，打辦精神，似恁麼與他承當。」〔註122〕據《禪林僧寶傳》卷第七〈天台韶國師傳〉載，因德韶聞文益說色空義，知皆由「緣」起，頓覺本心，待到聞「曹源一滴水」句，平生凝滯渙若冰釋，乃大悟。法眼曰：「汝當大宏，吾宗行矣，無自滯於是。」尋迴本道，遊天台山，睹智者禪師遺跡，有若舊居，且復與智者同姓，時人謂為智者後身。〔註123〕德韶入天台山後，建寺院道場，大興玄沙師備法道，歸依者眾。〔註124〕初止白沙時，吳越國文穆王第九子錢弘俶出鎮台州，嚮德韶之名，延請問道，德韶謂曰：「他日為霸主，無忘佛恩。」漢乾祐元年（948年），錢弘俶嗣國位，遣使迎之，申弟子之禮。〔註125〕師上堂示眾，古聖方便猶如河沙，苟能會取祖師無上心印，徹底悟去，何法門不明白，諸方

〔註118〕重顯、克勤《佛果圜悟禪師碧巖錄》，《大正藏》第四十八卷，頁147。
〔註119〕《景德傳燈錄》卷第二十五〈天台山德韶國師傳〉，頁95～96。
〔註120〕《高僧傳三集》卷第十三〈宋天台山德韶傳〉，頁338～339。
〔註121〕《景德傳燈錄》卷第二十五〈天台山德韶國師傳〉，頁96。
〔註122〕重顯、克勤《佛果圜悟禪師碧巖錄》，《大正藏》第四十八卷，頁147。
〔註123〕《禪林僧寶傳》卷第七〈天台韶國師傳〉，頁1～2。另見《景德傳燈錄》卷第二十五〈天台山德韶國師傳〉，頁96。
〔註124〕《高僧傳三集》卷第十三〈宋天台山德韶傳〉，頁339。
〔註125〕《景德傳燈錄》卷第二十五〈天台山德韶國師傳〉，頁96。

便也一時洞了，更有什麼疑情。據《景德傳燈錄》〈天台山德韶國師傳〉云：

> 古聖方便猶如河沙，祖師道：「非風旛動，仁者心動。」斯乃無上心
> 印法門。我輩是祖師門下客，合作麼生會祖師意？莫道風旛不動，汝
> 心妄動；莫道不撥風旛，就風旛通取；莫道風旛動處是什麼。有云：
> 「附物明心，不須認物。」有云：「色即是空。」有云：「非風旛動，
> 應須妙會。」如是解會，與祖師意旨有何交涉。既不許如是會，諸上
> 座便合知悉，若於這裏徹底悟去，何法門而不明，百千諸佛方便一時
> 洞了，更有甚麼疑情。所以古人道：「一了千明，一迷萬惑。」上座，
> 豈是今日會得一則明日又不會，莫是有一分向上事難會，有一分下劣
> 凡夫不會。如此見解，設經塵劫只自勞神乏思，無有是處。〔註126〕

德韶開示學人，祖師的無上心印法門，乃「明心悟性」而非附物以明心。師
接引學人的風格亦同，如僧問：「諸法寂滅相不可言宣，和尚如何為人？」師
曰：「汝到諸方更問一遍。」僧曰：「恁麼即絕於言句去也。」師曰：「夢裏惺
腥。」〔註127〕又如僧：「一切山河大地從何而起？」師曰：「此問從何而來？」
問：「如何是數起底心？」師曰：「爭諱得。」問：「如何是沙門眼？」師曰：
「黑如漆。」問：「絕消息時如何？」師曰：「謝指示。」問：「如何是轉物即
同如來？」師曰：「汝喚什麼作物？」僧曰：「恁麼即同如來。」師曰：「莫作
野干鳴。」〔註128〕德韶問及「空」與「有」的問題，都不作正面回答，而用
轉話頭的方式，使學人自參去。

德韶之所重，在確實到達脫「見聞覺知」而「無所用心」的境地，乃云
言語當「絕滲漏」始得，縱使答話簡辯記持甚多道理，只成個顛倒知見，心
疑不息，聞古聖方便依然不會，其因仍在「多虛少實」，所以無法一時覷破。
據《景德傳燈錄》〈天臺山德韶國師傳〉云：

> 師有時謂眾曰：「大凡言句應須絕滲漏始得。」時有僧問：「如何是絕
> 滲漏底句？」師曰：「汝口似鼻孔。」問：「如何是不證一法？」師曰：
> 「待言語在。」曰：「如何是證諸法？」師曰：「醉作麼？」師有時謂
> 眾曰（《五燈會元》卷第十本傳作乃曰）：「只如山僧恁麼對他，諸上
> 座作麼生體會？莫是真實相為麼？莫是正恁麼時無一法可證麼？莫

〔註126〕同前註。
〔註127〕同前註。
〔註128〕前引書卷第二十五〈天台山德韶國師傳〉，頁97。

是識伊來處麼？莫是全體顯露麼？莫錯會好。如此見解，喚作依草附木，與佛法天地懸隔。假饒答話簡辯如懸河，只成個顛倒知見。若只貴答話簡辯，有什麼難，但恐無益於人，翻成賺誤。如上座從前所學簡辯問答記持說道理極多，爲什麼心疑不息，聞古聖方便特地不會，只爲多虛少實。上座，不如從腳跟下一時覷破，看是什麼道理，有多少法門與上座作疑求解，始知從前所學底事只是生死根緣陰界裏活計。所以古人道：見聞不脫，如水裏月。無事，珍重。」〔註129〕

德韶後有偈示眾曰：「通玄峰頂，不是人間；心外無法，滿目青山。」〔註130〕法眼文益禪師聞之，乃云：「即此一偈，可起吾宗。」〔註131〕周顯德四年（957年），德韶於台州建般若寺。〔註132〕後於般若寺開堂說法十二會。〔註133〕宋開寶四年（971 年）華頂西峰忽摧，震驚一山，師曰：「吾非久矣。」開寶五年（972 年）六月，大星殞於峰頂，林木變白，師示寂於蓮華峰，參問如常，二十八日集眾言別，跏趺而逝，壽八十二，臘六十五。〔註134〕綜觀德韶禪師一生，遍參當時的善知識，得法後建立寺院開堂說法，誨人無數，且其人禪法玄妙、術數尤精，深得錢氏諸公仰重，而生平以利人爲尚，至宋代太宗時代江浙間仍尊稱爲大和尚。據贊寧《宋高僧傳》〈宋天台山德韶傳〉云：

同光中尋訪名山，參見知識，屈指不勝其數。初發心於投子山和尚，後見臨川法眼禪師，重了心要，遂承嗣焉。始入天台山建寺院道場，無幾韶大興玄沙法道，歸依者眾。漢南國王錢氏嘗理丹丘，韶有先見之明，謂曰：「他日爲國王，當興佛法。」其言信矣。遣使入山旁午，後署大禪師號，每有言時無不符合。蘇州節使錢仁奉有疾，遣人賚香往往乞願焉，乃題疏云：「令公八十一。」仁奉得之甚喜曰：「我壽八十一也。」其年八月十一日卒焉。凡多此類，華頂石崩震驚百里，山如野燒蔓延，果應。韶終焚舍利繁多，營塔命都僧正贊寧爲塔碑焉。……語錄大行，出弟子傳法百許人，其又興智者道場數十所，功成不宰，心地坦夷，術數尤精，利人爲上，至今江浙間謂爲大和尚。

〔註129〕同前註。
〔註130〕同前註。
〔註131〕《五燈會元》卷第十〈天台山德韶國師傳〉，頁 217。
〔註132〕《嘉定赤城志》卷二十八。
〔註133〕《景德傳燈錄》卷第二十五〈天台山德韶國師傳〉，頁 97～102。
〔註134〕前引書卷第二十五〈天台山德韶國師傳〉，頁 102。

〔註135〕

德韶雖爲禪門中人，亦助傳天臺教的義寂求取經籍，致使天臺宗逐漸復興。
天臺宗經會昌滅法及五代離亂，僅在觀行方面有物外、元琇、清竦、義寂等
師弟相承。〔註136〕義寂曾多方網羅佚典，僅於金華古藏中找到《淨名疏》。時
吳越忠懿王因閱《永嘉集》，見中云：「同除四住，此處爲齊，若伏無明，三
藏即劣。」以問德韶國師，德韶云：「此是教義，可問天台寂師。」王即召義
寂出金門，建講以問前義，義寂曰：「此出智者玄妙。自唐末喪亂教籍散毀，
故此諸文多在海外。」〔註137〕義寂亦向德韶款告，求發慈悲心援助。據《景
德傳燈錄》〈天台山德韶國師傳〉云：

> 有傳天台智者教義寂者，屢言於師曰：「智者之教，年祀寖遠，慮多
> 散落。今新羅國其本甚備，自非和尚慈力其孰能致之乎？師於是聞
> 於忠懿王，王遣使及齎師之書往彼國繕寫備足而迴，迄今盛行於世
> 矣。〔註138〕

天台教籍既取回，忠懿王爲義寂建螺溪道場，給額定慧，並賜義寂號淨光法
師，義寂亦請諡天台諸祖，一家教學鬱而復興。〔註139〕淨光大師傳法弟子百
餘人，當中外國十人，以高麗國人義通爲高弟。〔註140〕另知名者有行靖、行
明與願齊諸法師。而義寂教下如義通、行靖、行明、願齊與興教明師等，與
德韶國師皆有甚深的因緣。漢周之際（947～950），義通（927～988年）來遊
中國，至天台山安國雲居院參德韶，忽有契悟。〔註141〕行靖與行紹二人皆錢
塘人，同依壽禪師出家，通練律部，同居石壁寺。時德韶國師法道大振，兩
師往而從之，國師及觀其法器，即使就螺溪淨光法師學三觀，學成後回石壁
寺爲眾講說，前後五十年，確守山林之美，未嘗出遊閭里，吳中宿學皆服其
高潔。〔註142〕願齊法師初爲法華紹巖弟子，曾傳淨光之道精研止觀，後參德

〔註135〕《高僧傳三集》卷第十三〈宋天台山德韶傳〉，頁339。
〔註136〕《佛祖統紀》卷第八〈興道下八祖紀第四〉，《佛教大藏經》第七十五頁343。
〔註137〕前引書卷第八〈興道下八祖紀第四——十五祖淨光尊者義寂傳〉，《佛教》第
　　　　七十五冊，頁345。
〔註138〕《景德傳燈錄》卷第二十五〈天台山德韶國師傳〉，頁96。
〔註139〕《佛祖統紀》卷第八〈興道下八祖紀第四——十五祖淨光尊者義寂傳〉，《大
　　　　藏經》第七十五冊，頁345。
〔註140〕《佛祖統紀》卷第八〈十五祖淨光尊者義寂傳〉，《佛教大藏經》第七頁346。
〔註141〕前引書卷第八〈十六祖寶雲尊者義通傳〉，《佛教大藏經》第七十五冊5。
〔註142〕前引書卷第十〈法師行靖與行紹傳〉，《佛教大藏經》第七十五冊，頁3373。

韶國師發明玄奧。周顯德初（954 年），螺溪居民張彥安獻宅給淨光法師，願齊輅眾施三萬爲建法堂廚屋，住淨光法師與學徒二十人俱往，既而雲居德韶國師爲疏於漢南王，即施財架懺堂諸屋以廣之，乃成傳教院。〔註143〕另興教明師，年方弱冠，聽經於淨光義寂會下，常自疑曰：「飲光持釋迦丈六之衣，披彌勒百尺之身，正應其量，爲衣解身邪身解短邪？」時德韶住雲居院，聚眾五百，明師往而問之，德韶曰：「座主，卻是汝會。」明師慍色拂袖而退。〔註144〕德韶曰：「小兒子山僧，若答汝不是，當有因果，汝若不是，吾當見之。」明師歸螺溪，七日吐血。淨光勸曰：「汝速去懺悔。」明師乃至德韶方丈，悲泣曰：「願和尙慈悲，許某懺悔。」德韶曰：「如人倒地，因地而起，不曾教汝起倒。」明師又曰：「若許懺悔，某當終身給侍。」德韶爲出語曰：「佛佛道齊，宛爾高低；釋迦彌勒，如印印泥。」〔註145〕由以上諸則事跡，可見德韶不僅能識人，且深俱慈悲心，舉揚禪門玄沙宗風，亦能護持教下，其與天台宗淨光義寂法師有深厚的情誼，時爲之助發。德韶之行持，亦深得淨光義寂的仰重，稱之爲菩薩人。〔註146〕

　　據贊寧《宋高僧傳》〈宋天臺山德韶傳〉所載，德韶國師出弟子傳法百許人。然見燈錄者，僅五十一人，其中十九人沒機緣語句傳世。這五十一人分別是杭州慧日永明寺智覺禪師延壽、溫州大寧院可弘禪師、蘇州安國長壽院朋彥大師、杭州五雲山華嚴道場志逢大師、杭州報恩光教寺第三世住慧日禪師法端、杭州報恩光教寺第四世住通辨明達禪師紹安、福州廣平院守威宗一禪師、杭州報恩光教寺第五世住永安禪師、廣州光聖道場師護禪師、杭州奉先寺清禪師、台州天台山紫凝普聞寺智勤禪師、溫州雁蕩山願齊禪師、杭州普門寺希辯禪師、杭州光慶寺遇安禪師、天台山般若寺友蟾禪師、婺州智者寺全肯禪師、福州玉泉義隆禪師、杭州龍冊寺第五世住曉榮禪師、杭州臨安縣功臣院慶蕭禪師、越州稱心敬璡禪師、福州嚴峰朮禪師、璐州華嚴慧達禪師、杭州九曲觀因院慶祥禪師、杭州開化寺傳法大師行明、越州蕭山縣漁浦開善寺義圓禪師、溫州瑞鹿寺上方遇安禪師、杭州龍華寺慧居禪師、婺州齊雲山遇臻禪師、溫州瑞鹿寺本先禪師〔註147〕、杭州興教洪壽禪師與蘇州承天永安道原禪師〔註148〕等三十二人

〔註143〕前引書卷第十〈法師願齊傳〉，《佛教大藏經》第七十五冊，頁 373。
〔註144〕前引書卷第八〈十五祖淨光尊者義寂傳〉，《佛教大藏經》第七十五冊 5。
〔註145〕《五燈會元》卷第十〈天台山德韶國師傳〉，頁 219～220。
〔註146〕《佛祖統紀》卷第八〈十五祖淨光尊者義寂傳〉，《佛教大藏經》第七頁 345。
〔註147〕《景德傳燈錄》卷第二十六〈天台山德韶國師法嗣〉，頁 122～123。

有機緣語句，以及杭州報恩德謙禪師、杭州靈隱處先禪師、天台善建省義禪師、越州觀音安禪師、婺州仁壽澤禪師、越州雲門重曜禪師、越州大禹榮禪師、越州地藏瓊禪師、杭州靈隱紹光禪師、杭州龍華紹巒禪師、越州碧泉行新禪師、越州象田默禪師、潤州登雲從堅禪師、越州觀音朗禪師、越州諸暨五峰禪師、越州何山道孜禪師、越州大禹自廣禪師、筠州黃檗師逸禪師、蘇州瑞光清表禪師等十九人，無機緣語句傳世。〔註149〕

（二）德韶的門下

德韶的門下，除永明延壽、長壽明彥、般若友蟾、智者全肯、瑞鹿本先、善門希辯與瑞鹿遇安有再傳弟子之外，其他禪師的法脈無史跡可考。諸人之中，以永明延壽為上首，而永明延壽的法嗣，有杭州富陽子蒙禪師與杭州朝明院津禪師，兩人皆無機緣語句傳世。〔註150〕

朋彥（913～961），永嘉人，於蘇州開元寺受業，初參婺州金陵寶資和尚，後因法眼門下慧明禪師的激發，而歸於天台德韶之室。自悟正法眼後，隨緣闡法，盛化於姑蘇，為節帥錢仁奉所禮重，為創長壽院，請轉法輪，吳越國賜師紫衣，署廣法大師。宋建隆二年（961年），將住持付門人法齊繼世說法，是年四月六日示滅，壽四十九，臘三十五。〔註151〕法齊，婺州人，初講《百法》、《因明》兩論，後罷講遊方，受心印於長壽朋彥。後繼朋彥住持長壽院，為第二世，亦受節使錢仁奉所禮重，請揚真要。以宋太平興國三年（978年）捨眾，就本院創別寺宴居，咸平三年（100年）十二月十一日示滅，壽八十九，臘七十二。〔註152〕友蟾，錢塘臨安人，幼歲出家，於本邑東山朗瞻院得度。聞天台德韶國師盛化，遠趨函丈，密印心地，初命住雲居普賢院，僧侶咸湊。後吳越國忠懿王署慈悟禪師，遷止般若寺，眾盈五百。師上堂，僧問：「鼓聲纔動，大眾雲臻，向上宗乘請師舉唱。」師曰：「虧汝什麼？」僧曰：「恁麼即人人盡霑恩去也。」師曰：「莫亂道。」宋雍熙三年（986年），師以山門大眾付受業弟子隆一，繼踵開法，至淳化初（990年）示滅。〔註153〕全肯至天台參德韶，德韶問：「汝名什麼？」答曰：「全肯。」德韶曰：「肯個什麼？」

〔註148〕《五燈會元》卷第十〈天台韶國師法嗣〉，頁212。
〔註149〕《景德傳燈錄》卷第二十六〈天台山德韶國師法嗣〉，頁123。
〔註150〕前引書卷第二十六〈杭州永明寺延壽禪師法嗣〉，頁124。
〔註151〕前引書卷第二十六〈蘇州安國長壽院朋彥大師傳〉，頁131～132。
〔註152〕前引書卷第二十六〈長壽第二世法齊禪師傳〉，頁149。
〔註153〕前引書卷第二十六〈天台山般若寺友蟾禪師傳〉，頁137。

師乃禮拜。後住婺州智者寺，宋太平興國中（976～984 年）將住持付法嗣弟子紹忠，繼世說法，尋歸寂於本寺。〔註 154〕

遇安，福州人，得法於天台德韶國師，後住溫州瑞鹿寺。常閱《首楞嚴》了義，時人謂之安楞嚴，以宋至道元年（995 年）季春月示滅，法嗣弟子蘊仁坐侍坐，師乃說偈曰：「不是嶺頭攜得事，豈從雞足付將來；自古聖賢皆若此，非吾今日爲君裁。」自入棺，經三日門人啓棺，睹師右脥吉祥而臥，四眾哀慟，師乃再起，上堂說法乃訶責垂誡曰：「此度更啓吾棺者，非吾之子。」言迄，復入棺而長往。〔註 155〕

本先，溫州永嘉人，幼於本州集慶院出家，納戒於天台國清寺，得法於天台德韶國師。初遇德韶時，德韶導以「非風旛動乃仁者心動」之語，本先即時悟解。後師示徒曰：「吾初學天台法門，語下便薦。然千日之內，四儀之中，似物礙膺，如讎同所；千日之後，一日之中，物不礙膺，讎不同所；當下安頓，頓覺前疚。」乃述「非風旛動仁者心動」、「見色便見心」、「明自己」等三頌。「師自爾足不歷城邑，手不度財貨，不設臥具，不衣繭絲，卯齋終日，宴坐申旦，誨誘徒眾，朝夕懇至，踰三十載，其志彌厲。」〔註 156〕師上堂開示學人，參學之人莫造次，莫作乾慧之人，而當實有見處，於行、住、坐、臥、語、默、動、靜時參取。據《景德傳燈錄》〈溫州瑞鹿寺本先禪師傳〉云：

> 師有時云：「大凡參學佛法，未必學問話是參學，未必學揀話是參學，未必學代語是參學，未必學別語是參學，未必學捻破經論中奇特言語是參學。若也於如是等參學，任你七通八達，於佛法中儻無個見處，喚作乾慧之徒。豈不聞古德云：『聰明不敵生死，乾慧豈免苦論。』諸人若也參學，應須眞實參學始得。眞實參學也，行時行時參取，立時立時參取，坐時坐時參取，眠時眠時參取，語時語時參取，默時默時參取，一切作務時一切作務時參取。既向如是等時參，且道參個甚人？參個什麼？說到這裏，則自有個明白處始得，若非明白處，喚作造次參學，則無究了。」〔註 157〕

〔註 154〕前引書卷第二十六〈婺州智者寺全肯禪師傳〉，頁 137。
〔註 155〕前引書卷第二十六〈溫州瑞鹿寺上方遇安禪師傳〉，頁 139～140。
〔註 156〕前引書卷第二十六〈溫州瑞鹿寺本先禪師傳〉，頁 141。
〔註 157〕前引書卷第二十六〈溫州瑞鹿寺本先禪師傳〉，頁 141～142。

德韶的禪思想是，「佛法現成，一切具足。」本先則有「隨處皆真」的觀念，其且開示學人，若知曉日常所作一切事「唯憑個什麼顯見」，「於參學中千足萬足」。又云：「諸法所生唯心所現，如是言語好個入底門戶。」〔註158〕師以宋大中祥符元年（1008 年）仲秋望日謂上足如晝曰：「古人云：『騎虎頭，打虎尾，中央事作麼生？』」如晝答云：「也只是如晝。」師曰：「你問我。」如晝乃問：「騎虎頭，打虎尾，中央事和尚作麼生？」師曰：「我也弄不出。」言訖，奄然開一目微視而寂，壽六十七，臘四十二。長吏具以事聞於朝廷，帝詔本州常加檢視，如晝乃奉師所著《竹林集》十卷、詩篇、歌辭共千餘首詣闕上進，詔藏秘閣，如晝特賜紫衣。〔註159〕如晝與本先所表達的，強調「一切現成」，不使意識根起，所以如晝答：「也只是如晝。」而本先則曰：「我也弄不出。」仍不離「唯識無境」與「般若性空」的理念。

希辯，蘇州常熟人，幼年出家，隨禮啟祥禪師落髮具戒，詣楞伽山聽律，尋謁天台山得德韶心印。宋乾德初（963 年），吳越國忠懿王命住越州清泰院，署慧智禪師。開寶中（968～976），復召入，居杭州普門寺，為第二世住持。師上堂開示學人，當自知而實無一法可相助發。據《景德傳燈錄》〈杭州普門寺希辯禪師傳〉云：

> 山僧素乏知見，復寡聞持。頃雖侍坐於中山和尚，亦不蒙一句開示，以至於今與諸仁者聚會，更無一法可相助發，何況能為諸仁者區別淄素，商量古今。還怪得山僧麼？若有怪者，且道此人具眼不具眼？有賓主義無賓主義？晚學初機必須審細。〔註160〕

希辯以「不蒙一句」開示，更「無一法」可助發，顯示著「一切具足」、「一切現成」的禪思想。宋太平興國三年（978 年），吳越國王入覲，師隨寶塔至，太宗見於滋福殿，賜紫衣並賜號慧明大師。端拱中（988～989），上言願還故里，詔從，賜御製詩。至道三年（997 年）八月二十五日，示寂而逝，壽七十七，臘六十三。〔註161〕普門希辯的法嗣，有高麗國慧洪禪師與越州上林胡智禪師，兩人皆無機緣語句傳世。〔註162〕德韶國師的法脈，經二傳至青原下十一世即不明。

〔註158〕前引書卷第二十六〈溫州瑞鹿寺本先禪師傳〉，頁143。
〔註159〕前引書卷第二十六〈溫州瑞鹿寺本先禪師傳〉，頁143～144。
〔註160〕前引書卷第二十六〈杭州普門寺希辯禪師傳〉，頁136。
〔註161〕同前註。
〔註162〕前引書卷第二十六〈杭州普門寺希辯禪師法嗣〉，頁124。

二、永明延壽的志趣

德韶諸弟子中，以永明延壽禪師（905～975 年）爲上首。延壽，餘杭人，俗姓王。總角之歲，歸心佛乘，既冠不茹葷，日唯一食，持《法華經》。〔註163〕年二十八，爲華亭（江蘇省松江縣）稅務專知，用官錢買魚蝦放生，事發當棄市，錢王元瓘（932～941 年在位）使人視之曰：「色變則斬，不變則舍之。」因不動心，遂貸其命。〔註164〕當時吳越國的佛教界，天台宗有國清清竦、國寧常操分燈傳止觀。〔註165〕南山律則有希覺，其得錢王元瓘禮重，住持千佛寺，四方學者輻輳。〔註166〕後門下出上足贊寧。至於禪宗，南嶽系後繼無力，僅見全付在越州清化院揚舉潙仰宗風。〔註167〕而清原法系的勢力甚大，雪峰義存之禪學尤爲盛行，其門下道付得錢王元瓘仰重，錢王在杭州創龍冊寺請居住說法，吳越國的禪學自此而興。〔註168〕後雪峰義存的法嗣翠巖令參，也遷止龍冊寺，大闡玄化。時錢元瓘王知延壽慕道，乃從其志，放令出家，禮翠巖令參爲師。〔註169〕其學佛虔敬的情形，據《景德傳燈錄》〈杭州慧日永明寺智覺禪師延壽傳〉云：

> 執勞供眾，都忘身宰，衣不繒纊，食不重味，野蔬布襦，以遣朝夕。
>
> 尋往天台山柱峰，九旬習定，有鳥類尺鷃巢於衣襜之中。〔註170〕

延壽在天台山柱峰習定精進，乃就德韶禪師決擇所見。〔註171〕德韶深器之，密授玄旨，嘗謂曰：「汝與元帥有緣，它日當大作佛事，惜吾不及見耳。」〔註172〕師邊習禪定，邊頌法華經，因感應乃抓鬮決定去取。據《佛祖統紀》卷第二十六〈法師延壽傳〉云：

> 初往天台智者岩，九旬禪定，有鳥巢於衣裓。後於國清寺行法華懺，
> 夜見神人持戟而入，師訶之曰：「何得擅入？」對曰：「久積淨業，

〔註163〕前引書卷第二十六〈杭州慧日永明寺智覺禪師延壽傳〉，頁130。
〔註164〕《佛祖統紀》卷第二十六〈法師延壽傳〉，《佛教大藏經》第七十五冊，頁490。
〔註165〕前引書卷第八〈十三祖妙說尊者元琇傳〉，《佛教大藏經》第七十五冊，頁344。
〔註166〕《高僧傳三集》卷第十六〈漢錢塘千佛寺希覺傳〉，頁430。
〔註167〕前引書卷第十三〈晉會稽清化院全付傳〉，頁332。
〔註168〕前引書卷第十三〈後唐杭州龍冊寺道付傳〉，頁330～331。
〔註169〕《景德傳燈錄》卷第二十六〈杭州慧日永明寺智覺禪師延壽傳〉，頁130
〔註170〕同前註。
〔註171〕《高僧傳三集》卷第二十八〈宋錢塘永明寺延壽傳〉，頁759。
〔註172〕《佛祖統紀》卷第二十六〈法師延壽傳〉，《佛教大藏經》第七十五冊 491。
　　　　另見《景德傳燈錄》卷第二十六本傳，但無「惜吾不及見耳」。

方到此中。」夜半遶像，見普賢前蓮花在手，遂上智者巖作二願，一日一生禪定，二日頌經萬善莊嚴淨土，乃冥心清禱，得頌經萬善願乃至七度。於是一意專修淨業，振錫金華天柱峰，頌經三載，禪觀中見觀音以甘露灌其口，遂獲辯才。〔註 173〕

初住明州雪竇山，學侶臻湊，上堂曰：「雪竇這裏，迅瀑千尋，不停纖粟，奇巖萬仞，無立足處。汝等諸人向什麼處進步？」時有僧出問：「雪竇一徑如何履踐？」師曰：「步步寒華結，言言徹底冰。」〔註 174〕師之門風，極為嚴峻高岸，貴實得不尚虛言，學人難會取。除教誨學人之外，師律己亦嚴。據贊寧《宋高僧傳》〈宋錢塘永明寺延壽傳〉云：

得韶禪師決擇所見，遍逗於雪竇山。除誨人外，瀑布前坐諷禪嘿，衣不繒纊，布襦卒歲，食無重味，野蔬斷中。〔註 175〕

師有一偈一首，披露其獨坐瀑布前的心境，其云：「孤猿叫落中巖月，野客吟殘半夜燈；此境此時誰得意，白雲深處坐禪僧。」〔註 176〕師的行持，深得錢王弘俶所欽重，請行方等懺，贖物類放生。〔註 177〕宋建隆元年（960 年），錢王請開山靈隱新寺，翌年請住永明寺，為第為二世。〔註 178〕師除日課之外，上堂開示接引學人，并到野地行道念佛，有異行為人所見，錢王由之更加仰重而助其行道，時人稱為慈氏下生。據《佛祖統紀》卷第二十六〈法師延壽傳〉云：

初演法於雪竇，建隆元年忠懿王請住靈隱，二年遷永明。日課二百八事，未嘗暫廢。學者參問，指心為宗，以悟為則。日暮往別峰行道念佛，旁人聞螺貝天樂之聲。忠懿王歎曰：「自古求西方者，未有如此之專切也，乃為立西方香嚴殿以成其志。居永明十五年，弟子一千七百人，常與眾授菩薩戒，教施鬼神食晝放生命，皆悉回向莊嚴淨土，時人號為慈氏下生。〔註 179〕

師之弘化極盛，居永明寺十五年，度弟子一千七百人。開寶七年（974 年），入天台山度戒約萬餘人。師六時行道，餘力則念《法華經》達一萬三千部，

〔註 173〕《佛教大藏經》第七十五冊，頁 491。
〔註 174〕《景德傳燈錄》卷第二十六〈杭州慧日永明寺智覺禪師延壽傳〉，頁 1。
〔註 175〕《高僧傳三集》〈宋錢塘永明寺延壽傳〉，頁 759。
〔註 176〕《五燈會元》卷第十〈杭州慧日永明延壽智覺禪師傳〉，頁 230。
〔註 177〕《高僧傳三集》卷第二十八〈宋錢塘永明寺延壽傳〉，頁 759。
〔註 178〕《景德傳燈錄》卷第二十六〈杭州慧日永明寺智覺禪師延壽傳〉，頁 1。
〔註 179〕《佛教大藏經》第七十五冊，頁 491。

並著《宗鏡錄》一百卷及詩偈賦詠，凡千萬言，播於海外，高麗國王覽言教，致書獻物敘弟子之禮，且彼國僧侶三十六人，親承印記，前後歸還該國弘化。開寶八年（975年）十二月二十六日辰時，師焚香告眾跏趺而亡，臘七十二，臘四十二，葬於大慈山樹亭誌之，宋太宗賜額曰壽寧禪院。〔註180〕

　　永明延壽著有《萬善同歸集》，是書影響向世極爲深遠，淨土教且立其爲蓮社第六祖。淨土教極爲重視師往生西方上品的說辭，據《佛祖統紀》卷第二十六〈法師延壽傳〉云：

> 又述《萬善同歸集》，指歸淨土最得其要。師既亡，起塔山中，有僧來自臨川曰：「我病中入冥，得放還見殿室有僧像，閻羅王自來頂拜。我問：『此像何人？』主吏曰：『杭州壽禪師也，聞已於西方上品受生，王敬其人，故於此禮耳。』」〔註181〕

永明延壽所著《宗鏡錄》一百卷、《心賦注》四卷及《唯心訣》一卷等書，志在會宗并闡發唯心之旨。其成書因緣，據《佛祖統紀》卷第二十六〈法師延壽傳〉云：

> 師以天台、賢首、慈恩三宗互有同異，乃館其徒之知法者，博越義海更相質難，師以心宗之衡以準平之。又集大乘經論六十部、兩土聖賢三百家之言，證成唯心之旨，爲書百卷名曰宗鏡。……崇寧中，追謚宗照禪師。〔註182〕

永明延壽卒後，賜號智覺禪師。〔註183〕其爲人，「汎愛慈柔，或非理相干，顏貌不動」，且「多勵信人營造塔像」。〔註184〕關於永明延壽的行事及其影響，據陳瓘〈智覺禪師眞贊〉云：

> 吳越錢氏崇信佛法，智覺禪師妙以覺應身，爲其師範。錢氏之好生戒殺，師有助焉。聖宋之興也，錢氏重民輕士，捨別歸總，用師之勸誨也。嗚呼！總相無虧，別相自滿，錢氏之尊主庇民，餘波自潤，不客之福，流及其後。師之方便，總別偏圓，無不具矣。……師所著《宗鏡錄》一百卷，禪經律論與世間文字，圓融和會，集佛大成。

〔註180〕《景德傳燈錄》卷第二十六〈杭州慧日永明寺智覺禪師延壽傳〉，頁1有關永明延壽禪師的法臘，《宋高僧傳》卷第二十八本傳則載三十七。
〔註181〕《佛教大藏經》第七十五冊，頁491。
〔註182〕同前註。
〔註183〕同前註。
〔註184〕《高僧傳三集》卷第二十八〈宋錢塘永明寺延壽傳〉，頁759。

考師之行事，然後讀師之書，則師之所建立，可不言而喻矣。〔註185〕
延壽習定有得，至天台參德韶禪師，得以發明心地，然志在「一意專修淨業」，
乃以唯心之旨，會教說而指歸淨土，歸信者眾。然延壽圓寂後的翌年（開寶
八年，975 年），錢王弘俶朝宋，太平興國三年（978 年）五月錢王以吳越奉
宋，國除。〔註186〕法眼宗在中國驟盛疾衰，延壽的名作《宗鏡錄》乏人問津，
而在高麗國則因慧炬等人弘化，顯得昌盛。據際祥《淨慈寺志》卷二〈寂音
尊者惠洪宗鏡堂記略〉云：

> 錢氏有國日，（延壽）嘗居杭之永明寺，其道大振于吳越。此書初出，
> 其傳甚遠，異國君長讀之，皆望風稱弟子，學者航海而至，受法而
> 去者，不可勝數。禪師既寂，書厄于講徒，叢林多不知其名。〔註187〕

法眼宗發展到永明延壽，用法相家證成「萬法唯識」，用華嚴家發明「萬行」
的必要，用天台家檢約身心、去惡從善，進而使一切經教全部納入禪宗領域。
〔註188〕其《宗鏡錄》百卷，旁徵博引，仍不出「舉一心爲宗，照萬法爲鑑」
的范疇。〔註189〕既信一心，須以禪定冥合。而其《萬善同歸集》卷中則強調
「從凡入聖，萬善之門，先發菩提心最爲第一」。〔註190〕而戒能開發菩提心，
戒爲萬善之本，若不守戒諸善功德皆不得生，因戒而得定，因定得慧。〔註191〕
由此，延壽主張「頓悟漸修」，認爲：「須凡聖俱泯，功業齊去，使心無所著，
方可修禪。……或只知自性清淨性淨解脫，故輕於教相持律坐禪調伏等行。
不知必須頓悟自悟清淨性淨解脫，漸修令得圓滿清淨究竟解脫，若身若心無
所擁滯。」〔註192〕其又主張「即境即佛」、「是境作佛」，從「唯識無境」得知
「諸佛及一切法皆唯心」所生，結果肯定「西方淨土」的實在性，把淨土宗
納入禪宗領域。延壽雖因此豐富了禪宗的理論，但同時使其法眼宗失卻了宗
門的特色，而難以持續流傳。〔註193〕

〔註185〕《乾道四明圖經》卷第十一，《宋元地方志叢書》第八冊，頁 5059。
〔註186〕《吳越備史》卷四〈今大元帥吳越國王〉，頁 41。
〔註187〕《淨慈寺志》卷二，頁 23。
〔註188〕杜繼文、魏道儒著《中國禪宗通史》，頁 371。
〔註189〕楊傑〈宗鑑錄序〉，《大正藏》第四十八卷，頁 415。
〔註190〕《大正藏》第四十八卷，頁 977 中。
〔註191〕《大正藏》第四十八卷，頁 965。
〔註192〕《大正藏》第四十八卷，頁 987 上。
〔註193〕杜繼文、魏道儒著《中國禪宗通史》，頁 377。

第四節　法眼宗的門庭

　　法眼宗於南唐及吳越國，盛極一時，而其隆盛僅兩三代，至四傳而絕。其因除了此宗缺乏禪將無以為繼承，以及吳越國版籍歸宋而失去大檀越護持之外，與此宗因方便會宗，而標舉禪、教一致的思想，有密切關係。據孤峰智璨《中印禪宗史》第十三章〈德韶、延壽二大師與法眼宗〉云：

　　　　法眼文益禪師一派，於吳越間盛況一時，……而其隆盛，僅僅二、
　　　　三代而已。因為本宗人物多由他教中轉來，念佛或兼修法華、華嚴、
　　　　首楞嚴、圓覺等經文，或依諸經文而省發者甚多。禪淨一致之思想，
　　　　從印度以來已有之，到中國禪宗在百丈大智《百丈清規》已顯露，
　　　　到永明延壽發揮其禪淨雙修更為積極！又禪教調和思想，在荷澤一
　　　　派中早已有此傾向，荷澤一派與華嚴宗之關係，始於清涼澄觀大師
　　　　參禪於無名。到了圭峰宗密，論禪教一致之旨更為高昂！又如天臺
　　　　左溪大師、永嘉玄覺禪師之參禪，使禪、教關係更為密切！觀此禪
　　　　教一致思想於五家內，以法眼宗特別明顯。可以說法眼宗依禪、教
　　　　一致之思想，從各宗吸收不少人物，致使一時隆盛。另一方面，亦
　　　　因為不是純粹之禪，而使法脈轉瞬間斷絕，固然法脈早絕之原因亦
　　　　很多，但此是主要原因之一也。〔註194〕

此宗從五代初年已見端倪，雪峰會下師備頭陀（835～908）在福州玄沙院，透過大乘初門行化三十年（879～908），禪侶七百。玄沙師備依《楞嚴經》釋禪，以「唯識無境」貫徹其禪行，由「即事而真」發展到離「見聞覺知」的頓超，並帶有密教色彩。其後密授玄旨於桂琛（867～928），桂琛後住漳州羅漢院，大闡宗門玄妙，學人奔湊，但受讒言而門風受挫。後得久參長慶的文益（885～958），授與「一切現成」之旨。文益歷住曹山崇壽院、金陵報恩院、金陵清涼寺，大興玄沙之旨。

　　法眼文益（885～958）上距溈山露祐（771～853）出世領眾，有百餘年之久。其間禪法之流傳，文益在其《宗門十規論》的文中，將其歸類為溈仰、臨濟、曹洞、雲門四家，並加以評述。四家之風格，「曹洞則敲唱為用，臨濟則互換為機，韶陽（雲門）則函蓋截流，溈仰則方圓默契。如谷應韻，似關似符，雖差別於規儀，且無礙於融會。」〔註195〕而禪門之奇特，法眼認為在

〔註194〕孤峰智璨著、釋印海譯《中印禪宗史》，頁197。
〔註195〕《卍續藏經》第一一○冊，頁439～440。

於「不歷階段，頓超凡聖」，而禪門之所以能「不歷階段，頓超凡聖」，在於「直證心地法門」。心地法門，雖為參學之根本，但要正確邁入悟境，則須看經學教，才能獲得正見。其在《宗門十規論》中云：

> 夫雖理在頓明，事須漸證。門庭建化，固有多方；接物利生，其歸一揆。苟或未經教論，難破識情。趨正見於邪途，汩異端於大義，誤斯後進，枉入輪迴。〔註196〕

法眼頌〈華嚴六相義〉外，上堂教學時常提及〈還源觀〉、〈義海自門〉、〈華嚴論〉、〈法界觀〉。其門下永明道潛於平時參請外，看《華嚴經》；靈隱清聳也因閱《華嚴經》感悟，而為文益印可。其在〈華嚴六相義頌〉中謂：

> 華嚴六相義，同中還有異，異若異於同，全非諸佛意。諸佛意總別，何曾有同異？男子身中入定時，女子身中不留意，不留意，絕名字，萬象明明無理事。〔註197〕

法眼頌中之「萬象明明無理事」，乃其獨創的宗風。萬象就其自身而言，固已彰顯，理是甚麼？事是甚麼？都落入言詮、思惟。習禪者，參到「三界所有，唯是一心」，念茲在茲，及至言亡慮絕。此宗風可上溯到羅漢桂琛的「若論佛法，一切現成」，玄沙師備的「法法恆然，性性如是」。而下開弟子天臺德韶的「通玄峰頂，不是人間，心外無法，滿目青山。」禪宗五家的宗風，在法眼文益以後，實際上已告確立。就法眼宗風來說，《佛果圜悟克勤禪師碧巖錄》卷第一〈舉僧問法眼〉中謂：

> 法眼下謂之箭鋒相拄，更不用五位君臣、四料揀，直論箭鋒相拄，是他宗風如此。一句下便見，當陽便透，若向句下尋思，卒摸索不著。〔註198〕

智昭《人天眼目》卷之四〈法眼門庭〉云：「法眼宗者，箭鋒相拄，句意合機。始則行行如也，終則激發，漸服人心。消除情解，調機順物，斥滯磨昏。」〔註199〕另《人天眼目》卷之六〈圓悟五家宗要〉云法眼宗：「聞聲悟道，見色明心，句裏藏鋒，言中有響。」〔註200〕

　　從五代末年至宋初，法眼文益禪師一派，於南唐與吳越國大興玄旨，而

〔註196〕《卍續藏經》第一一〇冊，頁439。
〔註197〕《景德傳燈錄》卷二十九〈大法眼禪師頌十四首〉，頁210。
〔註198〕《大正藏》第四十八卷，頁147。
〔註199〕《大正藏》第四十八卷，頁325。
〔註200〕《大正藏》第四十八卷，頁331。

僅四傳法統即斷絕，然在高麗國因文益門下慧炬與延壽的法子三十六人的弘化，呈現昌隆氣象。此宗人物多由他教中轉來，念佛或兼修《法華》、《華嚴》、《首楞嚴》、《圓覺》等經文，或依諸經文發省者甚多，因此可說法眼宗依禪、教一致之思想，從各宗吸收不少人物，致使宗風一時隆盛，影響了佛教界，然宗風亦受波及。據潘桂明〈禪教一致和禪淨合一思潮的興起〉文中云：

> 延壽借天台教義宣導禪教合一，廣泛影響著禪門各派，禪宗的淨土歸向反過來又推動了天台宗的台淨合一。〔註201〕宗教思想是社會現實的折射反映。佛教由主張自力轉地反映著時代的變遷。〔註202〕

法眼宗因受當時離亂以及大一統時代的來臨，以及淨土念佛風氣熾盛的影響，大開方便法門。雖然法眼宗以隨人根器，平易施設，乃至句下投機，以攝化學人，垂教可謂巧妙，但因為永明延壽的接引學人，已不僅在禪法，且此宗高舉「唯心之旨」的奇特方便，亦使此宗缺乏大根器、大智慧而能隨方施設的禪德出世。待到吳越版籍入宋，法眼宗人已不知往昔深得王室諸公的大力護持，而使法脈室未代中葉契嵩撰《傳法正宗記》時已經繼絕，法運旋被雲門、臨濟二宗所取代。大觀在〈重修人天眼目集後序——五家要括〉云：「雪峰旁出玄沙備，地藏法眼益尊桂，韶國師傳壽與津，佛法新羅而已耳。」〔註203〕又高麗國智宗（930～1018 年）於永明延壽得心印，領會禪、淨妙理，又受淨光大師的天台教觀，於開寶二年（970 年）回國弘化，深得王室仰重。〔註204〕法眼宗雖在宋初斷絕，但釋惠洪在《禪林僧寶傳》中仍讚永明延壽曰：「所謂深山大澤龍蛇由生者耶。」〔註205〕

惠洪並見其行錄，想見其人，及見乃云：「予初讀自行錄，錄其行事日百八件，計其貌狀必枯悴尪劣。及見其畫像，凜然豐碩，眉目秀拔，氣和如春味。其生平如千江之月，研其說法，如禹之治水，孔子聞韶，羿之射王良之御，孫子之用兵，左丘明太史公之文章。嗚呼！眞乘悲願而至者也。」〔註206〕

〔註201〕潘桂明《中國禪宗思想的歷程》，頁 410。
〔註202〕前引書，頁 413。
〔註203〕《大正藏》第四十八卷，頁 336。
〔註204〕金煐泰著、柳雪峰譯《韓國佛教史概說》（北京社會科學文獻出版社，民國82 年 3 月一版），頁 92。
〔註205〕釋惠洪在《禪林僧寶傳》卷四〈贊〉，頁 9 下～10 上。
〔註206〕釋惠洪在《禪林僧寶傳》卷九〈永明智覺禪師傳〉贊，頁 7 下。

附表八：法眼宗師資傳承

（本表依據《景德傳燈錄》、《五燈無元》諸書，並參考釋明復《中國佛學人名辭典》所附圖表而作）

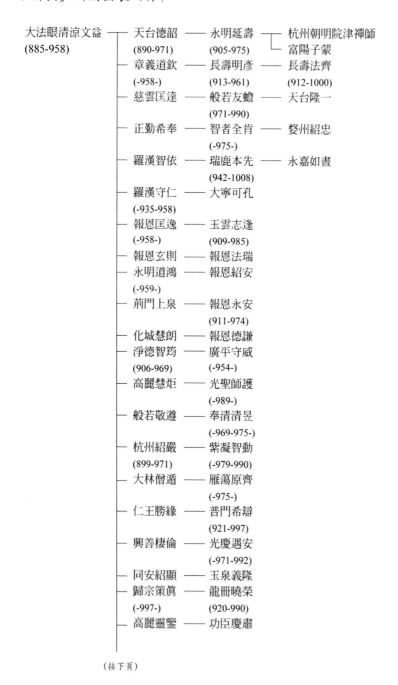

大法眼清涼文益
(885-958)

天台德韶 ── 永明延壽 ──┬ 杭州朝明院津禪師
(890-971)　　(905-975)　 └ 富陽子蒙
章義道欽 ── 長壽明彥 ── 長壽法齊
(-958-)　　(913-961)　　(912-1000)
慈雲匡達 ── 般若友蟾 ── 天台隆一
　　　　　　(971-990)
正勤希奉 ── 智者全肯 ── 婺州紹忠
　　　　　　(-975-)
羅漢智依 ── 瑞鹿本先 ── 永嘉如晝
　　　　　　(942-1008)
羅漢守仁 ── 大寧可孔
(-935-958)
報恩匡逸 ── 玉雲志逢
(-958-)　　 (909-985)
報恩玄則 ── 報恩法瑞
永明道鴻 ── 報恩紹安
(-959-)
荊門上泉 ── 報恩永安
　　　　　　(911-974)
化城慧朗 ── 報恩德謙
淨德智筠 ── 廣平守威
(906-969)　 (-954-)
高麗慧炬 ── 光聖師護
　　　　　　(-989-)
般若敬遵 ── 奉清清昱
　　　　　　(-969-975-)
杭州紹巖 ── 紫凝智勳
(899-971)　 (-979-990)
大林僧遁 ── 雁蕩原齊
　　　　　　(-975-)
仁王勝緣 ── 普門希辯
　　　　　　(921-997)
興善棲倫 ── 光慶遇安
　　　　　　(-971-992)
同安紹顯 ── 玉泉義隆
歸宗策眞 ── 龍冊曉榮
(-997-)　　 (920-990)
高麗靈鑒 ── 功臣慶肅

（接下頁）

（承上頁）

洪州從顯 ── 欄心敬璭
(906-983)

上藍守訥 ── 嚴峰師術

廬山慧圓 ── 華嚴慧達

百丈道常 ── 清泰道圓
(-991)

黃山良匡 ── 九曲慶祥

薦福紹明 ── 開化行明
(-975-1001)

新興齊 ── 開善義圓

古賢謹 ── 瑞鹿遇安
(-971-995)

興福可勳 ── 龍華慧居

奉先法壞 ── 齊雲遇臻

洪州可莊 ── 興教洪壽

木平道達 ── 靈隱處先

撫州覆船 ── 靈隱紹光

歸宗夢欽 ── 碧泉行新

歸宗省一 ── 永安道源

歸宗師慧 ── 黃檗師逸

襄州通性 ── 瑞光清表

洪州玄闡 ── 大禹自廣

石霜爽師 ── 何山道孜

泉州慧英 ── 諸暨五峰

佛手嚴因 ── 雲門重曜

楚州德賓 ── 龍華紹鑒

洪州道聳 ── 登雲從堅

江西靈山 ── 地藏瓊

大寧道邁 ── 象田默

華嚴因 ── 大禹榮

黃龍仁 ── 仁壽澤

保安止 ── 觀音安

芝嶺照 ── 善建義

雲居清錫 ┬ 般若從進
└ 清化志超

報慈行言 ┬ 雲居義能
└ 北禪清皎
(-1003-)

廬州延規 ┬ 廬州辯實
└ 雲蓋用清
(-996)

報因法安 ┬ 棲賢道壓
(-954-967-) └ 歸宗慧誠
(941-1007)

報恩慧明 ── 保明道誠

（接下頁）(-948-950-)

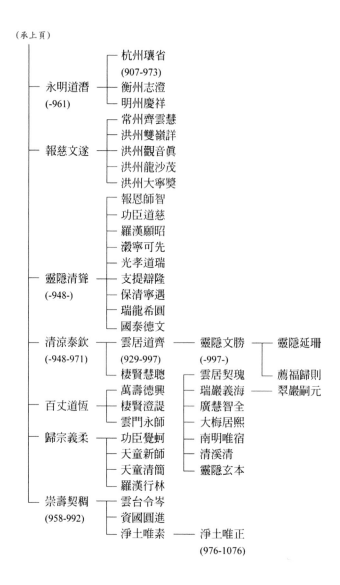

（承上頁）

永明道潛
（-961）
- 杭州瓖省
  （907-973）
- 衡州志澄
- 明州慶祥

報慈文遂
- 常州齊雲慧
- 洪州雙嶺詳
- 洪州觀音眞
- 洪州龍沙茂
- 洪州大寧獎

靈隱清聳
（-948-）
- 報恩師智
- 功臣道慈
- 羅漢願昭
- 濲寧可先
- 光孝道瑞
- 支提辯隆
- 保清寧遇
- 瑞龍希圓
- 國泰德文

清涼泰欽
（-948-971）
- 雲居道齊
  （929-997）
  - 靈隱文勝
    （-997-）
    - 靈隱延珊
    - 鷹福歸則
    - 翠巖嗣元
  - 雲居契瑰
  - 瑞巖義海
  - 廣慧智全
  - 大梅居熙
  - 南明唯宿
  - 清溪清
  - 靈隱玄本
- 棲賢慧聰

百丈道恆
- 萬壽德興
- 棲賢澄諟
- 雲門永師

歸宗義柔
- 功臣覺蚵
- 天童新師
- 天童清簡
- 羅漢行林

崇壽契稠
（958-992）
- 雲台令岑
- 資國圓進
- 淨土唯素
  - 淨土唯正
    （976-1076）

第九章 結 論

　　佛教古來即重視戒、定、慧三學，主張三學並該，行解相應，而僧團大抵要求出家眾由戒而定而慧，並以之為修學佛法的歷程。所以佛教特別重視師傳與行住坐臥的儀軌，並由之體會教旨，而達涅槃的境界。然在中國，先有對於漢譯佛典研究的慧學，由慧學而得到戒、定之學，於是三學分立，就其各別的專門而形成師說，乃至宗派。

　　禪定的工夫，並非佛教所獨有，也非起源於釋迦牟尼佛，在印度很早就存在著「冥想」修持的宗教活動。然而禪定到中國，卻中國化了，本來是一種「思維訓練」的活動，是戒、定、慧之一，且為核心，卻蔚起成為一個獨立的宗派，即所謂的禪宗。在中國，禪宗的發展，建立在教下諸宗之上，即係以漢譯佛典的傳習、義學的研究、禪定工夫的傳授及判教等為先容。

　　在中國譯經史上看，後漢安世高首先譯出幾種和禪法有關的佛經，構成了不出小乘範圍的禪數之學。東晉時代，鳩摩羅什、佛馱跋陀羅譯出《坐禪三昧經》、《達磨多羅禪經》等，介紹大乘各種禪法，重要的是「念佛法門」。至南朝劉宋時，求那跋陀羅翻譯了《楞伽阿跋多羅寶經》四卷本，列舉愚夫所行禪、觀察義禪、攀緣如禪及如來禪四種名目，啓發了當時講究禪法的僧人。中國禪宗的思想，大抵導源於此。但此時因缺乏傳授禪法的禪師以及義學的發達，禪法不振。待南北朝末年北方有僧稠的行化，南方有慧思、智者師弟提舉的觀行，使南北禪人莫不承嗣。當時所重仍在「依教修心禪」，雖有達摩宗門禪的傳習，但在道宣撰《高僧傳》時，則被人稱為「無知之叟」、「妄傳風教」。

　　禪宗的創立，在菩提達摩來華之後。一般傳說，菩提達摩到廣州之後，

即北抵建業，見梁武帝，因沒有機緣，便一葦北渡，至北魏，入嵩山少林寺，「面壁而坐，終日默然」，達九年，世稱「壁觀」，禪宗即以達摩為初祖。慧可弘揚達摩學說，稱二祖。慧可傳僧璨是為三祖，僧璨傳道信是為四祖，道信傳弘忍是為五祖。

　　禪者是特重師承的，僧叡在〈關中出禪經序〉中認為「無師道終不成」。東晉時，慧遠、慧觀等人就對羅什所傳的禪法，因師承不明而表示不滿。待到佛馱跋陀羅來華，譯出《達摩多羅經》，敘述了佛滅度後禪法自大迦葉至不若蜜多羅的次第傳授，受到習禪人士的歡迎。北朝雖然重視禪法，但重視的是有相的禪觀──「繫心為止、託境成觀。」因此，達摩禪在北方，為「取相存見之流」所譏謗，認為「情事無寄」之說，是魔語。善於「意會」的南方，在達摩初來時，談玄說妙，缺乏篤行的修持，所以法緣亦是不契。當隋唐統一了南北對立的局面後，南北方文化亦交流調和。南方義學因虛玄缺乏篤行，而失去了主流的地位，山林修林的佛教蔚然興起。

　　從達摩以後，慧可、那禪師、滿禪師都過著精苦的頭陀修行，「行無軌跡，動無彰記，法匠潛運，學徒默修」。到了唐初道信時代，在湖北雙峰山弘法，就改變了頭陀行的傳統，「擇地開居，營宇立象，存沒有跡，旌榜有聞」。在此前的禪法，需要檢查根機，不輕易傳授，但是到了弘忍、法如、神秀之世，則法門大啟，根機不擇，齊速念佛名，令淨心。以「念佛名令淨心」的方便，是起緣於道信，這種方便經過弘忍、法如、神秀、宣什、慧能等的施設，卻各有巧妙處。東山法門所發展的善巧，與「一行三昧」有關。神秀、無相、宣什三家，都是以念佛為方便，而入「一行三昧」。惠能的禪風則不同，著重在先聞般若波羅蜜法，如說修學，而入「一行三昧」。在觀法的方面上，道信有「看一物」，弘忍有「看一字」，而神秀有「盡虛空看」、「不限多少看」，至於惠能則不採用「看心」、「看淨」的方便，而直示「本有菩提般若之智」，以「無念為宗」、「無住為本」，見性成佛。

　　達摩禪法到了道信，將楞伽傳心的舊傳統，與《文殊般若經》所說的「一行三昧」的新方便融合，發展出「看心」、「看淨」、「念佛」等方便，而方便本因應「師資」而設立，且受時地潮流的影響，為使學者藉此基石，趨入真實，但不期然，反成障道。逮到慧能出世，直指當前一念本來解脫自在，把佛法從高遠引向平實，接引了更多學人，中國佛教恢復了原始佛教的模樣。禪宗盛行下，高僧大德佛法因緣之公案、語錄，為諸方學人所提舉，成為禪

門中人悟道的基礎，然學人每爲名相所拘縛，不能以甚深的般若照見一切，遂把佛法從平實引向深遠。禪門諸方大德建立各種化門，就導源於此，而有所謂的家風、家曲與宗風展現於世，并爲當時學僧所傳誦。化門一建立，尚知解而不悟，頓使佛法又引向深秘，然大抵仍以「無念」爲宗，「無住」爲本。

禪宗的傳法，受中國宗法制度的影響，雖有首座之設，但逐漸走向付「密授」的道路，每一個祖師縱使有千百學徒，而僅一人爲眞傳，且以得法衣爲證。禪師們遠離城市，居住山林，白天勞作耕作，夜間打坐，過著自食其力的生活，也接受布施，禪風很樸素。弘忍之後，禪宗分爲南北兩系，一主頓悟，一主漸悟，思想迥然有別。北宗因神秀年九十入京，爲武后、中宗、睿宗三代帝師。神秀弟子一時并肩者有四人，即嵩山義福和敬賢、長安蘭山普寂、蘭田玉山惠福，他們的說法地區均在河南、陝西，遂形成北方一系。而弘忍的另一弟子慧能，傳法嶺南，後漸向湖南、江西發展，又形成南方一系。慧能的弟子懷讓住衡山般若寺，傳馬祖，再傳懷海，形成洪州系。慧能的另一弟子行思傳法希遷。希遷於唐玄宗天寶初到衡山南寺，寺附近有一大石嚴整如臺，便結庵其上，被稱爲石頭和尚，世稱青原系。慧能的另一弟子神會，先在南方，後至北方，與神秀系爭是非正統，後被尊爲禪宗七祖。關於唐武宗會昌前後的禪宗流派及其思想，宗密在《圓覺經大疏抄》卷三下有七家之說。而圭峰宗密爲荷澤神會系下，且兼學華嚴，其著作旨在和會「宗」與「教」，然卻以「直顯心性」的荷澤南宗爲正統，而破斥「隨緣運用」的洪州系爲旁支。

就佛教發展史論，「宗」與「教」之分合以及判教與次第的建立，關係著佛教派系之盛衰。就「宗」與「教」之分合而言，自達摩東來，以楞伽印心，迄至慧可高唱教外別傳，「宗」與「教」乃對峙，然曹溪、慧忠、大珠等之所說，未嘗不融會經論妙義。而分後再來和會者，當推圭峰宗密，但其禪源論只可通於六祖以前，六祖後「超佛越祖」便非所及。分宗之極，再和會教義者，則從禪門法眼文益開始，這與其禪風有密切的關聯。文益之時，禪宗祖派翰漫，而以南方爲盛，溈仰、臨濟、曹洞、雲門四家，教學法互異，但仍「語帶宗眼」，競自以見解來把握佛陀說法的精神。所以法眼認爲「無礙於融會」，乃著《宗門十規論》，配合其門風「一心之旨」，五宗乃成立，五宗名稱後見諸於契嵩的《傳法正宗記》。

禪宗自居於教外別傳，標榜「以心傳心」，但并非和經教完全絕緣。自達

摩以來，禪宗即以四卷本《楞伽經》爲主要典據，故初期禪師稱楞伽師。後來也不專據《楞伽》，間或吸收《金剛經》、《法華經》、《維摩經》，以及《起信論》之說，還採用了《楞嚴經》、《圓覺經》。而禪師們的引據經典，大都斷章取義，別爲之解，不爲文字所拘束，大有「六經注我」的精神。致使棄經籍好玄解者，轉向禪門。而禪門之盛，部份得自於帝王與士大夫的護持。

中國佛教迄隋唐之際，承先賢五、六百年苦心鑽研的結果，已能逐漸融會印度學說，闡發義理而自立門戶，蔚成宗派。然佛教在中土，受嚴密的官僚體系與中土民情的影響，有「不依國主佛法難存」之隱憂，而佛法要住持世間亦須檀越們的支持，致使佛教的安危與勢力之消長，幾乎全繫於帝王之態度與士大夫之好惡。安史亂起，佛教在北方受到摧殘，聲勢驟減，僧紀蕩然，又經唐武宗會昌毀佛，教下諸宗因久賴寺院與經籍，頓失所依而轉趨沒落。唯有淨土信仰與禪門所受打擊較微。禪門中人久居山林，且至百丈懷海建立叢林制度，採「一日不作一日不食」的生活方式，禪門漸脫離律院而獨行。就禪宗而言，山邊水涯皆可參禪，饑則野食，雖受安史之亂、會昌法難所波及，但也因此淘汰了一些劣僧，並因一些志行節操高邁的僧人弘化，揚棄煩瑣教義與儀軌，直指人心，大眾起信漸多。所以宣宗大中復教後，禪門轉爲興盛，非賴道場與寺院經濟的教下諸宗所能及。所以阿部肇一《中國禪宗史～南禪宗成立以後的政治社會史的考證》〈唐末變革期的禪宗〉文中說：

> 會昌的毀佛，固然達到毀滅舊有佛教型式的目的，但也乘勢以「新禪宗」的姿態，以不同的對象、目的和方式，構成了禪宗的內涵，這一點更不應該忽略。其意義顯示，唐末的政治變革期，於禪宗史上具有重要意義，那是注入生命存續所必需的「能」（Energy）的原因，是可想像的。

會昌法難後禪宗發展的流向，並不像會昌法難前的宗密所期望的，依荷澤神會爲正宗，反而是被其所破斥的其他「作用見性」的師家，在原有的基礎上發展起來，而範圍擴大，且得王室、士夫的護持。唐末五代之際，禪宗相繼在南嶽、青原兩大系統下，陸續成立五個宗派。靈祐與慧寂先創潙仰宗，其心法緣自百丈：「悟了同未悟，無心亦無法」。所以此宗認爲「眞悟得本」則不爲所惑，所以貴重自知己事。接引學人以想生、相生、流注生三種生，以達大圓鏡智；另外，仰山常用祖師相傳的圓相圖接機，香嚴則好用本來照、寂照、恆照等三照覓知音。此宗因潙山與仰山、香嚴勤於「己事」，雖重視「宗

通」、驗人以「見解」，而非「行通」、驗人以「行解」，但與臨濟、洞山會下往來，仍好「記人」。晚唐時，潙山、仰山兩師揚舉宗風於湖南、江西，潙山有一千五百眾，被譽爲當代論佛之首；而仰山有五百眾，被尊爲禪宗標準。兩師卒後，學徒隨處弘化，而以在吳越國境內爲盛，法緣被後起的臨濟宗人所轉化，後又被法眼宗所取代。至契嵩撰《傳法正宗紀》時，法緣已斷絕，無人承嗣。迄民國有宣化上人再遙嗣潙仰宗。

　　南嶽系在黃檗希運下出義玄，得大愚與黃檗法要，後在湖北臨濟院弘化。此宗強調心不外求，一念心上清淨光即是法身佛。所以此宗用千鈞之勢爲學人解黏去縛，而用棒、喝。臨濟上堂先開示，觀人來處設教，曾明白對眾說：「自達磨大師西土來，祇是覓個不受人惑底人，遇二祖一言便了，始知從前虛用工夫。」臨濟對洛浦則云：「打破大唐國覓個不會底人也無。」臨濟接機不虛發，以化門「四喝」、「四料簡」、「四照用」、「四賓主」、「三玄」、「三要」接引學人，表面看似辛辣嚴峻，然最具婆心，雖然此宗法匠禪不世出，但它在五家宗派中能傳久遠不無原因。

　　就青原系而言，石頭和尚傳藥山惟儼，再傳雲巖曇晟，三傳洞山良价，四傳曹山本寂，洞山與曹山創立曹洞宗。此宗以相傳《寶鏡三昧》，來展現理事之互回，「即事而真」。曹洞與潙仰、臨濟兩宗先悟其本而痛下針砭不同。洞山參方三十年，自視甚高，其常聞諸方有驚人之句，但自認有「刮骨之言」。其所重在「無功之功」的人事，而非山河大地的情境。巖頭與雪峰曾到洞山參學，雪峰受記於洞山：「緣在德山」。巖頭則說洞山：「是個好佛祇是無光」。但巖頭後來也贊許洞山門人，如雄辯的疏山，疏山會下曾出德韶，但領眾遊方緣契文益。而曹山自得洞山密授洞上宗旨，初住曹山，後居荷玉，兩處法席二十年（882～901 年），眾二、三百人，其與僧侶問答唱導「君臣五位」，成爲叢林標準。然洞山上足爲雲居道膺，其初住三峰庵，其行化不廣，後開法雲居山，開發玄旨，眾常及一千五百，深得雪峰的讚揚。此宗在晚唐五代極盛，後曹山法系五傳即絕，賴雲居道膺一系而得流傳，氣勢被雲門、臨濟宗、法眼所奪。所以契嵩在《傳法正宗記》卷第九〈正宗分家略傳下〉則說：「而雲門、臨濟、法眼三家之徒，於今尤盛，潙仰已熄。而曹洞僅存，綿綿然猶旱之引孤泉。然其盛衰者，豈法有強弱也，蓋後世相承得人與不得人耳。」

　　另石頭傳天皇道悟，再遞傳龍潭崇信、德山宣鑒、雪峰義存，至雲門文偃創立雲門宗。雲門由德山門下道明處得以發明大旨，由雪峰處亦資玄要，

而得宗印，後遊方見諸多「作家」增長了許多教法，因不忘本乃嗣雪峰。得大安靈樹的器重，繼踵住持法席，後住韶州雲門山光泰院，其唱到兩處三十年（920～949 年），與雪峰座下的玄沙師備、長慶慧棱、鼓山神晏同爲當時著名的禪將。此宗著重「直下無事」，但要到此境地，要苦下工夫。雲門曾示眾云：「平地死人無數，過得荊棘林是好手。」其且強調：「聞舉而直下承當，仍未徹在。」因學人只記持話頭，其用一鏃破三關以攝化。後其法嗣德山緣密將之析爲函蓋乾坤、目截斷眾流與隨波逐流句。雲門文偃門下以香林澄遠一系，法緣綿長，其接機似雲門文偃一句一語，但更爲婆心，教學人當下體取「自性」，莫讓人欺謾其自謂：「四十年方打成一片。」香林澄遠遞傳智門光祚、雪竇重顯後，而宗風又興。此宗似臨濟門風險峻，所以中下根者難得嗣法，雖立「宗眼」，學人總逐於聲色。所以智昭在《人天眼目》卷第二〈雲門宗要訣〉中乃說：「夫何源清流濁，根茂枝枯。妄立道眼因緣，謬爲聲色差別。滯著語言，取辱先宗，過在後學。」

雪峰傳玄沙師備，再傳地藏桂琛，三傳清涼文益創立法眼宗。此宗的宗風，源於被雪峰譽爲「再來人」的玄沙。玄沙好獨坐，以楞嚴發心，唱「道本如如，法爾天眞；不同修證，只要玄虛。不昧作用，不涉塵泥；個中纖毫道不盡，即爲魔王眷屬。」與溈仰中人但向「性海」中修有疾遲之別。溈仰宗在江表弘化，而被諸家所融攝，事出有因。玄沙得上足桂琛，闡發三界唯心之旨。桂琛因不法嗣雪峰，乃受雪峰高足鼓山神晏所讒言，道法不得弘傳，幸得法子文益。文益在長慶會下十餘載，海眾推之，因緣心未息，南行得參桂琛。桂琛導之與雪峰異路的玄沙道法，在桂琛云：「若論佛法，一切現成。」句下大悟玄旨。其初住臨川崇壽院，南唐國主請住金陵報恩禪院，後遷清涼寺，諸方叢林遠來參問。後得疏山來參的德韶，德韶傳永明延壽，玄沙正宗風盛於吳越境內，甚至流傳於高麗國。此宗人苦下禪定工夫，雖說唯心之旨，而攝學人化時雖「箭鋒相拄」但「句意合機」。此宗自法眼起，即有融會當時諸宗與教下之意，到永明延壽以唯心之旨，而指歸淨土，歸信則眾。此宗之盛況，贊寧在《宋高僧傳》卷第十三〈梁福州玄沙院師備傳〉中云：「至今浙之左右山門，盛傳此宗，法嗣繁衍矣。其所建立透過大乘初門，江表學人無不成風偃草歟。」而此宗的家風，《佛果圜悟禪師碧巖錄》卷第一第七則〈舉僧問法眼〉中云：「更不用五位君臣，四料簡，直論箭鋒相拄，是他家風如此。一句下便見，當陽便透，若向句下尋思，卒摸索不著。」此宗到吳越國歸宋

朝，法眼宗隨即沒落。其主因是承嗣門風者已屬不易，更何況在一句直透而不在「心機意識思量鬼窟裏作活計」之後，敷揚大乘初門「唯心之旨」以接引學人。此宗到永明延壽戛然而止，聲勢驟失，這與其會宗有密切關連。其由一心之旨出發，重視戒行，強調萬善，要求禪者由戒而定、由定發慧，主頓悟漸修而道法乃能圓融。其所主張雖「不失宗本」，但失卻了自達摩以來輕律義、重視因緣時節的特色，其頓悟漸修之理亦與諸家有別。

總之，禪門雖說越祖超佛，但從達摩到惠能，還是不離經教。由於大唐的衰亂，北方的義學在安史之亂以及會昌法難下，更加衰微，而禪者也逐漸中國化。由於「以心傳心」、「不立文字」的傳說，引發離經教而自成一套的機緣語句，如「祖師西來意」、「本分事」、「本來人」、「無位眞人」、「這個」、「那個」等。再則「見性成佛」，引發學人遊方行腳去參問「性是什麼」、「性在何處」，禪師們點出「性的作用」使學人得個入頭處。這種被潙山稱爲從上宗門的爪牙（僅爲方便），層出不窮，然學人每每稱指而忘月，致使學有師承宗旨之提舉。禪師們爲了承擔大事，無不勤於參訪，因信己之深，而所學更爲專擅，參學者多，正法由之得以宏傳。學人也每能會取「涅槃妙心」，得「正法眼藏」。

五祖弘忍之前，注重的是《楞伽經》的禪法，而有所謂的如來禪。由五祖弘忍傳法六祖慧能，則改重視《金剛經》的禪法，逐漸形成了祖師禪，甚至有呵佛罵祖而貴「自得」的禪思想出現。由於神秀繼承《楞伽經》的傳承，其禪法是講求方法、漸悟，相對於慧能的不拘形式直指當前一念本來解脫自在，而有「漸」、「頓」之別。又因活動的地域關係，且有「北宗」、「南宗」之分。但《壇經》〈頓漸品第八〉上說得很清楚：「法本一宗，人有南北，法即一種，見有遲疾。何名頓漸？法無頓漸，人有利鈍，故名頓漸。」但學者仍各務其師說，而自競爲家。北禪宗沒落後，一般人所知的禪宗即是慧能會下的南宗禪。至晚唐五代，五家分燈，至宋朝則有「五家七宗」之說。這「五家七宗」由於創始者個人的學養、性格與作風上的差異，因此在教導弟子與學僧時採用的方式有別，這樣形成了所謂的「家風」或「宗風」，但說穿了仍是「第一義不落言詮」，有以勢表義，有以語表理，或交互爲用，但「法無殊味」不離「無住」，內容上談論的仍不離「三藏十二部」中般若、華嚴、法相與唯識的大意。禪者們爲圓融其道，除化門之外，還有偈頌傳世，諸家會宗之意僅在深淺。至永明延壽出世，在《萬善同歸集》中把禪門的輕忽一一勘

破，而主頓悟漸修乃不違圓旨，而諸佛法門皆有自力、他力、自相、共相。中國禪宗發展到此，已是極至，難以推陳出新，湛愚的《心燈錄》中也一再讚揚中晚唐諸賢達，而輕訾五宗之後的禪門失卻「直指」之宗本。

禪門五家的興起，與會昌法難下僧侶們的弘化實有密切關係，五家的宗主僅雲門與文益未逢會昌法難，但與會昌法難下的僧侶有所關聯。他們的宗旨在于「見性成佛」，而各家各有其宗眼，正如法眼宗文益在《宗門十規論》所指出的：「曹洞則敲唱爲用，臨濟則互換爲機，韶陽則函蓋截流，潙仰則方圓默契。」而法眼則認爲「雖差別於規儀，且無礙於融會。」氣魄更大，乃出所謂乘願而來的永明延壽。在門庭設施和接引學人的方式上，乍看有別，但實係爲救一時之蔽，覓個不受人惑的人。而祖師所傳，也僅在「明心見性」的奇特方便，然此宗門爪牙但得隨政治、學風以及民情根性而敷揚，苟「古人吹了還急磨」，不免墮入心機意識，使學人捫空逐聲色。所以宗門人說「承當要審細」，莫謗「大般若」而墮因果。《佛果圜悟禪師碧巖錄》卷第一第四則〈舉德山到潙山〉垂示云：「大凡扶豎宗教，須是英靈底漢。有殺人不眨眼底手腳，方可立地成佛。所以照用同時，卷舒齊唱，理事不二，權實並行。放過一著，建立第二義門，直下截斷葛藤，後學初機難爲湊泊。」可見晚唐五代，雖天下離亂，但禪門師說依然相競，「通心上士，逸格高人」輩出，當時南北僧徒往來參學，各舉佛法因緣以驗心地，乃產生禪門五家宗派，這五宗學人大抵能「發揚妙極、卷舒物象、縱奪森羅」，其風範乃爲後世禪家們所傳誦。由其事跡，可窺出從慧能以來禪法的演變及宗眼之所在，也可知曉中國學人對各種文化之融匯與創進。

參考書目

一、重要史料

1. （釋）玄奘，《大唐西域記》，十二卷，台北，佛教書局印行，民國 67 年 3 月出版。（佛教大藏經第七十五冊，頁 1～133）

2. （釋）志磐，《佛祖統紀》，五十四卷，台北，佛教出版社影印，民國 67 年 3 月。（佛教大藏經第七十冊史傳部二）

3. （釋）戒珠，《淨土往生傳》三卷，台北，新文豐出版公司，民國 63 年 9 月出版．（大正藏第五十一，頁 108～126）

4. （釋）宗密，《圓覺經大疏鈔》，臺灣，新文豐書局印行。（卍續藏經第十四冊）

5. （釋）宗密，《禪源諸詮集都序》，四卷，金陵刻經處本，台北，弘文館出版社印行，民國 75 年 4 月初版（中國佛教思想資料選編第二卷頁 422～456）

6. （釋）宗密，《中華傳心地禪門師資承襲圖》，金陵刻經處本，台北，弘文館出版社印行，民國 75 年 4 月初版（中國佛教思想資料選編第二卷頁 459～475）

7. （釋）延壽，《宗鏡錄》，百卷，台北，新文豐出版公司印行，民國 63 年 9 月出版。（大正藏第四十八卷，頁 415～957）

8. （釋）延壽，《萬善同歸集》，三卷，台北，新文豐出版公司，民國 63 年 9 月出版。（大正藏第四十八卷，頁 415～957）

9. （釋）念常，《佛祖歷傳通載》，二十二卷，台北，佛教出版社影印，民國 67 年 3 月出版。（佛教大藏經第七冊史傳部二）

10. （釋）明潤，《四部律并論要用抄》，二卷，敦煌本伯希和二一○○、斯坦因二○五○，新文豐出版公司印行，民國 80 年 12 月修訂版二刷。（大正

藏第八十五冊，頁 691～719）

11. （釋）契嵩，《傳法正宗論》，九卷，《大正藏》第五十一卷，頁 715～768。

12. （釋）淨覺，《楞伽師資記》，朝鮮金九經校敦煌唐寫本，台北，弘文館出版社，民國 75 年 9 月初版。（中國佛教思想選編第四卷，頁 150～171）

13. （釋）惠立，《大唐大慈恩寺三藏法師傳》，十卷，台北，新文豐出版公司，民國 63 年 9 月出版。（大正藏第五十卷，頁 221～280）

14. （釋）惠洪，《禪林僧寶傳》，三十卷，卍續藏本，台北，新文豐出版公司，民國 52 年 6 月初版）

15. （釋）慧皎，《高僧傳》，十四卷，台北，臺灣印經處發行，62 年 9 月二版。

16. （釋）普濟，《五燈會元》，二十卷，宋寶祐本，台北，德昌出版社，民國 65 年元月出版。

17. （釋）智昭，《人天眼目》，六卷，台北，新文豐出版公司，民國 72 年 1 月修訂版。（大正藏第四十八卷諸宗部五，頁 300～336）

18. （釋）智昇，《開元釋教錄》，二十卷，台北，新文豐出版公司，民國 72 年 1 月修訂版。（大正藏第五十五冊，頁 477～723）

19. （釋）智炬，《雙峰山曹侯溪寶林傳》，八卷，宋藏遺珍本影印，柳田聖山主編《禪學叢書》之五頁 1～154。

20. （釋）湛愚，《心燈錄》，六卷，臺灣自由出版社印行，民國 75 年 10 月五版，頁 384。

21. （釋）圓仁，《入唐求法巡禮行記》，四卷，新校本，台北，文海出版社影印，民國 65 年 10 月再版。

22. （釋）圓珍，《行曆抄》，一卷，大日本國史料第一編之一，日本，東京大學史料編纂所，昭和 43（民國 57）年覆刻。

23. （釋）道世，《法苑珠林》，一百二十卷，全二冊，四部叢刊初編本，台北，商務印書館影印，民國 60 年 8 月。

24. （釋）道宣，《集古今佛道論衡》，四卷，台北，佛教出版社，民國 67 年 3 月出版。（佛教大藏經第七十冊，頁 467～524）

25. （釋）道宣，《續高僧傳》，四十卷，台北，臺灣印經處影印，民國 59 年 9 月。

26. （釋）道原，《景德傳燈錄》，三十卷，普慧大藏經刊行會版本，台北，眞善美出版社影印，民國 56 年 2 月。

27. （釋）道誠，《釋氏要覽》，三卷，台北，新文豐出版公司影印，民國 63 年 9 月。

28. （釋）際祥，《淨慈寺志》，二十八卷，全三冊，清光緒四十年錢塘嘉惠堂

丁氏重刊本，台北，明文書局影印，民國 69 年 1 月。（中國佛寺史志彙刊第一輯）

29. （釋）靜、筠，《祖堂集》，十五卷，日本花園大學圖書館高麗覆刻本影印，日本，京都中文出版社，民國 73 年 6 月三版。（柳田聖山主編禪學叢書之四）

30. （釋）贊寧，《大宋僧史略》，三卷，台北，新文豐出版社影印，民國 63 年 9 月。（大正藏第五十四冊）

31. （釋）贊寧，《宋高僧傳》，三十卷，全四冊，台北，臺灣印經處印行，民國 50 年 3 月初版。

32. （釋）覺岸，《釋氏稽古略》，四卷，台北，新文豐出版社影印，民國 63 年 9 月。（大正藏第四十九冊，737～902）

33. （釋）覺範，《石門文字禪》，三十卷，四部叢刊初編縮本，上海商務印書館印行。

34. 王溥，《五代會要》，三十卷，另提要一卷、目錄一卷，台北，世界書局影印，民國 68 年 2 月。

35. 王溥，《唐會要》，一百卷，台北，世界書局，民國 71 年 12 月四版。

36. 司馬光，《資治通鑒》，二百九十四卷，清嘉慶二十一年胡克家覆刻元刊胡註本，新校標點本，台北，世界書局，民國 68 年 5 月，八版。

37. 白居易，《白居易集》，七十卷，附外集及傳記，全二冊，台北，漢京文化事業有限公司影印，民國 73 年 3 月。

38. 吳任臣，《十國春秋》，一百一十四卷，全八冊，四庫全書珍本三集，文淵閣本，台北，商務印書館影印，民國 71 年。

39. 宋敏求，《唐大詔令集》，一百三十卷，台北，鼎文書局印行，民國 61 年 4 月影印。

40. 李遵勗，《天聖廣燈錄》，三十一卷，卍續藏本，中國佛教會影印，民國 56 年。（卍續藏史傳部第一百三十五冊）

41. 沈翼機，《浙江通志》，二八〇卷，清乾隆元年重修本，台北，華文書局影印，民國 56 年 8 月出版。

42. 杜佑，《通典》，新校標點本，北京，中華書局，民國 77 年 11 月，一版。

43. 長孫無忌，《唐律疏議》，三十卷，台北，弘文館出版社印行，民國 75 年 3 月初版。

44. 范坰等，《吳越備史》，四卷，吳枚菴手抄本，台北，商務印書館影印，民國 65 年 3 月。（四部叢刊續編史部第十一冊）

45. 范祖禹，《唐鑑》，二十四卷，台北，商務印書館印行，民國 66 年 3 月出版。

46. 晁公武,《郡齋讀書志》,台北,中文出版社,民國74年5月,再版。

47. 孫樵,《孫樵集》,十卷,四部叢刊初編,台北,商務印書館印行,民國
54年8月出版。

48. 徐碩,《至元嘉禾志》,卷三十二,抄本,台北,中國地志研究會影印,民
國67年8月。(宋元地方志叢書第七冊)

49. 袁桷,《延祐四明志》,卷二十,煙嶼樓校本,台北,中國地志研究會影印,
民國67年8月。(宋元地方志叢書第五冊)

50. 張說,《唐玉泉寺大通禪師碑》,叢書集成本張燕公集卷十四,台北,弘文
館出版社,民國75年9月初版。(中國佛教思想資料選編第四卷,頁350
～353)

51. 陳公亮,《嚴州圖經》,三卷,清光緒中刊漸西村舍彙刊本,台北,中國地
志研究會影印,民國67年8月。(宋元地方志叢書第十一冊)

52. 陳耆卿,《嘉定亦城志》,四十卷,清嘉慶二十三年刊臺州叢書本,台北,
中國地志研究會影印,民國67年8月。(宋元地方志叢書第十一冊)

53. 喻昧菴,《新續高僧傳四集》,六十五卷,全四冊,北洋印刷局本,台北,
琉璃經房影印,民國56年5月。

54. 黃任,《鼓山志》,清乾龍二十六年刊本,台北,明文書局印行,民國69
年1月出版。(中國佛寺史志彙刊第一輯)

55. 湛愚,《心燈錄》,六卷,台北,自由出版社印行,民國75年10月五版。

56. 董誥等,《全唐文》,一千卷及拾遺,共五冊,清嘉慶十九年刊本,台北,
大化書局影印,民國76年3月初版。

57. 僧祐,《出三藏記集》,十五卷,台北,新文豐出版公司,民國72年1月
修訂版。(大正藏第五十五冊,頁1～114)

58. 僧祐,《弘明集》,十四卷,台北,新文豐出版公司,民國72年1月修訂
版。(大正藏第五十二冊,頁1～95)

59. 裴休,《禪源諸詮集都序》,金陵刻經處本,台北,弘文館出版社印行,民
國75年4月初版(中國佛教思想資料選編第二卷頁457～458)

60. 劉昫,《舊唐書》,二百卷,正史全文標校讀本,台北,鼎文書局印行,民
國69年3月。

61. 劉禹錫,《大唐曹溪第六祖大鑒禪師第二碑》,四部備要本劉賓客文集卷
四,台北,弘文館出版社,民國75年9月初版。(中國佛教思想資料選編
第四卷,頁373～374)

62. 歐陽修,《新五代史》,七十四卷,正史全文標校讀本,台北,鼎文書局影
印,民國69年3月。

63. 歐陽修,《新唐書》,二百二十五卷,正史全文標校讀本,台北,鼎文書局
影印,民國69年3月。

64. 薛居正,《舊五代史》,一百五十卷,正史全文標校讀本,台北,鼎文書局影印,民國 69 年 3 月。

65. 不著編者,《中國佛教思想資料選編》一冊,台北,龍田出版社影印,民國 71 年 2 月出版。

66. 不著編者,《中國佛教思想資料選編》,第一卷,台北,弘文館出版社影印,民國 75 年 4 月初版。

67. 不著編者,《中國佛教思想資料選編》,第二卷,台北,弘文館出版社影印,民國 74 年 9 月初版。

68. 不著編者,《中國佛教思想資料選編》,第三卷,台北,弘文館出版社影印,民國 75 年 9 月初版。

69. 不著編者,《中國佛教思想資料選編》,第四卷,台北,弘文館出版社影印,民國 75 年 9 月初版。

70. 不著編者,《禪宗語錄輯要》,上海,上海古籍出版社,1992 年 9 月,一版。

71. 不著撰者,《歷代法寶記》,一卷,台北,新文豐出版社影印,民國 63 年 9 月初版。(大正藏第五十一卷,頁 179～196)

二、一般論著

1. (釋)太虛,《中國佛教》,台北,海明佛學院印行,民國癸亥年 6 月,222 頁。

2. (釋)印順,《中國禪宗史》,台北,廣益書局印行,民國 60 年 6 月初版,428 頁。

3. (釋)能學,《禪宗第六祖惠能大師研究》,台北,白話佛經雜誌社印行,民國 78 年 1 月初版,284 頁。

4. (釋)惠敏等,《中華佛學研究所論叢(一)》,台北,中華佛學研究所,民國 78 年 5 月印行,349 頁。

5. (釋)聖嚴編,《禪門修證指要》,台北,東初出版社印行,民國 69 年 11 月初版,256 頁。

6. 中國佛教協會編,《中國佛教(一)》,北京,知識出版社,1980 年 4 月,第一版,394 頁。

7. 中國佛教協會編,《中國佛教(三)》,北京,知識出版社,1980 年 5 月,第一版,379 頁。

8. 中國佛教協會編,《中國佛教(四)》,北京,知識出版社,1989 年 5 月,第一版,381 頁。

9. 王志遠,《中國禪宗思想歷程》,北京,今日中國出版社,1992 年 11 月,

一版，627 頁。

10. 冉雲華，《中國佛教文化研究論集》，台北，東初出版社印行，1990 年 8 月初版，238 頁。

11. 冉雲華，《中國禪學研究論集》台北，東初出版社，民國 80 年 7 月二版，212 頁。

12. 冉雲華，《宗密》，台北，東大圖書公司印行，民國 77 年 5 月初版，303 頁。

13. 玉城康四郎等著、李世傑譯，《佛教思想在印度的開展》，台北，幼獅文化事業公司印行，民國 74 年 6 月出版，287 頁。

14. 玉城康四郎等著、許洋生譯，《佛教思想在中國的開發》，台北，幼獅文化事業公司印行，民國 74 年 6 月出版，273 頁。

15. 田中良昭，《敦煌禪宗文獻之研究》，東京，大東書局發行，昭和 58 年 2 月 20 日，初版，648 頁。

16. 任繼愈主編，《中國佛教史》，第一卷，北京，中國社會科學出版社，1981 年 9 月，初版，579 頁。

17. 任繼愈主編，《中國佛教史》，第二卷，北京，中國社會科學出版社，1985 年 11 月，初版，776 頁。

18. 任繼愈主編，《中國佛教史》，第三卷，北京，中國社會科學出版社，1988 年 4 月，初版，831 頁。

19. 任繼愈，《漢唐佛教思想論集》，北平，新華書店印行，1973 年 4 月再版，348 頁。

20. 宇井伯壽著、李世傑譯，《中國佛教史》，台北，協志工業叢書出版股份有限公司出版，213 頁。

21. 杜繼文、魏道儒等著，《中國禪宗通史》，江蘇古籍出版社，1993 年 8 月第一版，649 頁。

22. 佐佐木教悟等著、釋達和譯，《印度佛教史概說》，台北，佛光出版社，民國 66 年 10 月初版，162 頁。

23. 李志夫，《中印佛學之比較研究》，台北，中央文物供應社印行，民國 75 年 11 月出版，1018 頁。

24. 吳焯，《佛教東傳與中國佛教藝術》，杭州，浙江人民出版社，1991 年 6 月，390 頁。

25. 呂澂，《中國佛學源流略講》，台北，里仁書局印行，民國 74 年 1 月出版，424 頁。

26. 何國銓，《中國禪學思想研究》，台北，文津出版公司，民國 76 年 4 月，360 頁。

27. 周中一,《佛學研究》,台北,東大圖書公司印行,66 年 3 月初版,422 頁。

28. 孤峰智璨著、釋印海譯,《中印禪宗史》,台北,海潮音社出版,民國 61 年 10 月出版,290 頁。

29. 岡崎敬等著、張桐生譯,《絲路與佛教文化》,台北,業強出版社,民國 76 年 5 月初版,238 頁。

30. 金得晃著、柳雪峰譯,《韓國宗教史》,北京,社會科學文獻出版社,1992 年 5 月,第一版,408 頁。

31. 金煐泰著、柳雪峰譯,《韓國佛教史概說》,北京,社會科學文獻出版社,1993 年 3 月,第一版,250 頁。

32. 阿部肇一,《中國禪宗史的研究》,日本東京,誠信書局印行,民國 52 年 3 月初版,593 頁。

33. 柳田聖山,《初期的禪史》,東京,筑摩書房,昭和 60 年 4 月 30 日,初版,435 頁。

34. 柳田聖山,《初期禪宗史書的研究》,京都,禪文化研究所,昭和 42 年 1 月 25 日,637 頁。

35. 柳田聖山著、毛丹青譯,《禪與中國》,台北,桂冠圖書股份有公司,民國 81 年 5 月,初版,166 頁。

36. 柳田聖山著、吳汝鈞譯,《中國禪思想史》,台北,商務印書館,民國 74 年 12 月,三版,人人文庫 2503、2504,144 頁。

37. 洪修平,《禪宗思想的形成與發展》,台北,佛光出版社印行,民國 80 年 10 月初版,500 頁。

38. 約瑟・M・北川著、邱明忠等譯,《東方諸宗教》,台北,東南亞佛學院協會台灣分會發行,民國 61 年 3 月修訂版,363 頁。

39. 胡適,《神會和尚傳》,台北,遠流出版公司印行,民國 75 年 10 月二版,247 頁。

40. 胡適等著,《禪宗的歷史與文化》,台北,新潮文化事業有限公司,民國 80 年 4 月初版,351 頁。

41. 唐一玄,《參禪方便條目》,台北,佛教文化服務處出版,民國 62 年 1 月,184 頁。

42. 張曼濤主編,《禪宗典籍研究》,台北,大乘文化出版社,民國 66 年 10 月初版,397 頁。

43. 望月信亨著、印海譯,《中國淨土教理史》,台北,慧日講堂印行,民國 63 年,385 頁。

44. 郭朋,《中國佛教簡史》,福建,人民出版社,1990 年 4 月,374 頁。

45. 郭湛波,《中國中古思想史》,香港,龍門書局印行,民國 56 年 12 月,362

頁。

46. 渡邊照宏著、陳世昌譯，《佛教》，台北，協志工業叢書出版，民國 69 年 1 月六版，107 頁。

47. 湯用彤，《隋唐佛教史稿》，台北，木鐸出版社印行，民國 72 年 9 月出版，387 頁。

48. 湯用彤，《漢魏兩晉南北朝佛教史上下冊》，台北，商務印書館印行，民國 57 年 6 月三版，634 頁。

49. 黃公偉，《中國佛教思想傳統史》，台北，獅子吼雜誌社印行，民國 61 年 5 月初版，320 頁。

50. 黃懺華等，《中國佛教總論》，台北，木鐸出版社印行，民國 72 年元月初版，416 頁。

51. 葛兆光，《禪宗與中國文化》，台北，天宇出版社印行，民國 79 年 9 月一版，242 頁。

52. 楊新瑛，《禪宗無門關重要公案之研究》，台北，佛光出版社印行，民國 78 年，151 頁。

53. 鈴木大拙著、李世傑著《禪佛教入門》，台北，協志工業叢書出版社印行，民國 73 年 2 月六版，191 頁。

54. 鈴木大拙著、李岳勳譯，《禪堂生活》，台北，正大印書館印行，民國 64 年 3 月，189 頁。

55. 鈴木哲雄，《唐五代禪宗史》，東京，山喜房佛書林發行，昭和 60 年 12 月 25 日，574 頁。

56. 褚柏思，《禪宗學與禪學》，台北，新文豐公司出版，民國 70 年 9 月出版，228 頁。

57. 鄧克銘，《法眼文益禪師之研究》，台北，東初出版社，民國 76 年 10 月，112 頁。

58. 蔡榮婷，《禪師啟悟法～以景德傳燈錄為中心》，台北，法爾出版社印行，民國 75 年 5 月初版，214 頁。

59. 賴永海，《中國佛性論》，台北，佛光出版社，民國 79 年，546 頁。

60. 韓金科等著，《法門寺與佛教》，台北，水牛圖書出版事業有限公司，民國 81 年 1 月初版，257 頁。

61. 顏尚文，《隋唐佛教宗派研究》，台北，新文豐出版公司印行，民國 69 年 12 月初版，430 頁。

62. 藤田恭後等著、余萬居譯，《中國佛教史（上）》，台北，華宇出版社印行，民國 74 年 6 月初版，394 頁。

63. 嚴北溟，《中國佛教簡史》，台北，木鐸出版社印行，民國 77 年 3 月初版，

241 頁。

64. 鎌田茂雄著、關世謙譯,《中國佛教通史第一卷》,台北,佛光出版社印行,民國 74 年 9 月初版,460 頁。

65. 不著編著,《大專學生佛學論文集(四)》,台北,華嚴蓮社,民國 82 年 11 月,初版,568 頁。

三、論　文

1. (釋)印順,〈我有明珠一顆讀後〉,《獅子吼雜誌》第三十二卷第十一、十二期(松山寺印行,民國 82 年 11 月 15 日),頁 1～7。

2. (釋)明復,〈識得來時路～中國古人的生活禪趣〉,《國文天地》第七卷第二期。(臺祥圖書有限公司,民國 80 年 7 月 1 日)

3. 任繼愈,〈禪宗思想的形成及其初期思想研究〉,《哲學研究》1989 年第十一期,頁 53～54 及 80。

4. 洪修平,〈略論禪宗的中國化特色〉,《世界宗教研究》1990 年第一期,頁 97～104。

5. 胡適,〈中國的禪:它的歷史和方法〉,《禪宗的歷史與文化》(新潮社文化事業有限公司,民國 80 年 4 月初版)頁 35～64。

6. 郭元興,〈十地經論〉,中國佛教協會編《中國佛教》(三)(上海,新華書店,民國 80 年 7 月),頁 238～240。

7. 郭朋,〈神會思想簡論〉,《世界宗教研究》,1989 年第一期頁 30～40。

8. 馮友蘭,〈論禪宗〉,《禪宗的歷史與文化》(新潮社文化事業有限公司,民國 80 年 4 月初版)頁 9～34。

9. 無礙,〈達摩大師的二入四行觀與安心法門〉,《禪宗典籍研究》(大乘文化出版社,民國 66 年 10 月出版),頁 2。

10. 黃運喜,〈中國佛教法難研究〉,《獅子吼雜誌》第二十四卷第五期(松山寺發行,74 年 5 月 15 日),頁 30～33。

11. 黃運喜,〈國法與戒律之間～唐代僧團律令分析〉,《獅子吼雜誌》第三十一卷第十一、十二期合刊(松山寺發行,81 年 11 月 15 日),頁 4。

12. 黃燕生,〈唐代淨眾～保唐禪派概述〉,《世界宗教研究》1989 年第四期,頁 66～80。

13. 楊惠南,〈禪宗的思想與流派〉,《國文天地》第七卷第二期(臺祥圖書有限公司,民國 80 年 7 月 1 日),頁 15～20。

14. 鈴木大拙,〈禪:敬答胡適博士〉,《禪宗的歷史與文化》(新潮社文化事業有限公司,民國 80 年 4 月初版)頁 65～101。

15. 雷家驥,〈試論國史上的統治問題及其發展〉,《華學月刊》第一一四期(文

化大學出版，70 年 6 月），頁 37～50。

16. 賴賢宗，〈如來禪與如來藏說之交涉〉，《大專學生佛學論文集》第四集（華嚴蓮社印行，民國 82 年 11 月），頁 417～434。

四、工具書

1. （釋）明復，《中國佛學人名辭典》，台北，方舟出版社印行，民國 63 年 12 月出版，972 頁。

2. 白石方留編，《禪宗編年史》，日本，福田合資會社印行，昭和 12 年 4 月 8 日，504 頁。

3. 昌彼德、王德毅等，《宋人傳記資料索引‧釋氏之部》，台北，鼎文書局印行，民國 63 年至 65 年出版，頁 4346～4486。

4. 牧田諦亮，《五代宗教史研究》，日本，平樂寺書店印行，民國 60 年 3 月出版，415 頁。

5. 望月信亨，《望月佛教大辭典第六卷大年表》，日本，世界聖典刊行協會印行，民國 55 年 1 月五版，682 頁。

6. 傅璇琮，《唐五代人物傳記資料綜合索引》，北京，新華書店印行，民國 71 年出版，754 頁。

7. 不著撰人，《中華民國六十年來佛教論文目錄》，中國佛教會文獻委員會印行，民國 64 年 2 月出版，866 頁。

8. 不著撰人，〈近二十年有關佛教博碩士論文目錄〉，《獅子吼雜誌》第二十四卷第一期，民國 74 年元月 15 日出版，頁 72～76。